世界哲學家叢書

淮 南 子

李 增 著

1 9 9 2

東大圖書公司印行

國立中央圖書館出版品預行編目資料

淮南子／李增著.--初版.--臺北市：
東大出版；三民總經銷，民81
面；　公分,--(世界哲學家叢書)
參考書目：面
含索引
ISBN 957-19-1399-5（精裝）
ISBN 957-19-1400-2（平裝）

1.淮南子-批評，解釋等　2.哲學-中國漢（公元前202 公元220）

122.27　　81001568

© 淮南子

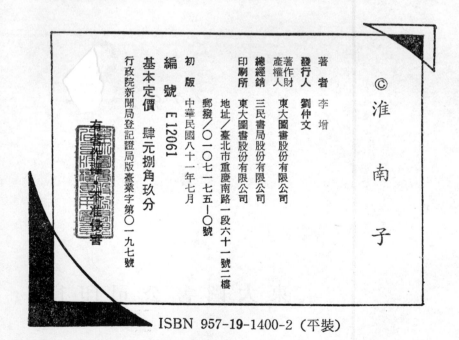

著者　李增
發行人　劉仲文
著作財產權人　東大圖書股份有限公司
總經銷　三民書局股份有限公司
印刷所　東大圖書股份有限公司
地址／臺北市重慶南路一段六十一號二樓
郵撥／〇一〇七一七五一〇號
初版　中華民國八十一年七月
編號　E 12061
基本定價　肆元捌角玖分
行政院新聞局登記證局版臺業字第〇一九七號

ISBN 957-19-1400-2（平裝）

「世界哲學家叢書」總序

本叢書的出版計劃原先出於三民書局董事長劉振強先生多年來的構想，曾先向政通提出，並希望我們兩人共同負責主編工作。一九八四年二月底，偉勳應邀訪問香港中文大學哲學系，三月中旬順道來臺，即與政通拜訪劉先生，在三民書局二樓辦公室商談有關叢書出版的初步計劃。我們十分贊同劉先生的構想，認為此套叢書（預計百册以上）如能順利完成，當是學術文化出版事業的一大創擧與突破，也就當場答應劉先生的誠懇邀請，共同擔任叢書主編。兩人私下也為叢書的計劃討論多次，擬定了「撰稿細則」，以求各書可循的統一規格，尤其在內容上特別要求各書必須包括(1)原哲學思想家的生平；(2)時代背景與社會環境；(3)思想傳承與改造；(4)思想特徵及其獨創性；(5)歷史地位；(6)對後世的影響（包括歷代對他的評價），以及(7)思想的現代意義。

作為叢書主編，我們都了解到，以目前極有限的財源、人力與時間，要去完成多達三、四百册的大規模而齊全的叢書，根本是不可能的事。光就人力一點來說，少數教授學者由於個人的某些困難（如筆債太多之類），不克參加；因此我們曾對較有餘力的簽約作者，暗示過繼續邀請他們多撰一兩本書的可能性。遺憾的是，此刻在政治上整個中國仍然處於「一分為二」的艱苦狀態，加上馬列教條的種種限制，我們不可能邀請大陸學者參與撰寫工作。不過到目前為止，我們已經獲得八十位以上海內外的學者精英全力支持，包括臺灣、香港、新加坡、澳洲、美國、西德與加拿大七個地區；難得的是，更包括了日本與大韓民國好多位名流學者加入叢書作者的陣容，增加不少叢書的國際光彩。韓國的國際退溪學會也在定期月刊《退溪學界消息》鄭重推薦叢書兩次，我們藉此機會表示謝意。

原則上，本叢書應該包括古今中外所有著名的哲學思想家，但是除了財源問題之外也有人才不足的實際困難。就西方哲學來說，一大半作者的專長與興趣都集中在現代哲學部門，反映着我們在近代哲學的專門人才不太充足。再就東方哲學而言，印度哲學部門很難找到適當的專家與作者；至於貫穿整個亞洲思想文化的佛教部門，在中、韓兩國的佛教思想家方面雖有十位左右的作者參加，日本佛教與印度佛教方面却仍近乎空白。人才與作者最多的是在儒家思想家這個部門，包括中、韓、日三國的儒學發展在內，最能令人滿意。總之，我們尋找叢書作者所遭遇到的這些困難，對於我們有一學術研究的重要啓示（或不如說是警號）：我們在印度思想、日本佛教以及西方哲學方面至今仍無高度的研究成果，我們必須早日設法彌補這些方面的人才缺失，以便提高我們的學術水平。相比之下，鄰邦日本一百多年來已造就了東西方哲學幾乎每一部門的專家學者，足資借鏡，有待我們迎頭趕上。

以儒、道、佛三家為主的中國哲學，可以說是傳統中國思想與文化的本有根基，有待我們經過一番批判的繼承與創造的發展，重新提高它在世界哲學應有的地位。為了解決此一時代課題，我們實有必要重新比較中國哲學與（包括西方與日、韓、印等東方國家在內的）外國哲學的優劣長短，從中設法開闢一條合乎未來中國所需求的哲學理路。我們衷心盼望，本叢書將有助於讀者對此時代課題的深切關注與反思，且有助於中外哲學之間更進一步的交流與會通。

最後，我們應該强調，中國目前雖仍處於「一分為二」的政治局面，但是海峽兩岸的每一知識份子都應具有「文化中國」的共識共認，為了祖國傳統思想與文化的繼往開來承擔一份責任，這也是我們主編「世界哲學家叢書」的一大旨趣。

傅偉勳　韋政通

一九八六年五月四日

自序

夫欲論《淮南子》之學者，必先博通先秦諸子百家言，而後縱横驅馳、運斤斲削、始能得手應心、論述如意。

《淮南子》之書，《漢志》歸納於雜家，因其冠之以「雜」也，因之使學者評述迷離。醜之者或見其不倸，而謂其書為雜駁抄襲，不成體統，或謂其無所發明，謂之不過為一馬車之垃圾而已。譽之者，或見其能集衆美，則謂其博大精深，有其獨見之明。評議紛紜，遂使後學莫知所從，難以斷決。

《淮南子》，或名為《淮南鴻烈》，為漢高祖劉邦之皇孫淮南王劉安率集賓客所著作者也。其篇章分二十一章，為誰所執筆，雖高誘列舉蘇飛輩八公，或為誰所文已不可考其真實。然而劉安才高八斗，好學能文，其為主持綜貫定稿，則學者則少有異議。

其書之內容，兼儒墨、合名法、採陰陽、取兵家，博采衆説，集諸子百家言，而冶為一爐，貫通為一，合為一體。以道德為脊椎、以仁義為血脈、以政治為肌肉，豐富兼容，使諸子百家滙入一源，殊途同歸、趨向於一，成一家之言。

是故，淮南之學之難治也，其在於博大精深乎，所謂博大，若夫不知諸子衆説，則難通《淮南子》思想之源流。若不辨百家殊業，各具異色，則盲於各家之牴牾衝突。若不測各家之長短，則難以衡量其輕重，而莫決於取捨。《淮南子》能採摘百家之精，收集諸子之要，而去其腐朽，捨其雜蕪，非其博大則不能兼容並蓄，非其精深則不知採摘棄捨。若無能力，則所採摘者則食而不能消融而化為己之血肉，成就一己之學術生命者也。若《淮南子》者，不僅能集錦衆美，熔化為一己之系統，且能洞燭各家之優劣，論其長短，而成其精華。是故，《淮南子》之學之價值何在？一言以蔽之曰：「其在能綜貫百家而已矣。」

近者，治《淮南子》之學者衆矣，或考證、或訓詁、或音讀、或文義解說，皆放異彩，顯出衆美。愚受 趙師雅博之教訓，東大圖書公司之約定，命我作書。余恐懼愚拙，供呈野人獻曝之誠，敬請高明君子，多加指正，則感激甚。

李 增 序於

國立政治大學哲學系

民國八十一年六月

淮南子 目次

緒　論

《淮南子》這本書是漢高祖劉邦的孫子淮南王劉安率領賓客蘇飛、李尙、左吳、田由、雷被、伍被、晉昌等八人及諸儒大山、小山之徒、共講道德、總統仁義，而著此書❶。這本書是淮南子劉安許多著作中，僅存的一本❷。全書分二十一篇，思想源流分別根據儒、道、法、陰陽、兵家、小說家消融而成。其書中各篇的作者已不可考訂為誰所執筆。但學者認為綜貫全書而成一貫

---

❶ 《淮南鴻烈解》，高誘注，＜淮南鴻烈解・敍＞。河洛圖書出版社，六十五年版，臺北。

❷ 據陳麗桂博士目前於其博士論文的考證，共列有十四種之多。其博士論文為《淮南鴻烈思想研究》，國立臺灣師範大學國文研究所，七十二年，手抄本。於一章，二節，＜劉安之著作＞，頁31～51。十四種為（一）《淮南王莊子略要》，莊子后解：（二）《淮南兵書》，（三）《淮南王草木譜》，（四）《淮南王養蠶經》一卷，（五）《淮南王集》一卷，（六）《淮南八公相鵠經》，（七）《成相篇》，（八）《淮南王群臣賦》四十四篇，（九）《淮南王賦》八十二篇，（十）《淮南道訓》二篇，（十一）《離騷傳》，（十二）《中篇》八卷，（十三）《外書》三十三篇，（十四）《內書》二十一篇。在前十三種書當中，或存或亡，殘缺不全。惟（十四），《內書》二十一篇卽是《淮南鴻烈解》，卽今存最重要且最完整者。本書卽根據此書做為研究之底本。其他各類書之篇名、存缺、出處、大要，陳博士考證甚詳，本書不再贅言。

系統思想者則是淮南王劉安❸。其書在《漢書・藝文志》分類中歸屬於雜家，但這個雜字不是雜亂無章的雜，也不是七拼八湊的雜，而是「采儒墨之善、集名法之要」的「兼儒墨、合名法」❹之雜，「雜者，通衆家之意」。❺「雜者，尙乎衆美，而總以行之。」❻此等之雜有異於《呂氏春秋》之雜❼，而爲深奧博通集百家之長的一本書❽。持此論者爲梁啓超氏，其卓見極爲高明。

至於論述《淮南子》書中各篇之內容、主旨、大要、思想淵源，以及有關於淮南子之身世、著作，賓客八公之傳記，陳麗桂

---

❸ 同上，頁55，陳博士引梁啓超之言，以證《淮南子》雖分類爲雜家，但非雜亂無章。其言曰：「《淮南》，……《呂覽》，……皆雜采諸家之說，其性質頗相類也。雖然，猶有辯。呂不韋本不學無術之大賈，其著書非有宗旨，務炫博譁世而已，故《呂覽》儒、墨、名、，法，樊然雜陳，動相違忤，只能爲最古之類書，不足以成一家之言，命之曰雜，固宜。劉安博學能文，其書雖由蘇飛輩分纂，然宗旨及體例，計必先行規定，然後從事，……匠心經營，極有倫脊，非漫然獺祭而已。」（<諸子考釋>頁105，《漢書藝文志諸子略考釋》）

❹ 《漢書・藝文志》：「雜家者流，……兼儒、墨，合名法，知國體之有此，見王治之無不貫，此其所長也。及盪者爲之，則漫羨而無所歸心。」師古注云：「國體，治國之體，亦當有此雜家之說。」「王者之治，於百家之道無不貫綜。」由此可見，《淮南子》內篇爲雜家，然采各家之長（採墨家之說甚少）而融貫爲一體系，爲治國所必需，亦爲漢代一統帝國的思潮與必需。漢儒不純於一家之言，皆爲雜家。董仲舒雖標榜爲純儒或獨尊儒術，其實他的《春秋繁露》混合墨、陰陽、法、道。漢代也沒有實行獨尊，陽儒內法，是漢家的治策。

❺ 《隋書・經籍志》。

❻ 王弼，《老子指略》。

❼ 同❸。

博士於其博士論文論述甚詳(請參見❷、❸),本文不再贅言。

再者,筆者於民國七十四年已出版《淮南子思想研究論文集》(簡稱前書),已論述《淮南子》之道論、知識論、修養論、法、術思想。本書寫作的結構是承繼前書尚未研究的部分寫出,卽論其人論、道德論、社會進化論、政治論、勢論,如此則與前書之論題共同構成一部完整的《淮南子》思想之研究。是故在本緒論中,就其兩相合併的篇章(前書❾與本書)共同論述其論題之思想源流與架構,作一概略的說明。

就《淮南子》之道論而言,道的內容、文字散佈在全書各篇中,只是分佈輕重有異。但其中以〈原道訓〉、〈俶眞訓〉爲主,〈原道訓〉以老子之道爲主,〈俶眞訓〉則含莊子之道較濃。其道論雖以老莊爲主幹,然而也滲透入陰陽家,將道論所偏重在形而上爲根據而轉化爲萬物的基礎,其中就成爲以氣、陰陽爲主幹的宇宙論。其精神由老莊注重超越萬物之上的道,轉而落實於萬物之中的道。以氣、陰陽之運化論道而減損其超越性。其詳見本論(詳見前書:〈淮南子之道論〉)。

在人論裏(在本書),分爲三部分:一爲人與宇宙之關係是以陰陽家的天人合一爲基礎的,其中以〈天文訓〉,〈精神訓〉

---

❽ 高誘,《淮南鴻烈解・敍》稱讚《淮南子》曰:「學者不論《淮南》,則不知其大道之深也。」揚雄《法言》:「《淮南子》一出一入,字直百家。」劉知幾《史通・通義》云:「《淮南子》牢籠天地,博極今古。」劉勰《文心雕龍・諸子》:「《淮南》有傾天折地之說。」皆體會到《淮南子》之深奧博大。(以上同❸,頁55~56)

❾ 本文所謂前書,卽筆者所著之書:李增,《淮南子思想之研究論文集》,華世出版社,七十四年,臺北。

的內容爲主。在人的本身結構上，則以人之形、氣、神、志之關係爲主，以〈原道訓〉，〈精神訓〉爲主。心之意涵則散見於各篇；在論人的社會性，則在〈齊俗訓〉，〈主術訓〉等篇，敍述人是社會動物，脫離不了社會、政治、文化而獨立生活。

在知識論方面，《淮南子》則分爲人之認知與知識兩方面。在認知上，《淮南子》認同老莊，認爲認識道之超越性要以道家的致虛極，守靜篤的方式，以「損」的方法而體認道之體。在認識萬物的層次則採納「爲學日益」，積學而後爲君子的重學，承認經驗知識以及法家的實證方式。在知識上，《淮南子》反對老莊的絕聖棄知，絕學無憂，亦反對法家爲禁其心而焚書坑儒而禁學，以及以「以吏爲師，以法爲教」的教條主義與思想控制，而贊同儒家多學以識之的態度，在〈脩務訓〉完全發揮《荀子・勸學篇》的論調。

在道德論上就比較複雜。在先秦諸子中，道家要絕仁棄義攘棄禮樂；法家排斥仁義欲以法治國；儒家反對法家嚴刑峻法、苛削暴政，亦不認同道家爲避世而獨善其身。在先秦，三家互相扭打，《淮南子》則將他們和氣一團、融合一體。《淮南子》在此合的骨架則架設縱的與橫的。所謂縱的是採用法家的歷史進化觀。認爲道家的道德是出現在伏羲氏之前的自然原始世界裏；儒家的仁義則在神農氏、三王五帝以農業部落爲主的親族情誼，親親之情裏；法家的法是在戰國與秦的統一運動裏；而三者之融合在於漢的統一帝國之時。在橫的方面，改良道家的道德做爲個人人格品德之修養，儒家則以仁義禮樂定位於社會倫理；法家之法則以道家之道，與儒家之仁義加以道德化而後成爲君主、政府、官吏、百姓共同遵守的客觀標準正義之法。如此分配就緒而磨除各家的對立性，其取材除了〈天文訓〉、〈墬形訓〉、〈時則訓〉外，則分佈於全書。

在修養論上（前書）則以〈精神訓〉、〈原道訓〉、〈俶眞訓〉、〈主術訓〉爲主，目的在於恬愉淸靜，是闡述道家的修養，以達至眞人的理想人格境界。其骨架來自莊子，其方法主要在以「損」，即以外物、坐忘、心齋、朝徹、見獨的虛靜工夫以得恬愉淸靜之修養境界。

在社會進化論（本書）上，《淮南子》基本上接受法家的世異則事異，事異則備變，前世不同教，何法之有的歷史觀，認爲人的人文、知識、生活、經濟、道德、風俗、政治、治術、戰爭亦是因時而備變的社會歷史進化的歷史觀，所採取的資料大都以〈俶眞訓〉、〈本經訓〉、〈齊俗訓〉、〈氾論訓〉、〈脩務訓〉爲主。

在政治論方面，本書分爲政道與治道兩大部份。政道卽《淮南子》的政治思想，本篇論述政治之結構、君主、官吏、百姓之間之關係。在治道則分爲法、術、勢三大論題。

在論法方面（前書），《淮南子》強烈反對商、韓把法當成工具性做爲壓迫人民的工具。但另一方面又接受法之屬性，公道、平等、普遍、客觀、公佈、明確、強制之精神而用之於禁君使毋擅斷而利民。在法的道德化中，《淮南子》以道家之道，儒家之仁義加以改良使之合乎正義與道德，其材料在〈主術訓〉、〈泰族訓〉上。

在論術方面（前書），《淮南子》以無爲爲論題核心，以道家之無爲闡發爲政府之不干涉主義，讓人民自由，其題材在〈原道訓〉、〈俶眞訓〉中。儒家之無爲是要依乎仁義而暴政莫爲，其論在〈脩務訓〉。法家之無爲是要君主或執法者要拋棄私心、私愛、私智，一切依乎法之公道而已無爲焉，其言在〈主術訓〉。

在論勢上(本書)，《淮南子》分爲君勢、衆勢、兵勢。《淮南子》批評商、韓主張君勢要獨恃，威勢無匹而專制。《淮南子》認爲專制而法則不能禁，如此君主恣睢擅斷濫用其勢而無法則形成暴政，因而君主之勢要受法之禁制使毋擅斷。《淮南子》在勢論上，最大的貢獻在於提出，發揮衆勢之論的論題。衆勢是由人民大衆的力量集積而成的。君主該持術而御乘衆勢而「用衆」，其思想源流來自《管子》、《呂氏春秋》，其論述在〈主術訓〉上。《淮南子》再提論兵勢以反抗暴君，做爲湯武革命式的展現力量，其論在〈兵略訓〉，其思想源流來自兵家，其立論點則效取《荀子・議兵篇》。《淮南子》認爲君勢、衆勢、兵勢要互相結合，也要互相制衡。

綜合前面所述，《淮南子》學派並非獨守一派之言而是要融貫諸子百家而冶爲一爐，歸爲一統。其論述範圍則包容天地人三才，《淮南子》自已說道:

「若劉氏之書，觀天地之象，通古今之事，權事而立制，度形而施宜，原道之心，合三王之風，以儲與扈治⑩，玄眇之中，精搖靡覽⑪，棄其畛挈⑫，斟其淑靜，以統天下，理萬物、應變化、通殊類、非循一跡之路，守一隅之指，拘繫牽連於物而不與世推移也。故置之尋常而不塞，

⑩ 高注:「儲與猶攝業也，扈治，廣大也。」
⑪ 高注:「楚人謂精進爲精搖，靡小皆覽之。」
⑫ 高注:「楚人謂澤濁爲畛挈。」

布之天下而不窕⑬。……」（〈要略訓〉）

「著書二十篇，則天地之理究矣，人間之事接矣，帝王之事備矣。」（〈要略訓〉）

在這總統諸子百家，範圍天地萬物人事，不可不謂之廣大淵博，而能以「道德」一以貫之而成系統，不可不謂之精深。是故高誘贊曰:「夫學者不論《淮南》，則不知大道之深矣。」⑭因而嘗試論究是書。

---

⑬ 高注:「窕，緩也，布之天下，雖大不窕也。」

⑭ 高誘，《淮南鴻烈解・敍》。

第一篇　《淮南子》人論

第一章　天人合一

《淮南子》認爲天地宇宙萬物與人爲「道之所一體」(〈本經訓〉)，道爲萬物之本根，因此論人須以道之創化爲先。曰:「夫太上之道生萬物而不有，成化像而弗宰。……道者一立而萬物生矣。」(〈原道訓〉)然而道之生萬物仍是在分化的秩序中生萬物。其過程是:「道始於一，一而不生，故分爲陰陽，陰陽合和而萬物生。故曰:『一生二，二生三，三生萬物。』」(〈天文訓〉)是以道在生萬物的過程中，是在分化爲「二」，爲陰陽之時，陰陽是形成萬物之質料與力，「陰陽者，承天地之和，形萬殊之體，含氣化物，以形埒(形也)類。」(〈本經訓〉)〈天文訓〉中更肯定萬物與人爲天地陰陽所成者。其言曰:「天地以設，分而爲陰陽，陽生於陰，陰生於陽。陰陽相錯，四維乃通，或死或生，萬物乃成。蚑行喙息，莫貴於人。」(〈天文訓〉)由此，《淮南子》於〈精神訓〉中總論道創化萬物與人之過程中云:

「古未有天地之時，惟像無形，窈窈冥冥，芒芠漠閔，澒濛鴻洞，莫知其門。有二神混生，經天營地，(高注:二神，陰陽之神也。混生，俱生也。)孔乎莫知其所終極，滔乎莫知其所止息。於是乃別為陰陽，離為八極，剛柔相成，萬物乃形，煩氣為蟲，精氣為人。是故精神者，天之有也；而骨骸者，地之有也。精神入其門，而骨骸反其根。我尚何存。

是故聖人法天順情。……以天為父，以地為母，陰陽為綱，四時為紀。」

由此可見，人與萬物皆爲道之化生，其生天地陰陽而後再由陰陽相激盪而化生萬物與人。因而萬物與人之基本質料皆爲「陰陽之氣」所成，僅是其品質上「精氣」之與「煩氣」之差異而已。因而《淮南子》在論述人與天地萬物之關係時，並不把各種分子（天、地、萬物品彙、與人）當作絕對獨立而互相隔絕的存有體看待，而是各分子間彼此息息相關，其基本之質既然相同，因此亦彼此相通。並且在存在上亦彼此互相依賴而相生，（例如，人體之五藏、四支、血氣等等互相依存），所以《淮南子》對於天地萬物與人的關係下了一個結論曰：「夫天地運而相通，萬物總而爲一。」（〈精神訓〉）「天地宇宙，一人之身也。」（〈本經訓〉）由此可見，人與天地萬物宇宙，合而爲一體者也。

一、人之本根

道，既爲創化宇宙萬物與人者，則使彼等共成一體而且爲彼等之本根。《淮南子》曰：「夫萬物之疏躍枝舉，百事之莖葉條幹，皆本於一根而條循千萬者也。」（〈俶眞訓〉）由此推論之，人之所根與萬物所同，皆來自於道，其質皆爲氣之陰陽。其差異僅是「精氣」與「煩氣」之差異而已。然則人又如何造化？《淮南子》又設立一個「造化者」以創立「形式」，加上於「氣之質」

之上而結合天之所有之精神，與地之所具之骨骸，而造化爲人。

《淮南子》在文中並未說明何以「精神者，天之有，骨骸者，地之有」。但依其思想系統而推敲之，氣有淸濁，而淸者飛揚爲天，濁者固凝而爲地。精神爲靈，爲天所屬。骨骸爲固體，來自於地。但不管如何，《淮南子》認爲氣爲萬物與人之質料，氣之淸爲人，濁者爲物。而《淮南子》又設一「造化者」以製定「形式」，加於氣之上，使成爲萬物與人。造化者這種「形式」與「質料」之關係就如陶人、坯與陶土。因而，根本上，人與萬物所同者，爲其質料（其差別僅在於其品質的「煩」、「精」之差異，而不是在本質的不同），而所異者爲形式。《淮南子》說：

> 「然則我亦物也，物之與物也，有何以相物也。……夫造化者旣以我為坯矣，將無所違之矣。……
>
> 夫造化者之攫援物也，譬猶陶人之埏埴也。其取之地而已為盆盎也，與其未離於地也，無以異；其已成器，而破碎漫瀾而復歸其故也，與其為盆盎，亦無以異矣。」（〈精神訓〉）

由此可見，萬物之成毀，人之生死，其變化過程中僅是形式的更化，而其質料──氣──並不改異。而人從質料上──氣──亦是一物，然而人亦僅止於物，仍蛻化爲人者，仍爲接受「造化者」之坯（形式）之所加而已。此爲道之運化而命者，我不能自由選擇而不可違也。

在〈精神訓〉這段敍述中，《淮南子》有兩點沒有加以說明：一者，爲人如何能具有精神與形骸而分爲歸屬於天、地所具有者；二者，陰、陽之氣在人的精神，性情等等有何聯繫；三者，造化者是否具有人格？其對萬物品彙差別之形式如何設定？其與道之關係又如何？皆缺而無論（前題之論述），因而不能代爲闡釋。

二、天人一也

既然道總爲宇宙萬物爲一體，人之本根在於道，而形於天地，人爲萬物最貴者也。而人之形體結構也與天地一也，這個「一」，是指爲一致、一貫與相類的意思。在〈天文訓〉上說：

「天地以設，分而為陰陽，陽生於陰，陰生於陽。陰陽相錯，四維乃通。或死或生，萬物乃成。蚑行喙息，莫貴於人。孔竅肢體，皆通於天。天有九重，人亦有九竅。天有四時，以制十二月，人亦有四支以使十二節。天有十二月，以制三百六十日，人亦有十二支，以使三百六十節。故舉事而不順天者，逆其生者也。」（〈天文訓〉）

在〈精神訓〉亦有〈天文訓〉相類似的說法，認爲人的內藏與外感官相通，人的形與數與天相副。曰：

「夫精神者，所受於天也；而形體者，所稟於地也。故曰：一生二，二生三，三生萬物。萬物背陰而抱陽，沖氣以為和。故曰：一月而膏，二月而胅，三月而胎，四月而肌，五月而筋，六月而骨，七月而成，八月而動，九月而躁，十月而生。形體以成，五藏乃形。是故肺主目，腎主鼻，膽主口，肝主耳，外為表而內為裏。開閉張歙，各有經紀。

故頭之圓也象天，足之方也象地。天有四時五行九解❶，三百六十六日；人亦有四支五藏九竅，三百六十節；天有風雨寒暑，人亦有取與喜怒。

故膽為雲，肺為氣，肝為風，腎為雨，脾為雷，以與天地相參也，而心為之主。是故耳目者，日月也。血氣者，風雨也。……日月失其行，薄蝕無光，風雨非其時，毀折生災。五星失其行，州國受殃。」（〈精神訓〉）

從上文而言之，「天人一也」，此「一」所含涉的意義當是一貫、一致、一體以及類似之意義。分別言之：

*1.*從道生萬物創生過程秩序中，天地與人皆是本根於道，這是天人同本同根，而在「一」，天地與人尚未分化，渾沌而爲一體。當在「二」的過程中，始分天、地（陰、陽）之爲二，而人分別有精神與形骸亦爲二。當爲三之時，陰、陽相合與沖氣爲三而形成萬物。而人在精神與形體相合而更靈巧而爲人。這是從天地與人同本同根而同於一根的一致性，而天地與精神、形骸爲二的對應性。

*2.*在造化的秩序中，天地之形成根據道之生萬物一、二、三之漸進秩序，而人之受胎、孕育亦是一月、二月等等生命發育之漸進秩序。

*3.*人之內藏與外五官相一貫，這是人的內外、表裏相一貫而

❶ 九解的意義不明。高注：「九解謂九十爲一解也，一說。九解，六一之所解合也，一說。八方中央，故曰九解也。」

通。而人的內在裏與外在於身之天地亦相通一貫，譬如肺與氣相通，肝與風、腎與雨等相參。

4.人的形骸之形式亦與天地之形式相對應一致。人之頭形爲圓而天亦圓，人之足爲方而地亦爲方。

5.人之數亦與天地之數相類似一致，卽是天有四（時）、五（行）、九（解）、三百六十（日）。人亦有四（支）、五（藏）、九（竅）、三百六十（節），這種「數」是相當一致的。

6.天人一也在性質也相類似，而性質亦相配合，譬如肺爲氣、腎爲雨。人之內在功能與天地外在之物有相配合一致者。

7.人之內在生理、心理之理則與天地之理則，與其「開閉張歙，各有經紀」相一致。

從以上觀之，《淮南子》之天、人之關係從其形式、數、性質、經紀（理）設想大宇宙（天）與小宇宙（人）的合一，由此而推論，「爲設想人體與宇宙整體之間有一一對應關係；其它之一，是以爲人體與國家社會之間亦有一一的對應」❷。

(一)天地與人皆是同本於一根，亦皆同本於一氣。這是表現出天與人的同根同質。

(二)從其天與人造化的秩序上，表現了同步的創化，其在「開閉張歙，各有經紀」，則其變化襯托出其「理」的一致性。因而襯說人的作爲與倫理道德行爲當與天的規律相一致。

(三)在人自己本身裏，內（裏），外（表）相貫相通而一體，與人與天地相交融中，說明人與宇宙是共同形成有機生命的一

---

❷ 李約瑟著，陳立夫譯，《中國之科學與文明》(二)，臺灣商務印書館，六十四年，臺北，頁489。

體，不是各自爲隔絕不相關的獨立體。而人的行爲當與天地相諧合而不是對立的。

在萬物中，唯人也，獨爲小宇宙，而與大宇宙（天地）相類似。是以「人之身法乎天地最爲淸切。……四支百骸莫不法乎天地，是爲萬物之靈」❸。並且以人爲精氣而成，其他萬物爲煩氣所造而言，襯托出人爲萬物之最貴者的思想。且以心爲人之主，而人又爲萬物之最高貴者，導出「故人者，天地之心，五行之端」❹的結論。這樣說明了人在宇宙萬物間的地位與重要。

三、天人感應

「天地運而相通，萬物總而爲一。」（〈精神訓〉）《淮南子》認爲人爲造化者所加於精氣上的形式而成人。人的精神來自天，人的形骸來自於地。人爲小宇宙，天爲大宇宙。天與人在形式、數、性質、綱紀皆相合爲一。此一爲一體、一致、一貫、一同與類似。而人與萬物亦相與同質 —— 氣。由此，人與天與萬物皆可運而相通。天、人、與萬物彼此相需、亦相關、亦互動、亦互通、亦相與爲一體，因此亦相感應。《淮南子》說：

「天地之合和，陰陽之陶化萬物，皆乘人氣者也。是故上

---

❸ 同上，頁501。王逵，《蠡海集・人身類》，頁20，原文爲：「人之身法乎天地最淸切，且如天地以巳午申酉居前在上，故人之心肺處於前上，亥子寅卯居後在下，故人之腎肝處於後下也。其他……。」

❹ 《禮記》。同上，頁500。

下離心，氣乃上蒸，君臣不和，五穀不為。……由此觀之，天地宇宙，一人之身也。六合之內，一人之制也。」（〈本經訓〉）

在這論點上，借用董仲舒「天地之符，陰陽之副，常設於身。身，猶天也，數與之相參，故命與之相連也」❺。之說更爲精闢。

由於人「同氣於天地」（〈本經訓〉），而「氣同則會，聲比則應」❻。「以陰陽之氣相動也，故寒暑燥濕，以類相從。聲響疾徐，以音相應也。」（〈泰族訓〉）由此，《淮南子》例舉說明之:

「夫濕之至也。莫見其形而炭已重矣。風之至也，莫見其象而木已動矣。日之行也，不見其移，騏驥倍日而馳，草木為之靡，縣燧未轉，而日在其前，故天之且風，草木未動而鳥已翔矣。其且雨也，陰曀未集而魚已噞矣。以陰陽之氣相動也。」（〈泰族訓〉）

而所謂的「以類相從」，這個類即是指同類，但同類並非指兩物之有同一本質而在分類中爲一類者，而是兩物在某一現象中有所雷同者而已，其定義界限並不嚴謹。例如董仲舒所說：「美事召美類，惡事召惡類，類之相應而起也。如馬鳴則馬應之。帝王之將興也，其美祥亦先見，其將亡也，妖孽亦先見，物故以類

❺ 董仲舒，《春秋繁露・人刻天數・五八》。

❻ 同上，＜同類相動・五七＞。

相召也。」

由此而論,人與天無論從同根、同質、同形式、同數上而言,皆可歸爲同類,亦可「同類相召」、「有以相通」而相感應。是以聖人(或帝王)之舉止言行,亦與天相感應。尤其在帝王的政治措施上,更是如此。《淮南子》曰:

> 「聖人者,懷天心,聲能動化天下者也。故精誠感於內,形氣動於天,則景星見、黃龍下、祥鳳至、醴泉出、嘉穀生。河不滿溢,海不溶波。故《詩》云:『懷柔百神,及河嶠嶽』,逆天暴物,則日月薄蝕,五星失行,四時干乖,晝冥宵光,山崩川涸,《詩》曰:『正月繁霜,我心憂傷。』」(〈泰族訓〉)

《淮南子》結論說:「天之與人,有以相通也。故國危亡而天文變,世惑亂而虹蜺見,萬物有以相連,精祲有以相蕩也。」(〈泰族訓〉)

四、評 論

《淮南子》這種人與宇宙萬物統合在道之所一體的「天人合一」的思想並不是《淮南子》學派獨創者,而是結合道家之道與陰陽家之陰陽五行的思想而形成「天人合一」思想體系。這種思想雖以道家之「道通爲一」爲基本架構,而後結合了氣、陰陽與五行的思想,成爲天人合一的思想,以天人合一的思想轉化爲天人感應的思想。

這種思想，起自鄒衍，盛行於戰國末年、秦、漢，其中許多名著裏即多具有之，例如《管子》❼、《呂氏春秋》❽、《大戴禮記》❾、《春秋繁露》❿，甚而後來的《抱朴子》⓫、王逵⓬亦有。此種天人合一即爲吾國哲學思想之一大價值，唐君毅多有所闡述⓭，而其中尤其以董仲舒天人合一說最爲精闢。《淮南子》於此說不及焉，僅爲思潮中一支爾。不過《淮南子》以道家之道爲主，而其中〈天文訓〉、〈精神訓〉、〈本經訓〉、〈泰族訓〉僅採取陰陽家之說於一隅，非其主流也。

《淮南子》之天人合一之說雖不精密，然而天人爲有機生命之一體、天人和諧、天人相關之說卻是抓得牢緊。其中注重在天人相「和」之和諧，而不講鬥爭，亦影響了〈主術訓〉的君臣相和的思想。這也是値得吾人參考之處。

---

❼ 參見《管子・幼官圖・九》。

❽ 參見《呂氏春秋》，十二紀等之首篇。

❾ 《大戴禮記・天圓》。

❿ 《春秋繁露》：〈人副天數・五六〉、〈同類相動・五七〉。

⓫ 《抱朴子・內篇・一五》。

⓬ 王逵說：「人之身法乎天地最爲淸切，且如天地以巳午申酉居在前上，故人之心肺處於前上，亥子寅卯居後在下，故人之腎肝處於後下也，其他四支百骸莫不法乎天地。是以爲萬（物之）靈也。」《蠡海集・人身類》，頁20。

⓭ 唐君毅，《中國文化之精神價値》，五章（七、八節），頁80～85，正中書局，六十四年，臺北。

第二章　人自身

一、人之結構

《淮南子》認爲人之結構爲陰陽所成，分爲精神與形體。

「夫精神者，所受於天也；而形體者，所稟於地也。故曰：一生二，二生三，三生萬物，萬物背陰而抱陽，沖氣以為和。故曰：一月而膏，二月而肤，三月而胎，四月而肌，五月而筋，六月而骨，七月而成，八月而動，九月而躁，十月而生，形體以成，五藏乃形。」（〈精神訓〉）

從人的受孕、懷胎、出生，這不僅是形體的發生、成長，而且人的性命與之俱出。〈原道訓〉指出:「夫性命者，與形俱出其宗。形備而性命成。性命成而好憎生矣。」這「形備而性命成」即爲人之「形、神、氣、志……形者，生之舍也。氣者，生之充也。神者生之志也」。（〈原道訓〉）志也者，即是心志也。志也是意❶。

---

❶ 志在此並非僅指意志（will)，而是心之所之謂之志；即是心之意向所在，指心的意之功能。詳見下文分解。

從以上所引〈精神訓〉與〈原道訓〉之文而觀之。《淮南子》所言的人之結構即是:

人
- 形體一
  - ↓
  - （性命）
  - ↑
- 精神
  - 氣
  - 神
  - 志（心）

所謂形體，即是指人的肉、筋、骨、四支、五藏、九竅、感官，所構成人的身體結構。所謂的氣，即是血氣，指性命的生命力。尤指生理的生命功能之運作。所謂的神，即是指在哺乳動物層面的知覺、反應、欲求等。而所謂的志，即是心，是人獨有的功能，即是指理性動物的理性功能，也是能思慮聰明、辨別、判斷、推理、思考、記憶、意願的功能。這是對應了荀子所說:「人有氣、有生、有知，亦且有義與有辨」的理論。

《淮南子》雖然將人的結構區分爲形、氣、神、志四者，然而事實上，四者是不可分割的一體，四者之密切一體即是構成人或者自我。雖四者在自我裏的功能與作用有所區別，但在其中卻是互動的關係，彼此互補與影響。並非是彼此獨立而不相干者。

在形體與氣、神、志的關係方面: 形體即是身體，其中與三者最有關係的即是五藏與五官。五藏與血氣、精神、心的關係是:

「五藏者，人之精也。夫血氣能專精於五藏而不外越，則胸腹充，而嗜欲省。胸腹充而嗜欲省（則精神清爽）❷，則耳目清，聽視達矣。耳目清、聽視達，謂之明。五藏能屬於心而無乖，則勃志勝而行不僻矣。」（〈精神訓〉）

以上是在人身體內在，形、氣、神、志內在的彼此輔助與激盪的影響。而《淮南子》又認爲人四者內在的運作上亦影響人的外在行爲的成敗、禍福、善惡。《淮南子》說：

「勃志勝而行不僻，則精神盛而氣不散矣。精神盛而氣不散則理，理則均，均則通，通則神，神則以視無不見，以聽無不聞也，以為無不成也。是故憂患不能入也。而邪氣不能襲。」（〈精神訓〉）

再就五官與氣、神、志之關係而言，《淮南子》說：

「孔竅者，精神之戶牖也，而氣志者，五藏之使候也。耳目淫於聲色之樂，則五藏搖動而不定矣；五藏搖動而不定，則血氣滔蕩而不休矣；血氣滔蕩而不休，則精神馳騁於外而不守矣（高注：多情欲，故神不內守）。」（〈精神訓〉）

這種五官、血氣、精神、心志交互激盪影響的內在運作就影響到外在的行爲。《淮南子》說：

---

❷ 括弧內之字爲筆者所加。

「精神馳騁於外而不守，則禍福之至雖如丘山，無由識矣。使耳目精明玄達而無誘慕，氣志虛靜恬愉而省嗜欲，五藏定寧充盈而不泄，精神內守形骸而不外越。」（〈精神訓〉）

則事業成功而無禍。

由此《淮南子》強調要調節五官感性之欲求與感覺欲求之對象之關係，勿使精神受外在之物之誘引而外淫而不能內守。《淮南子》說：

「五色亂目，使目不明；五聲譁耳，使耳不聰；五味亂口，使口爽傷；趣舍滑心，使行飛揚。此四者，天下之所養性也，然皆人累也。故曰，嗜欲者，使人之氣越，而好憎者，使人之心勞，弗疾去，則志氣日耗。」（〈精神訓〉）

由此可見，外在的客體：外物、五色、五聲、五味，以及能吸引人之喜好之對象皆足以影響內在之滿足、排斥、或干擾內在生理、心理之擾動。

從這個理論來看，《淮南子》的論說，則認為形、氣、神（精神）與心志構成了人的生理與心理的性命。形體（身體）需要氣、神、志之結合始能構成活的生命，否則，無氣、神、志則僅是一種死的物質團塊而已。所以《淮南子》強調曰：

「今人之所以眭然能視，瞢然能聽，形體能抗，而百節可屈伸、察能分白黑、視醜美而知能別同異、明是非者何也。

氣為之充而神為之使也。何以知其然也？

凡人之志，各有所在而神有所繫者，其行也，足蹪趎、埳頭抵植木而不自知也。招之而不能見也，呼之而不能聞也，耳目非去之也。然而不能應者何也？神失其守也。故在於小，則忘於大。……無所不充，則無所不在。

今夫狂者之不能避水火之難而越溝瀆之險者，豈無形神氣志哉，然而用之異也。失其所守之位而離其外內之舍，是故舉錯不能當，動靜不能中。……何也？形神相失也。故以神為主者，形從而利，以形為制者，神從而害。」(〈原道訓〉)

由此可見，形體之能行動與知覺，則須氣之充而神之爲之使，其所以察能分白黑，知能別同異，且能明是非，則是心志爲之，心志正常健康，則形從而行爲正當，否則猶如狂者，雖有氣之充、神之在，其行爲狂亂而失當，不免爲人恥笑。由此可見，心爲形之主宰，氣與神皆由之而運行且由其決定正當否。禽獸之性命皆有形、氣、神而無心志，是以心志功能使人能異於禽獸者也。

二、心性論

(一)心之主宰

心是形、氣、神之主宰。

心雖是與形、氣、神合爲一體而構成爲人，然而在其間心卻爲其它三者之主宰。

《淮南子》說:「心者，形之主也。……形勞而不休則蹶。」(〈精神訓〉)所謂心爲形之主卽是「心者，身之本也」(〈泰族訓〉)，形卽是身。所謂身，卽是四支、五藏、九竅。而「心之於九竅四支也。……動靜視聽，皆以爲主者」(〈主術訓〉)，心爲五官感覺之主宰。五官所司爲對外在客體之感覺，然而選擇感覺對象與判定其意義者卻是爲心。所以說:「耳目鼻口，不知所取去，心爲之制。」(〈詮言訓〉)心對於身體內之五藏之功能雖非有絕對的支配，然而心志之動靜亦能影響五藏，「氣志者，五藏之使候也」(〈精神訓〉)、「五藏能屬於心而無乖，則勃志勝而行不僻」(同上)，是故《淮南子》曰:「心者，五藏之主也。所以制使四支，流行血氣，馳騁于是非之境而出于百事之門戶也。」(〈原道訓〉)

《淮南子》認爲「血氣滔蕩而不休，則精神馳騁於外而不守」(〈精神訓〉)，血氣滔蕩則影響精神之動盪，精神動盪則思慮不明，思慮不明則行爲舉止失當。所以說:「水激則波興，氣昏則智昏，智昏不可以爲政。波水不可以爲平。」(〈齊俗訓〉)由之，「凡將舉事，必先平意淸神。神淸意平，物乃可正」(同上)。因此要「心平而後氣和。心乃爲氣之主」。

《淮南子》認爲「神者，心之寶也。……精用不已則竭」(〈精神訓〉)，心之運作，必依恃精神爲之支持。精神之用不已則竭，精神之支持盛衰強弱則心智之運作受其影響。故曰:「神者，智之淵也。……淵淸則智明矣。智者，心之府也。」(〈俶眞訓〉)然而精神之使用則主宰於心。故曰:「心有所至，而神喟然在之。」(〈俶眞訓〉)「志有所在則神有所繫。」(〈原道訓〉)但心亦不能過分使用精神，「精神勞則越。(高注，散也)」，「耳

目淫則竭，故有道之主，滅想去意，清虛以待。」(〈主術訓〉)

總而言之，心爲形、氣、神之主宰。然而四者之關係爲一體而爲相輔互動的關係。

(二)心之功能

心的首要功能卽是形、氣、神之主宰 。有此主宰性因之成爲萬物之最貴者也。這種理論相當於荀子所言的「水火有氣而無生，草木有氣有生而無知，禽獸有氣有生有知而無義，人有氣有生有知亦且有義」❸，「亦且有辨」。其相較層面卽是形爲無生命之礦物者，氣、形相合爲植物，形、氣、神相合爲動物，形、氣、神、志（心）相合則爲理性動物——人。在《淮南子》思想體系中，其中的形是指有機體，有生命的肌肉、筋骨的身體。而在人當中，其中四者，形、神、氣、志是息息相關結合一體而不可解剖者。而心爲形、氣、神之主宰，由此使人異於禽獸而成爲理性動物。

甲、感與覺

心在感官、感覺方面：外五官的感覺屬於形、氣；內五官知覺爲氣、神，合卽有知覺而反應。而心爲知覺之主宰而主知覺、辨識、選擇、反應，與藉著外五官與外物接共同構成一知覺之行爲。《淮南子》說：「人之情，耳目應感動，心志知憂樂，手足之攢疾癢。」(〈俶眞訓)

由此可見，在外感官之感覺，內感官之知覺中，心能理解，

---

❸ 《荀子・王制篇》。原文爲：「水火有氣而無生，草木有生而無知，禽獸有知而無義，人有氣、有生、有知亦且有義，故最爲天下貴也。」

即是「感乎心，明乎智，發而成形」（〈繆稱訓〉），通過悟解而理會事物。

心不僅能悟解，且能以意志使心注意其所指，專注於此而忽略其它。《淮南子》說:

「劗痤疽，非不痛也，飲毒藥，非不苦也。然而為之者，便於身也。渴而飲水，非不快也，飢而大飧，非不贍也，然而弗為者，害於性也。此四者，耳目鼻口，（身體，皮膚或手，共成五感官）不知所取去，心為之制。各得其所。」（〈詮言訓〉）

「目見其形、耳聽其聲、口言其誠，而心致之精。」（〈繆稱訓〉）

由此可見，心爲感覺、知覺之主宰。

心在接受感覺、知覺之後，通過抽象、悟解、想像而後形成印象，由印象形成觀念，亦即心有所載❹，這也是受。而有了印象、觀念後連串爲思想，思想連串也能記憶，這也即是「藏」。

心在「感」當中，所接受的感覺資訊的來源相當多，譬如在感覺過程中，可能同時目見其色、耳聽其聲、鼻嗅其味、手觸其體。在其同時，視明、聽聰、鼻聞、敏覺皆可同時「集於心」（〈本經訓〉）。但亦可將注意專取一點而捨棄其它，或在雜物衆象中，取其類似而捨其雜多，抽取其同，而去其異雜，是爲抽

---

❹ <俶眞訓>則反過來說，神不至，則心無所載。其言曰:「若夫神無所掩、心無所載，通洞條達，恬漠無事，無所凝滯，虛寂以待。」

象。

除此之外，心亦能全然摒除外在感覺而「心志專于內」，亦能將其印象、觀念相聯繫，「通達耦于一」(〈精神訓〉)。這是心由感轉而成思的過程中，心能「集中」、「抽象」、「專一」、「通同」、「辨異」之思想能力。

乙、思與慮

心能思慮。在思想中，心有能思慮、智與知、志與制。

思，思，《說文》：「容也，从心从囟。」段注：「凡深通皆曰容。」《六書總要》：「思，念也，慮也。繹理為思。」

《淮南子》曰：「發一端、散無竟、周八極，總一筦謂之心。」(〈人間訓〉)換言之，心能思想。所謂「思」，即是心於某一田地(場地、領域)之勞作，所謂「想」，即是心中有「相」，相卽像。換言之，心能運作衆多觀念，亦能想像、構成圖畫而成心像，並能附以符號，以及能取捨。

《淮南子》說「心能思慮」，其言曰：

> 「人之情，思慮聰明喜怒也。故閉四關、止五遁，則與道淪。(高注：四關，耳目心口。遁，逸也。淪，入也。)」(〈本經訓〉)

「發慮在心謂之思。」(《六書總要》)思是以心之運作，而慮是篩慮，如同用簸箕簸穀，即是一種揚棄糟糠、塵土、雜物而留「精」。而慮卽是僅在篩裏簸翻穀物，淘取其精，去其雜蕪。因而以《淮南子》之論推之；思慮卽是以內在之念(觀念)之取捨、選擇、連接、組合、串聯構成有條理之思維。在思慮過程中，純是運用內在具有之觀念，而不用外五官與外在實物。這即是說，思慮是以「念」(觀念）做材料，而不是觀念所代表的實物，因而用不著外五官之感覺，因此要「閉」五官。亦要逃五遁——木火土金水之外物之干擾與誘引。將所欲思考的對象，內轉化爲觀念。利用觀念「集於心，則其慮通」(〈本經訓〉)，通則與道論，入合於道，是思慮欲達之目的❺。

丙、智與知

智與知：在《淮南子》書中，知與智有時相通。但其中之用法也有時不相同，那要依據上下文而定。知是指認識，智則爲悟性、理解之能力。認識是對於物體、或外物，當「知與物接」而能辨認之，並有識以反應之。故《淮南子》曰：「物至神應，知之動也。」(〈原道訓〉）這便是認識。

而在認識中，能夠了悟其中道理者，是爲悟性能力之展現，這便是智。智又是心所具之能力，故曰：「智者，心之府也。」(〈俶眞訓〉）悟性之運作，必要在心寧靜而無擾中，也即「神清者，嗜欲弗能亂」(〈俶眞訓〉）的狀態中始能「虛室生白，吉祥止也」(〈俶眞訓〉)。在此狀態，悟性始能徹底了悟，這是智之悟之先前條件。所以《淮南子》說：「神者，智之淵也。淵清則智明。」(〈俶眞訓〉)

---

❺ 《淮南子》認爲心在思慮之時則不用五官，也擺脫外在具體之客體物，而集中精神於心而思慮，思慮是用觀念與觀念之連接或分離以思維之。其在〈本經訓〉曰：「人之情，思慮聰明喜怒也。故閉四關，止五遁，則與道淪。是故神明藏於無形，精神反於至眞。則目明而不以視，耳聰而不以聽，口當而不以言。……然而集於心則其慮通。」

丁、志與制

心有所之謂之志。「心有所至，而神喟然在之。」（〈俶眞訓〉)「凡人之志，各有所在而神有所繫。」（〈原道訓〉）志是「意也」❻；「志者，在心向慕之謂也。」❼故「志者，欲之使也。」❽所以說，志是心之欲向所在。欲向之所在，則精神貫注集中之，而欲得之。所以志卽是意志。而志，必須有取此去彼之選擇者。在選擇中有所取捨，「猶巧工之制木也」(〈主術訓〉)，卽是有所裁決與判斷，就是制的意義。心在接受感官知覺，內在之認識與意欲之取捨，則根據理性思慮所提出的合宜標準，「儀表規矩，事之制也。」（〈人間訓〉）而裁判、斷決之是心之制之功能。《淮南子》說:

> 「目好色、耳好聲、口好味、接而說之，不知利害，嗜慾也。食之不寧於體，聽之不合於道，視之不便於性，三官交爭，以義為制者，心也。……耳目鼻口，不知所取去，心為之制。各得其所。」（〈詮言訓〉）

由此可見，心有欲求，此爲意，意有所向，爲志。有所裁決斷決之控制力則是爲志與制。

以上所論心在思想中所展現思與慮、知與智、志與制之功能卽爲人之異於禽獸者，亦爲人之所獨有者，亦爲使人能貴於萬物者。

---

❻ 《廣雅・釋詁》。

❼ 《論語・述而》:「志於道」，皇疏。

❽ 《鬼谷子》、《陰符經》。

三、性、情、欲

心的功能除了思慮聰明，悟性理性，意志欲向的能力外，心具有性向、情感情緒，欲望欲求的附屬性。這也常刺激、影響心之者。

(一)性

性的意義，《說文》：「从心生聲。」「性者，生也。」❾「性，生而然者也。」❿以上所言是從生來如此者謂性。又另一意義爲從性質、物之本性、本質而言。《廣雅 · 釋詁 · 三》：「性，質也。」《左傳》疏：「性，謂本性。」⓫

《淮南子》書中的性字，如在「性」、「人性」、「人之性」中的性字有多重的意義：告子所說「生而謂之性」，是生之而然也。其次爲一物之本性本質者謂性。其三爲價値判斷性善、性惡之性。其四爲人之性向，或心之根本欲求者。《淮南子》的性當是「心之所生謂之性」。這是受〈樂記〉的影響下之解說 。所以這性字的意義是爲心之本來欲求之性向。如此解說似乎比較妥當。《淮南子》說：「人生而靜，天之性也。」（〈原道訓〉）即是這種意義。而其他各種性字之意義則依上下文而定。

人心之本來傾向爲性，《淮南子》說：「清淨恬愉，人之性

---

❾ 《論語・陽貨》：「性相近也」，皇疏。

❿ 《論衡・初禀篇》。

⓫ 《左傳・昭公二十五年》疏：「因地之性」。

也。」（〈人間訓〉）「古之聖人，其和愉寧靜，性也。」（〈俶眞訓〉）由此可見，人之天性所趨求之心所處狀態，在於寧靜恬愉，而以恬愉淸靜爲人之本性。

所謂「恬愉淸淨」也者，即是無垢、淸純而不蕪穢，亦無憂苦，亦無惡。故「人之性無邪。……人性欲平。」（〈齊俗訓〉）故而「淸靜者，德之至也」。故「率性而行謂之道，得其天性謂之德。」（〈齊俗訓〉）恬愉淸靜即是人之道德。而反過來說:「靜漠恬澹所以養性。」（〈俶眞訓〉）

總而言之，性之恬愉淸靜，即是由心所生，是故:「能脩其身者，必不忘其心，能原其心者，必不虧其性，能全其性者，必不惑於道。」（〈詮言訓〉）

(二)情

《禮記・禮運》曰:「何謂人情？喜、怒、哀、懼、愛、惡、欲，七者弗學而能。」《荀子・正名篇》:「性之好、惡、喜、怒、哀、樂謂之情。」情之產生卽是人心接於物而有所感動而發之情緒。是以《淮南子》認爲:「人生而靜，天之性也。感而後動，性之害也。……知與物接而好憎生焉。」（〈原道訓〉）「人之情，……喜怒也。」（〈本經訓〉）由此可見，《淮南子》認爲人之喜怒哀樂懼好憎之情緒乃由心與物接受「感」附屬而發之情緒，這種情緒之暴發能影響人之舉止行爲之正當與否。《淮南子》曰:

「凡人之性，心和欲得則樂。樂斯動，動斯蹈，蹈斯蕩，蕩斯歌，歌斯舞，歌舞節則禽獸跳矣。

人之性，心有憂喪則悲，悲則哀，哀斯憤，憤斯怒，怒斯動，動則手足不靜。

人之性，有侵犯則怒，怒則血充，血充則氣激，氣激則發怒，發怒則有所釋憾矣。」(〈本經訓〉)

由此觀之，人之情緒，乃心受感而激所發出之喜怒哀樂惡欲者也。情乃由心所也。但是此處要特別注意的是，《淮南子》所說情緒之發作，無論是樂憂怒懼悲苦，皆是人整體性的參與動作，是形、氣、神、心皆投入。故心樂手舞，心怒則血充、氣激，是以心為主宰而已，「是故心志知憂樂」(〈俶眞訓〉)。

雖然，心志知憂樂，但《淮南子》認為：「心有憂樂者，筐牀衽席，弗能安也。」(〈詮言訓〉) 情緒之激動會震蕩性之恬愉寧靜而認為「性之害也」，由此而破壞了道德。其言曰：

「夫喜怒者，道之邪也；憂悲者，德之失也；好憎者，心之過也；嗜欲者，性之累也。人大怒破陰，大喜墜陽，薄氣發瘖，驚怖為狂，憂悲多恚，病乃成積。好憎繁多，禍乃相隨。故心不憂樂，德之至也；通而不變，靜之至也；嗜欲不載，虛之至也；無所好憎，平之至也。不與物散，粹之至也。能此五者，則通於神明，通於神明者，得其內者也。」(〈原道訓〉)

(三)欲

欲，本是欲望。欲望本無所謂善惡。但先秦古書字義，「欲，貪也」。《說文》：「欲，貪欲也。」欲有時與慾通。

《淮南子》所謂的欲，本不是指動物層面之具有「食色」之「欲」，而是指在樸素人生之外之所需食色的基本欲求，即是過分的縱慾貪愛、沉湎喜好，換言之卽是「嗜欲」。「目好色、耳好聲、口好味，接而說之，不知利害，嗜欲也。」(〈詮言訓〉)這就會動盪心之恬愉寧靜。譬如「耳目淫於聲色之樂，則五藏搖動而不定矣。……是故五色亂目，使目不明，五聲譁耳，使耳不聰。……故曰，嗜欲者，使人之氣越，而好憎者，使人心勞。而弗疾去，則志氣日耗」(〈原道訓〉)。

由此可見，「以其窮耳目之欲」(〈精神訓〉)，「嗜欲連於物，……而性命失其得」(〈俶眞訓〉)，則「患生於多欲」(〈繆稱訓〉)。

《淮南子》見於「人多欲虧義」(〈繆稱訓〉)，因而要「除其嗜欲」(〈原道訓〉)，使心「常無欲，可謂恬矣。」(〈詮言訓〉)因此，《淮南子》強調「不可縱欲」，而要「損欲」(〈詮言訓〉)，藉着修養而「有所于達，達則嗜欲之心外矣」⑫。

雖然，《淮南子》認爲人多欲虧義，因而要損欲，但卻不是要滅欲，欲本有於心，與心俱生，與心俱死，心在則不可滅，只能去其多餘之「嗜」與其「多」而已矣。欲可以道導之正，也可節而毋縱，不可滅矣。

四、評　論

總而言之，《淮南子》在性、情、欲論中，以性爲心之意向

---

⑫ 詳見李增，《淮南子思想之硏究論文集·二篇·淮南子之修養論》，華世出版社。

之恬愉清靜，此性歸於清靜則無邪，爲善者也。

而情緒之發激蕩血氣，而致使影響心之寧靜，因而主張不妄喜怒哀樂，而歸於寧靜。

欲爲嗜欲，能激蕩血氣使人氣越，而「人性欲平，嗜欲害之」（〈齊俗訓〉）。「欲與性相害，不可兩立，一置一廢，故聖人損欲，而從事於性。」（〈詮言訓〉）終究要損欲復性。

第三章　人之社會性

一、人之人格

在《淮南子》書中，很難找到一個有關於人的完整定義。除了說人所具的質料是「精氣爲人」，以及人爲「精神、形骸」之合而成的。並述說人有「形、氣、神、志」，並以心爲形之主，與智慮聰明喜怒爲人之情之敍述外，就很難找到一個完整而清晰的定義了。

但這些定義是太抽象了，太模糊了。除了從這些敍述的定義看出一點與禽獸之本質（煩氣爲蟲）之差異外，最多尚能告訴我們這是「普遍性的人」。但是做爲一個人的意義，最重要的並不在於普遍的類同，而是具體的、個別的個人。人在彼此之間個人人格的個別差異：譬如聖人、君子、惡人、醫生、屠夫……等等，才顯出人的最重要意義。人，最重要的意義（或性質）是在於個別人格的差異性，而禽獸、草木（動物、植物）的意義在其普遍的類同，而不著重在個體的差異。譬如到市場買豬肉，一般購買者並不認眞思考甲豬與乙豬之豬肉有何差異，買鷄鴨也是一樣，並不考慮甲、乙、丙、丁之差異性，因爲認定肉攤上的肉類僅是普遍的類同，而不考慮到個別種隻性質的差異性，最多只考慮上等肉、下等肉而已。但是對於人的個別品質的差異上，那就東挑西撿的。而形骸上的高矮胖瘦，這在選美大會上，將會是登徒子的標準，增一分也不行，減一分也不可。除了形體形狀外，最重要的是氣質、儀態、風度、應對，那是精神層面了。人在精神上的素養就形成了個別個性的個別人。這種個別人是獨成一格，世界上再沒有第二個與之相同的。當然，這是比較極端的看法，但個別間彼此差別性的性質是非常重要的。譬如，醫院裏想要聘雇醫生、護士不能用屠夫，當教師者不能用文盲，敎英文的不能雇用一個僅懂阿拉伯文者。而在治國方面，更要著重人才的差異性。由此看來，人的重要意義即在於個人人格的個別性，而不在於普遍的共有性。而這種個別性的差異就是惟一的「此(This)」個別人。而這種個別性是豐富、複雜、難以描述的，所以卡西爾 (Ernest Cassirer, 1874-1945) 說：「人之爲人的特性就在於他的本性的豐富性、微妙性、多樣性和多面性❶。……人根本沒有『本性』，沒有單一的或同質的存在。」筆者同意卡西爾這對於個別人的豐富複雜性是難以定義的意見，但對「沒有本性」的看法卻不敢苟同。人衆雖複雜；但在普遍人性上，卻仍有一種與禽獸有別的本性。除此之外，人的「本性」，即是唯獨人有能力形成彼此之間的個別性，這就是人的「本性」。卡西爾的意思，是認爲個人間不能將同--的模型套用於人，故稱之爲無其本性。但是人的「本性」也是不可以同一模式套用 —— 此一規則適用於每一個個別人 —— 這也是共同的規則，也就是人的「本性」。簡

❶ 見 Ernst Cassirer, *An Essay on Man, An Introcdution to a Philosophy of Human Culture,* Yale University Press, New Haven, 1944. 中譯本《人論》，原著：卡西爾，審譯：結構群，臺北，頁18～19。

言之，人的本性就是人能造就個別的多樣性、豐富性、多面性、複雜性。所以筆者認爲人仍有異於禽獸的本性（或人性），即是卡西爾仍承認「人是理性動物」的定義還有用，這是普遍人。但人的個別特性，「人的突出特徵，人的與衆不同的標誌，既不是他的形上學本性也不是他的物理本性，而是人的勞作（work）。正是這種人類活動的體系，規定和劃定了『人性』的圓周。語言、神話、宗教、藝術、科學、歷史，都是這個圓的組成部分和各個扇面。」❷卡西爾的意思，是人的文化層面構成個別人的差異性，而這種差異性也是構成人性內涵的重要因素。

由此觀之，是人的精神、心之獨特能力使人異於禽獸；是人的能力，能受教育的潛能，能接受外在社會文化的影響；也是人的創造能力，能接受，也能改造，並能創造新的文化，這是外在社會文化與人的理性能力交互作用，而形成各人個別性的個別差異。因此，人一方面是普遍人，這是有異於禽獸者，一方面又是個別人，這是每個人彼此在人格、道德、能力、性格、學識之個別差異者。再言之，人一方面是自然人，另一方面是社會性之人或文化人。所以論人除了從形而上學論述其普遍人之外，也要從其在社會活動、文化上論人。因爲社會文化造就了「他」，而「他」的活動、創造又注入於社會與文化。此「兩者」乃是彼此交互作用與影響，造成了個別人與社會、文化的多樣性、豐富性、變動性、複雜性。所以說，人也是社會性的文化動物。

二、社會動物

❷ 《人論》，頁106。

《荀子》論述礦物、植物、動物、人等之等級差異性，與重視人之社會性的需要與功能，皆很精闢。其言曰：

「水火有氣而無生，草木有生而無知，禽獸有知而無義，人有氣、有生、有知、亦且有義，故最為天下貴也。力不若牛，走不若馬，而牛馬為用，何也？曰：『人能群，彼不能群也。』人何以能群？曰：『分』。分何以能行？曰：『義』。故義以分則和，和則一，一則多力，多力則彊，彊則勝物。故宮室可得而居也；故序四時，裁萬物，兼利天下，無他故焉，得之分義也；故人生不能無群。」❸

從《荀子》所論而言之，人之高於礦、植、動物者，在於人具有其屬性而且又具有它們所無之屬性——有義，故最爲高貴。這是描述人之普遍性定義，其中在注重人「之所以異於禽獸者」。其次，人之所以超越動物，制伏動物者，在於人的社會性能發揮社會群體之力量。第三，在於社會之「分」（能分工）之能分而又能合一，且有文化（有義）。第四，說明人不能脫離社會而生活，甚而不能脫離社會而爲「人」（個別性之人）。《荀子》論人之雙重性（形而上者、社會文化性者）甚爲精闢。

《呂氏春秋》亦言人能組織社會以超越制服禽獸而共利，而製造萬物以備生活所需。其言曰：

「凡人之性，爪牙不足以自守衛，肌膚不足扞寒暑，筋骨不足以從利辟害，勇敢不足以卻猛禁悍，然且猶裁萬物、

❸ 《荀子・王制篇》。

制禽獸、服狡蟲、寒暑燥濕弗能害，不唯先有其備而以羣聚邪，群之可聚也，相與利之也。利之出於群也，君道立也。」❹

《呂氏春秋》於此更加上君道之確立，乃是發揮群聚之力的政治組織。

《淮南子》受了《荀子》與《呂氏春秋》的影響，亦認爲人爲「人有衣食之情，而物弗能足也。故群居雜處」(〈兵略訓〉)，爲互相補足生活必需品而必須共營群居雜處的社會生活。亦認爲人其有知（智慧，知識）能相通，而合群力於一，以制禽獸，以此，人之所以貴於禽獸也。其言曰:

「宇宙之間，陰陽之所生，血氣之精，含牙戴角，前爪後距，奮翼攫肆，蚑行蟯動之蟲，喜而合，怒而鬥，見利而就，避害而去，其情一也。雖所好惡，其與人無以異。然其爪牙雖利，筋骨雖彊，不免制於人者。知不能相通，才力不能相一也。各有其自然之勢，無稟受於外。故力竭功沮。」（〈脩務訓〉）

《淮南子》在此提出「知能相通，才力能相一」，超越自然之性之限制，而能受外來文化、教育之改造影響，以超越禽獸，而爲萬物之靈者與最貴者也。在這論點裏，《淮南子》強調，人是個有知者也，以其知之創造性，而能組織社會，過著與人交往的社

---

❹ 《呂氏春秋・二〇・持君覽》。

會生活，也能超越自然之限制而創造人文（文化）世界。從文化世界接受別人的知識經驗，亦創造出自己的知識經驗，以加注於文化，使文化更加豐富，人亦在社會、文化中改造他自己，提昇他自己，發揮他自己，而完成他自己，這點柏格森論之甚精❺。換言之，完全受自然本性所限制的是禽獸（動物），能超越自然本性不受其限制卽是人。人是能創造文化的社會性動物。

三、社會定位

人旣是過著群居雜處的社會生活，而社會並不是散漫的群衆人，而是有組織的社會。在這社會組織中，有自然形成的家族，有人爲組織的國家與社會團體，有分工的經濟。人在社會中具有多重身分，不只僅參與一種組織，人同時可以是家族的一員，也同時是某一社團的，也是國家的公民。在這組織中，個人與社會（群）的關係都有其「分」。「分」卽是「名分」。名分是在群體的身分地位，如在家族中是爲父母、兄弟、姊妹、妯娌、叔伯、姑嫂等等；在政治組織中卽是君臣、官吏，與百姓等。「分」卽是「本分」，也就是根據其身分地位而規定權利與義務。每個人皆有配合於其身分的責任，卽是「君君、臣臣、父父、兄兄、弟弟一也」。而在社團或分工上卽「農農、士士、工工、商商一也」❻。這卽是社會上的「分」，亦卽《淮南子》所說的「參五」，何謂參五？

---

❺ 同❶，頁139。

❻ 《荀子・王制篇》。

「立父子之親而成家，……立君臣之義而成國，……立長幼之禮而成官。此之謂參。制君臣之義，父子之親，夫婦之辨，長幼之序，朋友之際，此之謂五。」(〈泰族訓〉)

換言之，在家族、社團、國家的社會組織中，各有名分，各有權利、義務與責任，構成了一個嚴密的聯繫的關係網。

其次，所謂的「分」，也有分工與分職的意思。人的社會，工作分工最爲複雜：農夫種田，工匠製器械，織女製裁衣服，木匠、土匠蓋屋，士、農、工、商、各行各業，彼此分工而相需相求，相輔相成，構成細密的分工。《淮南子》認爲「人有其才，物有其形」(〈主術訓〉)，每人的才能不同，由於才能有異，故當委任適合於其才之工作，始能奏其成功，譬如：

「華騮綠耳，一日而至千里，然其使之搏兎，不如豺狼，伎能殊也。鴟夜撮蚤蚊，察分秋毫，晝日顛越，不能見丘山，形性詭也。……故古之為車也，漆者不畫，鑿者不斲，工無二伎，士不兼官，各守其職，不得相姦，人得其宜，物得其安，是以器械不苦，而職事不嫚。」(〈主術訓〉)

分工並不是分而不合，分而後仍「衆人相一」，譬如耳目鼻口各有分任而後合於一心。

「是故有一功者，處一位，有一能者，服一事。……毋小大脩短，各得其宜，則天下一齊，無以相過也，聖人兼而

用之。」（〈主術訓〉）

由此可見，人的可貴在於能分工而能合一，分工複雜而其工亦難。或者有言蜂、蟻亦能分工，人之分工有何可貴。然而，動物之分工依據其自然之性，依據其本能而爲之，且所分工之工作、技能皆相同而無區別。就以工蜂而言，每隻工蜂之本領皆相同，工作形式與結果亦代代不變。而人之分工，其工作本領非來自於自然之本能，是經過人爲之訓練學習者，是「教順施續而知能流通，……服習積貫之所致」（〈脩務訓〉）者而然。以此，所以異於禽獸蟲魚者也。

四、人之教育

人之異於禽獸的最大的能力與最大的差異，便是在於心之能知慮，通過知慮而能認識萬物而獲得知識，也能積聚知識，流通傳授，接受轉化，體驗創造。由於有這種能力，人能夠抽象思考，並能發明符號——語言、文字、圖畫、手勢、形式並賦與符號之意義，這一點超越了動物僅能反應訊號或信號的能力[7]。以這種帶有意義的符號，以做爲傳遞知識的橋樑，與儲蓄知識的倉庫。由此符號，人類保存知識，尤其是過去前代累積的知識，並能接受，而又能再創造，因而能使知識更爲豐富，更爲發達。不僅能現階段彼此能傳播、接受、批判、修正、豐富、加積，而且

[7] 見 G. Marian Kinget 著，陳迺臣等譯，《論人》，成文出版社，臺北，頁22。

在未來亦能延續而生生不息。這種能認識、獲得知識、接受前代的知識，並能創造、增積知識的能力，是動物所缺乏的，而在萬物之中，唯獨人類所具有，是故爲萬物之靈者也。

人，能知慮，有認知之能力，因而才能「學」，能學，而才能「教」。這是人所天生具有的本性。是故《淮南子》曰：

> 「入學庠序，以脩人倫，此皆人之所有於性而聖人之所匠成也。故無其性，不可教訓。有其性，無其養，不能遵道。繭之性為絲，然非得工女煮以熱湯而抽其統紀，則不能成絲，卵之化成雛，非慈雌嘔煖覆伏，累日積久，則不能為雛。人之性，有仁義之資，非聖王為之法度而教導之，則不可使鄉方。」（〈泰族訓〉）

換言之，人先天要具有能「學」的本性，而後才能教。人亦要經過長久的學習努力，才能得到知識。而人，亦具有知識豐富的教育者——聖人，傳道、授業、解惑，才能使人成絲、雛，而成材。

人，雖然有認知而得知識的能力，但是人——每個人的才質卻有所差別，《淮南子·脩務訓》說：「人性各有脩短」，這「人性」即是指人的才質的聰明智愚的大小有所差別。由此人對知識吸收、成長、積增的能力也是不同，而其所得也有別異。由此而有聖人、智者、博士、愚人之差別。

再者，人，天生沒有知識，僅有認識之能力，通過認識而後獲得知識。這認識之過程，除了聞、見、嗅、味去感覺之外，尚要用心去注意，處心積慮、學習積久而後得。因此，每人專注不同，其所得也有差別。由此積耕稼而爲農夫，積買賣而爲商賈，積斲削而爲工匠，積禮義而爲君子，積禽獸行而爲小人。是故「可以爲堯舜，可以爲桀跖，可以爲工匠，可以爲農賈，在勢注錯習俗之所積耳。是又人之所生而有也」❽。由於「注錯積習」之不同，因而有農、醫、工、商之異。故人之所欲爲之者——欲農、欲士，必具其所能，欲具其所能者，必要注重學習而後能得之。此者，學者不可不用心焉。由此可見，認知之能力是人的自然本性之固有，而知識之獲得則須通過學習而得之。不學而思得知識，《淮南子》評之曰：「欲棄學而循性，是謂猶釋船而踝水也。」（〈脩務訓〉）

動物之間沒有互相傳授所得訓練技藝的能力，動物可通過刺激與反應的訓練，但卻不能了解其意義。《淮南子》說：「馬不可化，其可駕御，教之所爲也。馬聾蟲也，而可以通氣志，猶待教而成，又況人乎！」（〈脩務訓〉）馬可駕御，乃是馬可訓練，訓練僅施於慣性的刺激，使其有慣性的反應，而不能使受訓者得其意義。例如鸚鵡學人言，固然能叫出同其言，卻不知其意義，故不能「化」。唯人也，能受教，也能「化」。並且也能相「教」。馬與鸚鵡雖得技藝卻不能將其所得傳授予同類，這就是「知不能相通，才力不能相一」，故「不免制於人」（〈脩務訓〉）。唯人也，能「教順（訓）施續，而知能流通」，亦能「服習積貫之所致」，亦能以「隱括之力，……揉以成器」，更能「精搖靡覽，砥礪其才，自試神明，覽物之博，通物之壅，觀始卒之端，見無外之境，以逍遙仿佯於塵埃之外。超然獨立，卓然離世。此聖人

❽《荀子・榮辱篇》。

之所以游心」（以上〈脩務訓〉）。換言之，人能認知，能得知識，能傳授，亦能流通，能吸收過去與古人的知識經驗，能揉和他人的知識經驗，並能有獨創而自成一家之言（超然獨立），亦能超越過去、現在而想像未來，也能超脫當下之經驗知識而獨創與進展。以此，人能保存文化、傳遞文化、創造文化。這便是人之所以爲萬物之靈與最貴者也。

五、人與文化

人類利用他的智慧與知識，能設計一套符號以代表他的思慮與知識，以便「知能相通」，這便是語言思想。其次，人類能過著「群聚雜處」的社會生活，設計名分，分工以產生政治、法律、風俗道德、經濟、藝術、宗教等社會生活的範式以營「群」的生活。第三，人類爲滿足需求，不僅能擷取自然物，而且應用智慧加工於自然物，而有了工具與人爲加工物之發明。這些語言符號、社會制度與工具事物，便是文化的表現❾。

文化並不是自有人類就具有的，而是人類經過漫長的進化（不知有多少年），而慢慢地、漸漸地懂得改造自然物，利用自然物，發明符號以記錄思想知識，製定規範過社會生活。所以文化的發展是人類從自然原始生活轉變至人爲人文的過程。《淮南子》認爲在自然原始生活是混沌狀態，知識未開，也沒有人所約定的道德觀念、法律、制度等人文設施。《淮南子》說:

「古之人，有處混冥之中，……當此之時，萬民猖狂，不

❾　同❼，頁72。

知東西，含哺而游，鼓腹而熙（戲也），交被天和，食於地德。不以曲故是非相尤，茫茫沈沈，是謂大治。……是故仁義不布，而萬物蕃殖，賞罰不施，而天下賓服。」（〈俶眞訓〉）

由此可見，太古之時，人類生活於自然原始生活而未有人文設施。而後人類之智慧啓蒙，爲了改善生活更爲舒適，始改造自然環境而有人爲，人類文明於是開始。《淮南子》曰：

「當此之時（太古原始自然之時），陰陽和平，風雨時節，萬物蕃息。烏鵲之巢，可俯而探也。禽獸可羈而從也。豈必褒衣博帶，句襟委章甫哉。

古者民澤處復穴，冬日則不勝霜雪霧露，夏日則不勝暑熱蟁蝱。聖人乃作，為之築土構木，以為宮室。上棟下宇，以蔽風雨，以避寒暑，而百姓安之。伯余之初作衣也，緂麻索縷，手經指挂，其成猶網羅。後世為之機杼勝複，以便其用。而民得以揜形御寒。

古者剡耜而耕，摩蜃而耨，木鉤而樵，抱甀而汲，民勞而利薄，後世為之耒耜耰鉏，斧柯而樵，桔皐而汲，民逸而利多焉。

古者大川名谷，衝絕道路，不通往來也，乃為窬木方版，以為舟航。故地勢有無，得相委輸，乃為鞎蹻而超千里，肩荷負儋之勤也，而作為之揉輪建輿，駕馬服牛，民以致遠而不勞。為鷙禽猛獸之害傷人而無以禁御也，而作為之鑄金鍛鐵，以為兵刃，猛獸不能為害。

故民迫其難，則求其便，困其患，則造其備。人各以其所知，去其所害，就其所利，常故不可循，器械不可因也。則先王之法度，有移易者矣。」（〈氾論訓〉）

從這段引文可以看出幾個論點：

第一，人類處於太古原始自然之時，其生活純然依照自然本性而生活，而沒有人爲創造之文化。

第二，人類爲了改善生存於自然環境中的困苦生活，乃採集自然物以構屋製衣以改善生活，但尚未利用工具。由此人類欲脫離混芒草昧，而爲文化之啓蒙。

第三，初步利用自然物做爲生產工具，以摩蜃而耨，木鉤而樵，已脫離了自然「採集」，而更欲生產的思想。

第四，知覺能懂得槓桿原理，利用物理以改造生產工具，更使民逸而利多。

第五，能利用自然物之性，並且能懂得利用自然力：能利用木能浮之性，利用水之浮力以造舟帆，利用圓形滾動之理以造輪，利用牛馬之自然力以代勞作。

第六，了解自然物之性，並能知其原理而加以鑄造兵器，以抗拒自然力之侵害。這個階段，已是高度文明的發展，至少人類已經懂得使用火，利用選擇的燃燒物，利用工具加強燃燒溫度，知道礦物之熔點，懂得用鑄模與打造、磋磨之工具。

在這段論述當中，尚要把握幾個重要的論點：

第一，人類由自然狀態，而欲利用自然物的階段，是由自然轉入文化的轉捩點，這個轉捩點是由於「聖人乃作」。換言之，仍是人類懂得運作智慧之時的開始。

第二，從採集階段，到初步利用自然物（天然物），再利用物理改造工具，是從脫離動物自然生活(蜜蜂、螞蟻也會採集)，到生產的人爲生活（僅有人類懂得生產）；以及從利用自然物做工具（猩猩也懂得用棍子勾住食物），轉入到利用物理改造自然物爲工具（猩猩不懂得以繩子綁住兩根棍子，增加其長度以勾更遠的食物），是高於動物的層面。

第三，工具的改良增加人類社會交往溝通。

第四，工具的發明、使用以及改良，不是個別人的行爲，而是衆人智慧的貢獻,且是利用前人的經驗、成果加以改良,這表示了人類能借用他人的經驗，且立足在此基礎上更進一步的改良，這便是創造。

第五，舟車之發明，表現了人類的經驗、知識、文明、文化的流通，由單一個別到普遍化。

第六，人類之追求人爲文化，是基於「民迫其難，則求其便，困其患，則造其備」，脫離困苦，追求更舒適幸福爲動因。

第七，由自然到人爲文化，其最重要的動力基礎在於「人各以所知」，重要是人的「知」，這是動物所缺的，且能「人各以」，卽能貢獻各個人之知以合衆知，構成整體的文化。再者，「人各以所知」，其所知，各個人皆不同（譬如士、農、工、商之知皆不同），結合各種不同的知識以成整體，這是人類獨有者。

第八，工具是日漸改良，工具的改良帶動社會制度的變易。因此，沒有固定的工具模式，也沒有固定不變的社會制度模式，總言之，歷史是變動的，人類的各種模式也是變動的。人類對文化的態度不能守株待兎，也不能「刻舟求劍」。〈說林訓〉

云

「以一世之度，制治天下，譬猶客之乘舟，中流遺其劍，遽契其舟桅。暮薄而求之，其不知物類亦甚矣。夫隨一隅之迹，而不知因天地以游，惑莫大焉。雖時有所合，然而不足貴也。」

由此可見，歷史是變動的，事象也是變動的，不能以固定不變的一種模式以套軛變動的事象，應隨事象之變動而變動其模式。

第四章　人之風俗

所謂風俗，卽是一群共在一特定地區或一時期的社會，所表現在衣、食、住、行以及在社交活動，言、貌、視、聽，行爲舉止共同的習俗風氣。其表現是在宗教的、禮儀的（例如婚喪喜慶）、藝術的、語言的、日常生活的款式。總言之，風俗是一社會中，人民所表現的文化形式樣態，最能顯現彼此文化樣式的別異性。

一、人與風俗

風俗當然是社會群體之人生活的風氣習俗之樣態，但是風俗是如何形成的？是個人所獨創的？是衆人一時所約定俗成的？我想都不是。風俗是歷史的，風俗成長於歷史中，先於某一代、某一時的一群人，是代代成長的；也不是某一個人所獨創的，而是先於某一個人而存在（當然不是先於人類始祖的第一個人），風俗是群體之人（不是某一群體而是代代相續的群體）所共同激發而成的生活樣態；風俗是活的，因爲代代的群體有活的連續；風俗不是實體，風俗所依據的實體是群體人，它是一種樣態。

《淮南子》認爲個人與風俗之間的關係是風俗先於個人而存在，個人在嬰兒出生之時是純眞的，是無穢的，是淸白的，或是如同洛克所言的人心當初如白板，沒有任何觀念在裏頭。《淮南子》認爲嬰兒始初並不懂任何語言與風俗，這些語言與風俗先於嬰兒而存在，後來受語言與風俗之「感」與「染」而後才懂的，不是本有具於內的，而是外來的。《淮南子》說:

> 「原人之性蕪（蕪）穢而不得清明者，物或堁也（高注:堁坋塵也），羌、氐、僰、翟、嬰兒生皆同聲，（高注:羌、東戎，氐、南夷，僰、西夷，翟、北胡）及其長也，雖重象狄騠（傳譯之意也），不能通其言，教俗殊也。今三月嬰兒，生而徙國，則不能知其故俗，由此觀之，衣服禮俗者，非人之性也，所受於外也。
> 夫素之質白，染之以涅則黑；縑之性黃，染之以丹則赤。人之性無邪，久湛於俗則易，易而忘本，合於若性。」
> （〈齊俗訓〉）

由此可見：人，剛出生之時並未具有某種語言之內容，亦未具有某種觀念、行爲的樣態。能懂某種語言，或某種行爲之儀式，乃是此後他所受教育與習染的緣故。換言之，他有能習、能受染、能受雕塑之潛能，而未先具有此種事實。是故一個人的語言與行爲習慣，常是受外來塑造而習成，並非天生而具有的。

但是，人雖有受塑造的潛能而成事實，可是他之被塑造後並不依造原有的（原本的）模式而成形，他不像泥土被模型塑造後就成與模型相同一致的型態，就像磚塊、陶器之固定而沒有變型。不是的，人，不是個死物，他是活生生有智慧、有自由意志而能受造塑、也能創造的有知慮者。所以，人能接受語言與風俗的塑造，卻也能加上自己的智慧去改造或創造它，遂使語言與風俗能傳遞，也能變形；能消瘦，也能豐富。所以說，語言與風俗也不是有固定不變的模式的。《淮南子》就風俗之增加與消減舉例曰：

「魯昭公有慈母而愛之，死為之練冠，故有慈母之服❶。陽侯死蓼侯，而竊其夫人，故大饗廢夫人之禮。先王之制，不宜則廢之，末世之事，善則著之。是故禮樂未始有常也。故聖人制禮樂而不制於禮樂。」

由此可見，人能受語言與風俗所塑造，也能揚棄它們，也能超越它們而且能創造它們。這是人所獨有的能力，是動物所不及的，故爲萬物之靈。

再者，《淮南子》書中論述語言並不多見，然而在此需要附論語言之意義。《淮南子》說中國四方之東西南北各地不同的種族之「嬰兒，生皆同聲，及其長也，……不能通其言，敎俗殊也。」由此可見，各地各種族的語言是不同的。但是，語言的不同，並不是僅指其語言中的聲音、音調、音節有所不同，而且更深層的，是語言所代表人之觀念之意義——其敎，其俗，也有所不同的。換言之，語言不同，其所表達之思想則或有其同，或有其異，其意義未必是相同的。莊子說得好：「夫言非吹也，言者有言，其所言者，特未定也。果有言邪，其未嘗有言邪，其以爲

❶ 高注：「慈母，父所命養己者，此大夫之妾，士之妻謂之慈母。禮爲緦麻三月。昭公獨練也，言其記禮之所由興也。」

異於鷇音，亦有辯乎，其無辯乎？」❷莊子的意思認爲語言不只是吹風、空氣的振動，也不同於單調的小鳥叫聲，它是欲有所言的，卽是語言是要代表意義的，但語言確未能很穩當地代表其意義，因而其意義很難把握，也很難確定。雖然，莊子在此指出「名」與「意」未必相合，「名」與「實」也未必一致，但他卻確定語言要代表意義，這點是可肯定的。

語言，不僅是指有聲音的「言語」，而且涵蓋了文字、圖畫、手勢等符號。因此語言的狹義意義是言語，而廣義的則指符號。卡西爾認爲語言是「人類心靈運用清晰的發音表達思想的不斷反覆的勞作」❸。因而「人類語言總是符合並相應於一定的人類生活形式的」❹。卡西爾並把語言推至於符號，認爲符號與信號有區別，前者之應用是人類獨特之能力，是之所以異於禽獸者❺，並認爲「所有文化形式都是符號形式，因此，我們應當把人定義爲符號動物 (animal symbolism) 來取代把人定義爲理性的動物」❻。卡西爾提出語言與文化形式的緊密性，我是同意的。但是我不苟同以「人是符號動物」取代「人是理性動物」的定義。從前文我們也可看出人的多重定義：人是社會動物，人是能運用工具的動物。這些敍述，都無大錯，只是這些定義都要建

---

❷ 《莊子·齊物論》。

❸ 見 Ernst Cassirer, *An Essay on Man, An Introduction to a Philosophy of Human Culture,* Yale University Press, New Haven, 1944. 中譯本《人論》，原著：卡西爾，審譯：結構群，臺北，頁106。

❹ 同❸，頁189。

❺ 同❸，頁212。

❻ 同❸，頁49～55。

立在「人是理性（有知慮之情）」的動物基礎上。人若無心之知慮能力，則不能形成社會分工，不能創造工具，也不能運用符號。所以，是理性創造符號，運用符號。理性是基礎、是根本，不能以「末」取代本，也不能以果取代因。

但語言（或符號）是人類所獨有的能力表現，是最能代表文化的形式，也最能代表一獨特文化的特徵，並能影響其群體內之個人，也是有不斷的變遷。這一論點，格林柏 (Greenberg) 說得很清楚❼。

綜而言之，《淮南子》雖對語言未及詳論，然而確定各種族之語言不同，其教俗也不同。語言與風俗是外來對人的感染與影響，久而久之，便使人之習慣成自然，構成次等天性。這種論點是對的。

二、風俗變遷

影響風俗之形式與變遷的因素是時間、空間、物勢。時間是歷史，空間是地理，物勢是經濟與政治。歷史是縱的變遷，地理是橫的差異，政經是勢力的強制。

在中國歷史上是朝代的更替、連續的變遷，其文化風俗、政制、經濟亦在變動之中。《淮南子》說:

「三皇五帝，法籍殊方，其得民心均也。」（〈齊俗訓〉）

「夫殷變夏，周變殷，春秋變周，三代之禮不同，何古之

❼ 同❸，頁41。

從。」（〈氾論訓〉）

「古之王，封於泰山，禪於梁父，七十餘聖，法度不同，非務相反也。時世異也。」（〈齊俗訓〉）

「所謂禮義者，五帝三王之法籍，風俗一世之迹也。譬如芻狗土龍之始成，文以青黃，絹以綺繡，纏以朱絲，尸祝袀袨，大夫端冕，以送迎之。及其已用之後，則壤土草蒭而已，夫有孰貴之。」（〈齊俗訓〉）

從《淮南子》的敍述中，可見由於「時世異也」，而每個朝代的法籍、風俗、禮儀皆有所不同，而且是前代被後代所變更，取而代之，因此風俗禮儀也成爲當其時則顯榮，失其時祀後之芻狗，廢物而已，僅爲歷史上之陳跡而已，故不足爲法。

《淮南子》從歷史事實例舉出文化與風俗（廣義是文化，狹義是風俗）之變動說明之:

(一)工具的發明與改進——從用手採集、機杼、摩蜃、耰鋤，到舟車、鍛鐵的工具革命，以致於歸納爲「常故不可循，器械不可因也，則先王之法度，有移易者也」（〈氾論訓〉）。

(二)在政制法度上——「昔者神農無制令而民從，唐虞有制令而無刑罰。夏后氏不負言，殷人誓，周人盟。」(〈氾論訓〉)

(三)在婚、喪、祭祀、禮樂方面——

「古之制，婚禮不稱主人，舜不告而娶，非禮也。立子以長，文王舍伯邑考而用武王，非制也。禮三十而娶，文王十五而生武王，非法也。

夏后氏殯於阼階之上，殷人殯於兩楹之間，周人殯於西階之上。此禮之不同者也。

有虞氏用瓦棺，夏后氏堲周，殷人用槨❽，周人牆置翣，此葬之不同者也。

夏后氏祭於闇，殷人祭於陽，周人祭於日出以朝。此祭之不同者也。

堯大章，舜九韶，禹大夏，湯大濩，周武象，此樂之不同者也。

故五帝異道而德覆天下，三王殊事，而名施後世，此皆因時變而制禮樂者。」（〈氾論訓〉）

從以上觀之，三皇五帝以來的器械、禮樂、政制、風俗等等文化，皆有所變遷。其變遷的原因何在？似乎很難解答，但從其蛛絲馬跡當中，約略可歸納爲二：一者爲普遍的，二者爲個別的。所謂普遍的，是在人類文明進化中，譬如工具的發明及改良也帶動經濟的進步。生產工具的改良，必然改進生產技術，技術的改良必然促使產品的增加，產品的增加以改變社會文化風俗的活動。譬如從歷代埋葬形式而言，從虞舜用簡單的瓦棺，到周的

❽ 高注：「夏后氏禹世，無棺槨，以瓦廣二尺，長四尺，側身累之，以蔽土，曰堲周。」

用棺槨，用牆，置翣飾品❾，其物質更爲精美，其儀式更爲繁複。從這點看來，生產工具的改革帶動社會文化風俗的改變。但是，這並不是說一切文化奠立在生產工具的改變上。文化的變動，最根本的原因，仍是建立在人類是個「知慮」的動物，能得到知識，能創造知識，基於這點，才能創造工具，運用工具，才能改進經濟。再者，工具的發明，舟車的製造，駕馬伏牛，交通工具的發明，促進了各地文化的交流與交融，並且有互相吸收、互相排斥、淘汰與增加同時互動，促使文化風俗的變動，這是普遍性的原因。其次在個別方面，古代的三皇五帝，都是各種不同的部族，每個部落多多少少仍保留他們各自風俗習慣，譬如在祭祀的時辰與出殯之位置各有不同，這種習慣性的殘留，消失的比較緩慢，故仍可尋出殘跡。再者，人是不受限制的動物，人是自由的。尤其是才智之士，聖賢如舜與文王者，也會衝破傳統之拘泥，獨成一格，後人認爲可效法，又將之融爲風俗。由此論之，在古代歷史朝代更替中，部族之間互相征伐、兼併、增長、衰弱、交融、淘汰中，普遍原因與個別原因交互混渾，難分難解，遂使文化風俗變遷迅速，每一固定典型不可確定，因而《淮南子》認爲文化類型不可執著爲治國之典要，而說：「豈必鄒魯之禮之謂禮乎！」(〈齊俗訓〉)因而讚成法家「因時而備變」的歷史觀。

總而言之，從時間的綿延連續裏，人的文化風俗是活在歷史當中。從其形態上，在歷史中的文化風俗是隻變形蟲，時刻在變，沒有固定的形態。從其質因而言，文化風俗在歷史中不斷地

---

❾ <氾論訓>云：「有虞氏用瓦棺，夏后氏堲周，殷人用槨，周人牆置翣，此葬之不同者也。」由此可見於埋葬用棺也由簡陋到複雜，由簡樸到裝飾表示文化之進步與演進。

新陳代謝，吞噬進來，消化了，排泄出去。

三、地理影響

人是立足於地理上，地理環境中的地形、地質、地貌、氣候、動植物景觀、交通影響了人的生活方式，這在古代的畜牧、農業的社會尤其是如此。其所表現的生活方式者，卽是文化與風俗。

在地形地貌方面，《淮南子》認爲各種動物的生活習性，與自然環境、地形、地貌相配合者則順，否則則逆。《淮南子》說：

> 「廣夏闊屋，連闥通房，人之所安也，鳥入之而憂。高山險阻，深林叢薄，虎豹之所樂也，人入之而畏。川谷通原，積水重泉，黿鼉之所便也。人入之而死。……深谿峭岸，峻木尋枝，猨狖之所樂也，人上之而慄。形殊性詭。所以為樂者，乃所以為哀。所以為安者，乃所以為危也。乃至天地之所覆載，日月所照認。使各便其性、安其居、處其宜、為其能。」(〈齊俗訓〉)

由此可見，動物的生活仍受制於地理環境。

然而，人類比其他各種動物較能適應各種地形、地貌的變化差異而謀生，能因地之差異而制宜而採取他的生活方式，而其生活方式亦因地理之變異而有不同。《淮南子》曰：「水處者漁，山處者木，谷處者牧，陸處者農，地宜其事，事宜其械，械宜其用，用宜其人。」(〈齊俗訓〉)地宜其事，地理環境決定人的謀生方式，謀生的方式決定採取所用的工具，工具要便利於用，使用者則必須精通。由此可見，在中國的地理環境中，由於地形、氣候適合畜牧，故胡人長於騎射，而「便於馬」（〈齊俗訓〉）；江南多湖泊江流，故「越人便於舟」（〈齊俗訓〉），皆因地制宜，而生活方式亦與之有異，所精之文化風俗亦不同。

再者，地理上所產之動物、植物景觀亦影響人之文化，一地所產之有無，亦影響一地之人所認知之有無，或精深與粗淺。《淮南子》說:「胡人見䴠（高注，麻子也），不知其可以為布也，越人見毳，不知其可以為旃也。故不通於物者，難與言化。」（〈齊俗訓〉）由此可見，地之所不產者，則一地之人難以知之，且不知其功用，更不知如何製造。反之，地之所盛產者，則當地之人對其物之認知既深且廣，則此等文化亦形豐富，且其生活方式、風俗習慣亦與之更有關聯。由此可見，一地之動植物影響於人之文化也。

再者，氣候之寒暑、凍冷、炎熱亦影響人之衣著服飾。氣候有差，服飾亦異。「越王句踐劗髮文身，無皮搢笏之服。……胡貉匈奴之國，縱體拖髮，箕倨反言。……楚莊王裾衣博袍。……晉文大布之衣，牂羊之裘。……夷狄徒倮之國。」（〈齊俗訓〉）其中或文身、或拖髮、或博袍、或牂羊之裘、或徒倮，皆受氣候炎熱、酷冷之影響。

總而言之，地理環境之地形、地質、地貌、氣候、生態景觀影響人之生活方式亦大矣。至於近代，由於工具改革、工業革命、商業發達、交通便利、職業多樣化、人類交往頻仍，地理條件對於人類生活方式之影響乃逐漸式微，而各地特殊風俗，亦漸減特色而走向世界大同之境地，文化、風俗之差異色彩逐漸淡薄。

四、經濟政治

民以衣食爲主，衣食不足，則民不能維生，不能維生，則鋌而走險犯法，如此則風俗敗壞。反之，物富足，則財有餘，財有餘則多慷慨，多慷慨則風俗美。《淮南子》曰：

「夫民有餘卽讓，不足卽爭。讓則禮義生，爭則暴亂起。扣門求水，莫弗與者，所饒足也。……湖上不鬻魚，所有餘也，……秦王之時，或人菹子，利不足也。劉氏持政，獨夫收孤，財有餘也。故世治則小人守政而利不能誘也。世亂則君子為姦而法弗能禁也。」（〈齊俗訓〉）

由此觀之，物質與政治之良劣對人類道德風氣之影響大矣。

再者，《淮南子》更論政治之權勢，能以生殺、予奪、賞罰、貴賤、貧富之威權，亦能影響風氣。《淮南子》曰：

「靈王好細腰，而民有殺食自飢也；越王好勇，而民皆處危爭死也。由此觀之，權勢之柄，其以移風易俗矣。堯為匹夫，不能仁化一里；桀在上位，令行禁止。由此觀之。……勢可以易俗矣。」

由此可見，帝王的好尚，政治權力的干預，亦是影響風俗的重要原因。

五、形式本質

由以上所敍述論之：文化之風俗從縱的時間連續與歷史的發展當中，表現出其形式上的更替、變遷、變形、增減、存亡；從橫的地域分部而言，同一事物，譬如婚喪禮儀、衣食款式，卻展現其多樣式、雜多性、相對性、相異性，這樣的文化、風俗之展現使我們眼花撩亂，不知是誰對誰錯，孰是孰非，敎旁觀者何去何從？或不免使人淪陷於相對論、懷疑論、不定型形論。然而從《淮南子》而言，從〈齊俗訓〉、〈氾論訓〉這些風俗的多樣性、變形、增減上來說，其結論對於道之眞、善、美卻是堅決不疑地確信，認爲道之眞理是絕對的、確定的、不可懷疑的。孰是孰非？平心靜氣而論，《淮南子》所見爲是。何以故？細細分論之。

吾人論述事情之是非時，當了解其事屬於何種性質？蓋事情之論述，可分爲無是無非、有是有非。

所謂無是無非？事有可以是非論者，有本不可以是非去定論。譬如事關個人主觀之喜好、厭惡之情而言，本不可以是非定論；譬如以食物而言，或某甲喜歡甜，某乙喜歡鹹，某丙喜歡辣，其中好惡，孰是孰非？再舉穿衣而論，或穿紅戴綠、或著灰服白，孰是孰非？再以髮式而言，或短或長，或捲或直？孰是孰非？總言之，事關個人主觀好惡而不妨害他人者，亦不關乎他人之利害者，則不關乎是非。彼此之好惡，當是萬物一齊，無是無非而無由相過也。或者，有人言之，有人於暑熱，惡穿衣而喜裸裎，則是邪非邪？應之曰：若此人於浴室裸裎，則何以相非？若於通衢大街、市場人衆之處裸身赴體，則是耶？非耶？《淮南子》答之曰:「帝顓頊之法，婦人不辟男子於路者，拂之於四達之衢。今之國都，男女切踦，肩摩於道，其於俗一也。」(〈齊俗訓〉)

由此觀之，古之男女授受不親，今之男女握手問候？孰是孰非？

再以一事而論之，一事物之形式可有多種屬性之變化，不可以事物形式屬性論此物之是非。譬如，花有白色、紅色、黃色等等，衣有黑色、白色、紅色；而男人著丁字褲、裙子、長褲、裸身，孰是孰非？因此，同一物事附有各種不同屬性，不可以屬性取代其本質。白馬、黑馬，白黑爲屬性，馬爲本質，其黑白之變化不得否認其爲非馬。一事物之展現卽是藉著形式表現，形式有差異，不得等同其本質。《淮南子》說:

> 「公西華之養親也，若與朋友處；曾參之養親也，若事嚴主烈君。其於養一也。故胡人彈骨，越人嚙臂，中國歃血也。所由各異，其於信一也。三苗髽首，羌人括領，中國冠笄，越人劗鬋。其於服一也。」(〈齊俗訓〉)

由此《淮南子》認爲事物（行爲）其最主要者在於其本質之眞，而非形式之異。是以孔子曰:「禮云，禮云，玉帛云乎哉！樂云，樂云，鐘鼓云乎哉！」[10]事物之眞，不在形式，形式或相對，或相異，或相反，並不等同其事物之本質。是故《淮南子》曰:

---

[10] 《論語・陽貨》。

「故四夷之禮不同，皆尊其主而愛其親，敬其兄。獫狁之俗相反，皆慈其子而嚴其上。」（〈齊俗訓〉）《淮南子》所言，孝敬之誠心爲其事之本質而不在其禮之形式，故其形式可相反、相對、相異，但其本質卻歸於一「誠」。

第三，同一事實或評之者不同而有相反、相異之論，則是非何所定？《淮南子》例舉說明之：

> 「晉平公出言而不當，師曠舉琴而擡之。跌衽宮壁。左右欲塗之。平公曰：『舍之，以此為寡人失。孔子聞之曰，平公非不痛其體也，欲來諫者也。』韓子聞之曰：『群臣失禮而弗誅，是縱過也，有以也。夫平公之不霸也。』
> 客有見人於宓子者，客出。宓子曰：『子所見之客，獨有三過，望我而笑，是攓也。談語而不稱師，是反也。交淺而言深，是亂也。』客曰：『望君而笑，是公也。談語而不稱師，是通也。交淺而言深，是忠也。故客之容一體也。或以為君子，或以為小人，所自見之異也。』
> 故趣舍合，即言忠而益親，身疏即謀當而見疑。」（〈齊俗訓〉）

從這所引的故事而言之：晉平公之事，孔子基於開明，而愛好眞理，基於爲百姓請命之心，讚美平公。韓非子基於尊君，講求絕對服從的死忠，求其嚴刑峻法以禁犯上之絕對控制。兩者主觀之意圖不一，故有讚美與呵責之差異。再就宓子之事而論之，宓子與所見之客之情誼爲疏離，而推見者與客之情誼爲親蜜，兩者所具之情感關係不同，故其論斷評價也不同。由此觀之，價值論斷最是關係到論斷者之主觀情緒，內在學識之涵養，以及心態之狀況，這種只表現論斷者之主觀價值判斷，這種是「好」與「壞」而不是「是」或「非」。

六、是非論評

最後，就是非而論之：是非是就一「事實」與論斷者所述之「道理」，是否與被論斷之事實之道理是否符合一致，相符合者爲是，不相符合者爲非。這種論斷之符合與否不關係主觀者之好惡、情緒、知識之涵養等，換言之，論述與客觀事實相合則是，否則則非。《淮南子》論之曰：

> 「天下是非無所定，世各是其所是而非其所非。所謂是與非各異，皆自是而非人。由此觀之，事有合於己者而未始有是也；有忤於心者，而未始有非也。故求是者，非求道理也，求合於己者也；去非者，非批邪施也，去忤於心者也。忤於我，未必不合於人也；合於我，未必不非於俗也。至是之是無非，至非之非無是，此真是非也。」(〈齊俗訓〉)

《淮南子》這般「是非」的評論甚爲精闢。其言世俗常有以依據個人主觀的所好惡、所私見（即《淮南子》所說之私智），以爲合於己心者則爲是，不合於己心者則爲非。這是依恃主觀的偏見而不是根據客觀的事實與道理。這樣的做法，並不是追求道理的態度而是在求合於己之好惡與偏執而已。故是其是非不是眞是非。眞正的是非是：是卽是「是」，非卽是「非」。是非是絕對的，是合於客觀道理的。

然則，世人之是非常各持己見，孰是孰非？其爭論紛紜，何所定是非？《淮南子》認爲依據客觀的標準以平準之。《淮南子》曰：「今夫爲平者，準也，爲直者，繩也。若夫不在繩準之中，可以平直者，此不共之術。」(〈齊俗訓〉）換言之，以標準去衡量是非，不恃主觀的猜測。不可以標準衡量者，這是屬於各人的主見，不是普遍的共識。

總而論之，《淮南子》論述在文化風俗中的事實是非中，有些歸類於個人的好惡，這種難以是非斷論，最好能尊重各人之所好而齊一相待。其次以形式與本質之關係，形式的差異不重要，要着重在其本質。其三，價値判斷常受主觀之影響，僅表達個人主觀好壞之價値判斷，而難以說明是非。是非的判斷要排除主觀的偏執，而要依據客觀標準的衡量。

由此觀之，《淮南子》對於文化、風俗的多樣性、變形、差異、雜多、相反的現象，在心態上採取兼容並蓄的寬容態度。在對眞理的信念上，並不依據文化、風俗的雜多現象而走向相對論者、懷疑論者，他仍是肯定眞理該是絕對的，有客觀標準可衡量的。是就是是，非就是非。在面對著風俗文化的如此差異而能「齊俗」，以至於眞理之道，仍是可貴之論。

第二篇 《淮南子》道德論

在《淮南子》道德論裏共分成四大部分論述之，第一章是以道家的道德思想背景論述個人道德（或個人德性），第二章以儒家的仁義禮樂智闡述社會倫理，第三章以法家的客觀自然法論述法之道德化，第四章爲總論，論述《淮南子》如何將先秦儒、道、法三家彼此攻擊衝突的學說熔融爲一體，而消除其矛盾對抗性。《淮南子》以縱的歷史社會進化論分別論述道、儒、法出現在上古、中古、近世，即伏羲、五帝三王、戰國，而當今（《淮南子》之時代）卻是三者統一的時代。以横剖面，擺置道家爲個人德性修養，儒家爲社會倫理禮俗，法家爲國家、君主、政府、人民共同遵守的正義客觀標準的規律（法律）。如此四部分構成《淮南子》道德論的完整體系。

在融合三家的過程中，雖有所繼承先秦諸子者，但並非抄襲，而是以《淮南子》自己的觀點將先秦的加以改頭換面並加以消化者。儘量消除其對抗衝突性。以下則分別論述之。

第一章　人之道德

這一部分論述《淮南子》之個人道德（或個人人格、個人德性），其範圍囿限在個人道德人格上之研究。其主要以道家之「道」與「德」爲核心以貫穿整部分。根據道之用——虛無、無爲、自然、素樸與眞誠，以闡述道德之意義與成德之方，以返性於恬愉清靜而達至於眞人之道德人格的最高境界。

再者，《淮南子》之個人道德之成德工夫雖承繼自《老》、《莊》，同本根於《老》、《莊》，然而卻有自身之獨創更而發揚光大者。

基本上，其道德學說，《淮南子》是根據形上學的基礎轉變而來的，尤其是根據「道」、「德」的基本屬性做爲其言論的立足點。其道德修養、道德行爲、道德標準即本根於道。這是這一章的特色。

一、道德之意義

《淮南子》認爲道爲萬物之本根，賦與萬物存有與本質，並爲規範萬物之理。人之本根即是道，根據道的道理，完成人的本性即是德。《淮南子》說：「道者，物之所導也；德者，性之所扶也。」❶（〈繆稱訓〉）「率性而行之謂道，得其天性謂之德。」

（〈齊俗訓〉）由此觀之，指導萬物之成者其本根即爲道，得成就其性者爲德。人能依道之所導而行，「居知所爲，行之所之，事知所秉，動知所由，謂之道」（〈人間訓〉），得其人性之全者是爲德。

然而《淮南子》所說的「性」，並不是就物之所以爲物之本性（或本質）而言。其所以在人之人性亦非就人之所以異於禽獸者而爲人之本質而言性，而卻是由人心所欲求的性向而言性。《淮南子》說：

「清淨恬愉，人之性也。」（〈人間訓〉）
「人生而靜，天之性也。」（〈原道訓〉）
「人性安靜，而嗜欲亂之。」（〈俶眞訓〉）
「人性欲平，嗜欲害之。」（〈齊俗訓〉）

由此可見人心之性向清靜，而避免嗜欲之亂，能得恬愉清靜者即爲德。由此「聖人之學也，欲以反性於初而游心於虛也」（〈俶眞訓〉）。游心於虛，即是學道，由道而導之，反性於初，即是有德。通過「法天順情」（法，效法也）而有德。「法天」即是學道之虛無、無爲、素樸、自然與眞誠，而可達至道德的最高境界而成爲眞人。以下分別論之。

---

❶ 本文所據之版本爲河洛圖書出版社，六十五年三月景印初版，書名爲《淮南鴻烈解》，漢劉安與賓客著，高誘注。《淮南鴻烈》書名又稱《淮南子》，書中有二十一卷，皆有篇名。本文之引文僅註其篇名，若引用他書者，即另作注解注其出處。又（高注：某某）其括弧內之注，指高誘所注。

二、虛　無

《淮南子》於道德之修養上之虛無，在內乃是處理嗜欲、生理機能、巧知之干擾；在外則是排除萬物之誘惑與社會世俗價值觀之纏繞，而使心得以恬愉清靜。

《淮南子》接受《管子》書中道爲虛無與遍佈於宇宙之概念。《管子》曰:

「虛無無形謂之道。……道在天地之間也，其大無外，其小無內。……無為之謂道，……道也者，動不見其形，施不見其德，萬物皆以德。」❷

《淮南子》曰:

「道出一原，通九門，散六衢，設於無垓坫之宇，寂寞以虛無。」(〈俶眞訓〉)

《淮南子》以爲道爲普遍，其形式之展現則在於虛無，曰:

「虛無者，道之所居也。」(〈精神訓〉)

「虛無者，道之舍。」(〈俶眞訓〉)

「虛者，道之舍也。」(〈詮言訓〉)

---

❷ 《管子·心術》上。

而《淮南子》藉著「法天順情」將形上學之道展現爲虛無轉化爲倫理學上得道體現之方法，以反性於初，而游心於虛也，而「保於虛無」(〈詮言訓〉)，而其在於「靜漠恬澹，所以養性也；和愉虛無，所以養德也」(〈俶眞訓〉)。

然則何謂虛無？在《淮南子》之道論上，虛無是道之無形之用的狀態，仍爲無形之有，而非絕對的無與零。在倫理學裏，用於道德德性之養成上，借著「治心術、理性情」，使在心理上、精神上產生虛無之心境，以便「靜漠恬澹，所以養性也」，而「達於道，反於清靜」(〈原道訓〉)。因此這種虛無也不是絕對的無與零，而是猶如洞中之空無，內無一物，或一器皿中之空間之無所容受一物，其在「治心術、理性情」上則是以「弗載」、「無藏」的形式表現其「虛無」。《淮南子》認爲眞人（眞正有道德者之稱）之修養「欲反性於初」，而至「恬愉清淨」則需「游心於虛」，而「反性之本，在於去載，去載則虛。虛則平。平者，道之素也。虛者，道之舍也。」(〈詮言訓〉)「若夫眞人，則動溶於至虛，而游於滅亡之野。」(〈俶眞訓〉) 由此可見，虛無在治心術上、理性情上，則是去其汚垢之物與擾動，而保於清淨。

雖然，眞人之道德理想在於反性於恬愉清靜，然而人內在的生理氣志、嗜欲、情緒、好惡常是滑亂心之性，傾向於恬愉清靜而未能成其德；在外則有外物五色、五味、五音之引誘，與社會世俗價値、貴富貧賤名利等滑亂。以下則論述《淮南子》如何「游心於虛」，而使「反性於初」得其恬愉清靜。

(一)心

《淮南子》認爲道德之修養在於「原心反性」(〈繆稱訓〉)，

而「達至道者，……理性情、治心術、養以和、持以適」(〈原道訓〉)，道德養成之關鍵便在於「存乎一心」。《淮南子》認爲心的功能爲：

「心者，形之主也。而神者，心之寶也。」(〈精神訓〉)

「心者，身之本也。」(〈泰族訓〉)

「心者，五藏之主也，所以制使四支、流行血氣，馳騁于是非之境，出入于百事之門戶者也。」(〈原道訓〉)

「耳目鼻口，不知所取去，心為之制，各得其所。」(〈詮言訓〉)

「目好色、耳好聲、口好味，接而說之，不知利害，嗜欲也。食之不寧於體，聽之不合於道，視之不便於性，三官交爭，以義為制者，心也。」(〈詮言訓〉)

「知人之性，其自養不勃。知事之制，其擧錯不惑、發一端，散無竟，周八極，總一筦，謂之心。見本而知末，觀指而睹歸，執一而應萬，握要而治詳，謂之術。……是故使人高賢稱譽己者，心之力也。使人卑下誹謗己者，心之罪也。」(〈人間訓〉)

由此可見，心之功能爲身形之主，主宰生理血氣，指揮四支之行動，控制感官之嗜欲，判斷是非、思考處置事物之主持，道德善惡行爲之主體。心有心術，能思慮、審判、斷惑、決定之能力。心之思慮，爲行爲之先導與主宰。其與行爲結果之善惡禍福有莫大的關係。《淮南子》說：

「凡人之舉事，莫不先以其知，規慮揣度，而後敢以定謀。其或利或害，此愚智之所以異也。……是故知慮者，禍福之門戶也。動靜者，利害之樞機也。百事之變化，國家之治亂，待而後成。」（〈人間訓〉）

既然道德之善惡，行爲之禍福，事物之利害，其決定性之樞機便是心之知慮動靜。而心在知慮動靜之時，最忌內在嗜欲偏見之誘引與干擾而有誤導，也恐外物勢利之牽累而昏亂，因而要保持心神之清明，欲保持心神之清明，則必掃除塵垢嗜欲，欲掃除塵垢嗜欲，則在「游心於虛」而能體道。因此《淮南子》說:「能脩其身者，必不忘其心，能原其心者，必不虧其性。能全其性者，必不惑於道。」（〈詮言訓〉）此者證言治心術爲成德之樞機也，而「虛無」爲道德之通道也。

《淮南子》所謂的修身成德，即是欲反歸性之原初——清靜恬愉。然而奈何在內有生理感性之嗜欲擾亂其氣志，在思慮上有知故機械之巧詐蒙蔽其眞知。在外有物質之欲求與社會人爲世俗價值之誘惑而迷亂，種種內外交侵紛擾而使氣志不能平，生理欲望和情緒與理性意志發生交爭而使心不得其和，理性思慮認知不能清，心理嗜欲擾動不能靜。這些種種生理、心理、情緒、情感、感覺、理性、意志在心中交互激盪，能調適於和則是德，否則敗而爲惡。使這些種種干擾之因素，於心中虛而弗載，德之至也。是以《淮南子》以「虛無」爲體道成德之方法。

《淮南子》欲游心於虛，反性於初，其成德之方——「理性情、治心術」——之綱領則是:「治其內，不識其外。……心志專于內，通達耦于一。」（〈精神訓〉）「內修其本，而不外飾其末。」

（〈原道訓〉）

所謂「內」，便是心；「本」，則是性；「外」，便是物；「末」，則爲社會世俗價值。《淮南子》的內修其德，則是游心於虛無，其本則在性之恬愉清靜而不受「外」、「末」之累。而總歸其要便在於「虛無」。

(二)嗜欲

《淮南子》總論內在、情緒、嗜欲與外在之物對於心之激盪與心如何能「靜」、「虛」、「平」、「粹」上云：

> 「夫喜怒者，道之邪也。憂悲者，德之失也。好憎者，心之過也。嗜欲者，性之累也。人大怒破陰，大喜墜陽。薄氣發瘖，驚怖為狂。憂悲多恚，病乃成積。好憎繁多，禍乃相隨。故心不憂樂，德之至也。通而不變，靜之至也。嗜欲不載，虛之至也。無所好憎，平之至也。不與物散，粹之至也。能此五者，則通神明，通於神明者，得其內者也。」（〈原道訓〉）

由此可見，心是道修養之主體，而其關鍵則在於虛無。再就人內在的生理與感覺欲望對於心之衝激。其言曰：

> 「夫孔竅者，精神之戶牖也。而氣志者，五藏之使候也。耳目淫於聲色之樂，則五藏搖動而不定矣。五藏搖動而不定，則血氣滔蕩而不休矣。血氣滔蕩而不休，則精神馳騁於外而不守矣。精神馳騁於外而不守，則禍福之至，雖如

丘山，無由識之矣。使耳目精神玄達而無誘慕，氣志虛靜恬愉而省嗜欲，五藏定寧充盈而不泄，精神內守形骸而不外越，則望於往世之前而視於來世之後，猶未足為也，豈直禍福之間哉，……夫精神之不可使外淫也。是故五色亂目，使目不明，五聲譁耳，使耳不聰。五味亂口，使口爽傷。趣舍滑心，使行飛揚。此四者，天下所養性也。然皆人累也。故曰：『嗜欲者，使人之氣越，而好憎者，使人之心勞。弗疾去，則志氣日耗。』」（〈精神訓〉）

《淮南子》在此描述生理刺激、感覺欲望對於精神、性與心的激盪，進而說明性與欲、正與邪之對立，又曰：

「君子行正氣，小人行邪氣。內便於性，外合於義。循理而動，不繫於物者，正氣也。重於滋味，淫於聲色，發於喜怒，不顧後患者，邪氣也。邪與正相傷，欲與性相害，不可兩立。一置一廢，故聖人損欲而從事於性。……食之不寧於體，聽之不合於道，視之不便於性。三官交爭，以義為制者，心也。」（〈詮言訓〉）

由此可見《淮南子》認爲嗜欲擾亂精神之恬愉清靜，且是敗德的原因，的確爲「人累」。因此效法老子以「致虛極、守靜篤」❸、「捐情去欲，五內清淨至於虛極，守清淨，行篤厚」❹，因而要

---

❸ 《老子》十六章。

❹ 《老子》十六章：「致虛極、守靜篤」，河上公注。

「虛其心」❺，以「除嗜欲、去亂煩」❻，而「常使民無知無欲」。但是《淮南子》雖然要使「心虛」，其目的並非在於「無知無欲」，而是在不受其亂而使神、智、心之「通於神明」而能「以義爲制」，而合乎道德之行爲。其言曰：

> 「夫人之所受於天者，耳目之於聲色也。口鼻之於芳臭也。肌膚之於寒燠，其情一也。或通於神明，或不免於癡狂者，何也？其所為制者異也。是故神者，智之淵也。淵清則智明矣。智者，心之府也。智公（明也）則心平矣。人莫鑑於流沫而鑑於止水者，以其靜也。……是故虛室生白，吉祥止也。夫鑑明者，塵垢弗能薶（污也），神清者，嗜欲弗能亂。」（〈俶眞訓〉）

《淮南子》在此認爲耳目感官之欲，人人皆相同，然而有些爲癡狂，有些則神明。其所形成差異的關鍵便是在於節制五官之欲的「心」之顯用有所不同。心之智、心之神明，卻是人人異殊，差別性相當大。因而心之顯用彼此差異，由此顯用之差異，或神明、或昏愚、或智慧、或蠢暴、或勤勉、或懶怠、種種別異，造成道德行爲的差異，人格的不同。但無論如何，《淮南子》則強調要保持「智明心平」、「鑑明神淸」，排除內在情緒、嗜欲的干擾，而後才能恬愉淸靜。

由此可見，《淮南子》基本上認爲「邪與正相傷、欲與性相害，不可兩立」，邪是嗜欲之亂，正是道德之正。《淮南子》以

❺ 《老子》三章。

❻ 《老子》三章「虛其心」，河上公注。

爲「人多欲虧義，多憂害智，多懼害勇」(〈繆稱訓〉)，「今人所以犯囹圄之罪而陷於刑戮之患者，由嗜欲無厭，不循度量之故也」(〈氾論訓〉)。另外，嗜欲對於人性之性向於恬愉淸靜是一種侵害，兩者不可兩立。因而「嗜欲者，性之累也」(〈原道訓〉)，「水之性眞淸，而土汩之。人性安靜，而嗜欲亂之」(〈俶眞訓〉)。在此須加說明者，卽是《淮南子》雖然與老莊有點類同者，卽是認爲「欲」對於道德之正，對於「恬愉淸靜」有其侵害性，老子主張要無欲❼，但《淮南子》在欲字冠上「嗜」字而提出「嗜欲」，便是認爲「欲」爲「人之所受於天者」，不可使之「無」，而耳目之欲亦未必爲邪，亦未必有害於性，換言之，未必爲邪惡而傷害道德。只是在耳目之好，「接而說之，不知利害，嗜欲也」。過分地放縱感官感性之欲，才對道德造成傷害性。因此《淮南子》對於欲的態度並不是使之「無欲」，或「寡欲」❽，或「節欲」，而是以「心爲之制」、「持以適」而去其「嗜」而已。其方法便在「徹於心術之論，則嗜欲好憎外矣」(〈原道訓〉)，其心術便是「游心於虛」而排除嗜欲，「嗜欲不載，虛之至也」(〈原道訓〉)，而使「嗜欲弗能亂」，以便「反性於初」，「反性之本，在於去載，去載則虛，虛則平，平者，道之素也。虛者，道之舍也」(〈詮言訓〉)，如此使「心無所載」(〈俶眞訓〉)。「而嗜欲者，則耳目淸，聽視達矣。耳目淸，聽視

---

❼ 《老子》三章：「不見可欲，使民心不亂。是以聖人之治、虛其心、實其腹，……常使民無知無欲。」又三七章：「無名之樸，夫亦將無欲。不欲以靜，天下將自定。」又五七章：「我無欲而民自樸。」老子認爲欲爲亂之根源，因而欲以無欲治民。

❽ 《孟子·盡心下》：「養心莫善於寡欲。」

達謂之明。」(〈精神訓〉)如此神清目明便能「虛室生白，吉祥止也」(〈俶眞訓〉)。

(三)知

《淮南子》的「知」有兩方面的意義：一者指認知，二者指知巧（或知故）之知識。前者指人在對「道德」之認知過程中精神、心智受了內外因素之交迫而干擾神明之思慮以致於妨礙對道之體認。後者指不正當的智故（卽奸詐、智巧）之使用而汚染了道德。所以《淮南子》在認識道德之過程中要去掉雜質之汚染，「去載至虛」。另一方面使「機巧之知、弗載於心」，使其致虛而能淸明。

前者所言之精神、氣志、心境要避免受內在嗜欲之侵害，外物之牽累，而要「去其誘慕、除其嗜欲、省其思慮」(〈原道訓〉)。「抱其太淸之本，而無所容與（高誘注：無所容與情欲也），而物無能營。廓惝而虛，淸靜而無思慮。」(〈精神訓〉)「靜漠者、神明之宅也。」(〈精神訓〉) 如此則能「心虛而應當」(〈原道訓〉)。

在「致虛極」之過程中，最能達至「虛其心」之境者：一者爲「虛其欲」❾、「嗜欲不載」，其次爲「無求之」❿也。最高境界爲「無思慮」。《淮南子》描述這種情狀爲「淸目而不以視、靜耳而不以聽。鉗口而不以言。委心而不以慮，棄聰明而反太素，休精神而棄知故」(〈精神訓〉)。而所謂「無思慮」之意義

---

❾ 《管子・心術》上：「虛其欲，神將入舍，掃除不潔，神乃留處。」
❿ 同上。

也者，卽是「心有所至，而神喟然在之。反之於虛，則消礫滅息」（〈俶眞訓〉）。而心之最虛者，卽是連「虛」字都不要去念慮，若「常欲在於虛，則有不能爲虛矣。若夫不爲虛而自虛者，此所慕而不能致也」（〈齊俗訓〉）。好一個「所慕」而不能致，因爲有「所慕」，卽會起思慮，起思慮卽有「念」（觀念），有念則爲有實而非爲虛矣。若是想要「虛」、卽有「虛」之念，有虛之念卽有實，有實卽不爲虛了。禪宗講「無念」⑪，卽爲徹底的虛。《淮南子》之「無思慮」，那連「思慮」都不起動，更甭說說到「念」了，連念字都不去想，那更是爲「虛無」了。到此境界，根本無所營擾於心之事了。

再就知識之「知」而言，雖然《淮南子》提倡「機巧之知，弗載於心」，排除了「知故、知巧」，但並非棄絕知識與眞知。知識與知故兩者不同，知識是合乎眞理且有系統之思想；知故爲知巧，奸詐之想法⑫。老子在行文間主張「絕聖棄知」⑬，誤認爲知識卽是智故，卽能構成智巧詐僞⑭，對人有負面的害處，因而要使「民無知無欲」，莊子亦然⑮。《淮南子》在知識上有

---

⑪ 「悟此法者，卽是無念、無憶、無著。」見《壇經・般若品・二》。又《壇經・定慧品》：「善知識，於諸境上，心不染，曰無念，於自念上，常雜諸境，不於境上生心。」禪宗講無念，更是徹底的「虛」。

⑫ 見李增，《淮南子思想之研究論文集》，華世出版社，七十四年，臺北，頁71～72。

⑬ 《老子》十九章：「絕聖棄知，民利百倍。……絕所棄利，盜賊無有。……見素抱樸，少私寡欲。」

⑭ 《老子》十八章：「慧知出，有大僞。」

⑮ 參見《莊子》：<馬蹄>、<在宥>、<駢拇>。

兩方面的態度，一者爲積極的，肯定正確的知識有助於人類文明的進步，改善人類的生活⑯。另一方面爲消極的，跟隨老莊的主張，認爲人類以智故用之於欺詐、作僞、戰爭，人類智巧越發達，其用之於鬥爭上之武器與手段對人類的災害越大（如石器時代，民以石頭爲武器，其傷害有限。今有聰明者發明核武，其殺傷力難以估計），故要去其「智巧」。

《淮南子》在知識與道德之交互關係上，認爲人類愈往後演化，其道德之水平與品質愈趨卑下。就以演化論的觀點而言，認爲知識之演化，即是人類離開自然社會而進入文明社會。根據歷史之演變，越往後，知識越是開化、越是分析清楚，離純樸社會越遠，人類之道德越是失去純樸而「德遷而僞」，則道德也就僞巧墮落，兩者剛好成反比。因而發展出欲求道德之完美，則反於「虛無」之論。

《淮南子》認爲知識隨著人類歷史而演化⑰，亦即人類個別游離於大自然環境，與草木禽獸並存之時而後漸漸形成群居，再由自然原始社會進入文明社會。根據中國古代歷史記載的演變，歷史朝代愈往後發展，知識文化愈是繁多與複雜、愈是分類或分析詳細，即離自然純樸社會愈遠；文明愈是發達，對自然純樸社會之破壞愈大，而人類之道德愈是喪失純眞而更將趨向於僞詐奸巧。因此，知識愈是發達，道德愈是墮落，兩者恰成反比。道家厭棄人文僞詐之擾亂而嚮往古之時道德純樸之美，因而借用虛無之論欲求反性於初。

---

⑯ 參見《淮南子・脩務訓》。

⑰ 參見後文，<俶眞訓>。

《淮南子》認爲知識隨著歷史朝代之發展而演化，而道德隨著純樸之破壞而墮落。其演化之歷程敍述如下：

「古之人，有處混冥之中，神氣不蕩于外，萬物恬漠以愉靜。……當此之時，萬民猖狂，不知東西。含哺而游，鼓腹而熙(戲也)，交被天和，食于地德。不以曲故是非相尤，茫茫沈沈，是謂大治。……寂漠以虛無。……

至德之世，甘瞑于溷澖之域(高注：無垠虛之貌)，而徙倚于汗漫之宇。……當此之時，莫之領理。決離隱密而自成。渾渾蒼蒼、純樸未散。旁薄為一，而萬物大優。是故雖有羿之知，而無所用之。……

至伏羲氏，其道昧昧芒芒然，吟德懷和，被施頗烈，而知乃始，昧昧晽晽，皆欲離其童蒙之心，而覺視於天地之間，是故其德煩而不能一。

乃至神農、黃帝，剖判大宗，竅領天地。……提挈陰陽，嫥捖剛柔，枝解葉貫萬物百族。使各有經紀條貫。於此萬民睢睢盱盱然。莫不竦身而載聽視。是故治而不能和。

下棲遲至于昆吾、夏后之世。嗜欲連於物，聰明誘於外，而性命失其得。

施及周室，澆淳散樸，雜道以偽，儉（險）德以行，而巧故萌生。

周室衰而王道廢。儒墨乃始列道而議。分徒而訟。於是博學以疑聖。華誣以脅衆。弦歌鼓舞、緣飾詩書以買名譽於天下。繁登降之禮，飾紱冕之服。……於是萬民……各欲行其知偽，以求鑿枘於世，而錯擇名利，是故百姓曼衍於淫荒之陂（野）而失其大宗之本。

夫世之所以喪性命⑱，有衰漸以然，所由來久矣。是故聖人之學也，欲以反性於初而游心於虛也。達人之學也，欲以通性於遼廓而覺於寂漠也。」(〈俶眞訓〉)

由此可見，人類知識愈是進步，其道德愈是退步，兩者成反比，其對比簡化如右表⑲：

在這歷史時代，知識進化、道德退化的對比裏，顯然地，《淮南子》是以道家的道德退化觀去描述知識也是一種墮落，帶有退化的色彩。其實，眞正的涵義是，越往後的時代，知識越發展，其所知的範圍擴大，所探究的越細密與深奧。因而知識當是進化的。但是人類的知識越是發達，其與道德之交互影響，卻未必促進人類道德更臻至於善的正面作用，反而有促使道德更加墮落於惡的反面影響，這一點，《淮南子》的看法是對的。

《淮南子》對於這種知識愈發達，行爲愈巧詐，道德愈墮落而使人喪失性命之情，大爲感慨，因而「欲以反性於初，而游心於虛」，以「虛」去其僞巧之知以保持自然純樸之性而得恬愉淸靜之德。然則又如何游心於虛？《淮南子》並不採納老子的絕聖棄知，棄絕知識以保持自然純樸，亦不「絕學無憂」，以無知無欲而得寂寞淸靜；亦不效法莊子廢棄一切人文制度與文化文明以歸

---

⑱ 性命爲人性欲靜，與天命之謂性之意義。

⑲ 《淮南子》對知識在人類歷史社會中，在<脩務訓>中是受《莊子》之影響，肯定知識是進化的。在<俶眞訓>中以《老》、《莊》的色調與以道德觀抨擊知識，不過其眞意卻是認爲知識進化，道德退化，兩者不相調和而成反比。

《淮南子》道德退化與知識進化之比較

時代	太古之時	至德之世	伏羲之世	神農黃帝	周室之時	春秋戰國	當今之世
知識之進化	知識不辨 無是無非	渾沌未知 莫之領理	而知乃始 離其童蒙	嗜欲連物 聰明外誘	澆淳散樸 雜道以僞	百家爭鳴 知僞雜陳	反性於初 游心於虛
道德之退化	恬漠愉靜 寂寞虛無	純樸未散 旁薄爲一	吟德懷和 德煩不一	內惑外引 性命失德	險德以行 巧故萌生	僞行荒淫 迷失大宗	反歸性命 恬愉清靜

於自然世界的至德之世。而僅以治心術之「游心於虛」，將其不正當而有侵害道德的假知識，以「弗載」而虛的方式，使其不存於心，以免受其妨害，而無法保持恬愉清靜。

嚴格地說，就知識本身（必定要含眞理之知識）而言，客觀知識本身並沒有所謂的善或惡。善或惡之道德價值判斷是產生於倫理道德範疇裏，是根據行爲者本身之善意或惡意之動機而後展現之行爲。知識本身是中性的、無善無惡、也是工具性的，行爲者可借助知識而增強或減弱行爲效果之善或惡。因而道德行爲者的善或惡取決於行爲者的善或惡的動機與其所產生的善或惡的行爲效果，而無關乎工具性或手段性的知識。例如知識猶若菜刀，可用之於厨房切菜，亦可用之於凶殺，其善或惡在於使用者本身，而與菜刀本身無關，換言之，都與知識本身無關。再言之，知識僅是有眞理與錯誤之分，道德則是有善與惡之分。知識與道德之關係爲：若知識爲眞理，則有助於道德行爲判斷正確而更強化其趨善避惡之效果；反之，若爲錯誤之假知識，則誤導行爲者趨惡去善。故《淮南子》說有道德者（眞人）必有眞知。並且，知識或可分類爲對道之知識、社會行爲科學之知識，工技之知識、藝術之知識。道的知識可成爲目的性的知識，即是行爲者可依據「道」而從事於道德，而且以追求「道」爲目的，並希望「精神登假於道」而與之相結合而成爲眞人（有道德者之稱）。後三種知識爲工具性的，本身不具有善惡之性質而僅有正確與錯誤的性質。其所謂工具性的，即是此等知識可助堯爲善，亦可助紂爲虐，其效果之善或惡，即根據行爲者本身之動機而非知識本身。不過，知識（工具性的）旣然有強化或減弱善或惡之效果，則行爲者本身若不是具有這些工具性的知識（機械之巧），便不至於強化或減弱行爲善或惡之效果。一個惡人，若知識（機械之知）很淺，則其爲惡之惡行效果亦隨之減弱；若是他聰明而又多知（機械巧詐之知），則其惡行效果愈大。譬如打鬥，愚者不懂用槍，僅知用手搏；智者知用槍及毒藥或核子武器，則其殺人作惡之惡行愈大。故其惡行之大小與否，其關鍵便在於是否具有「機械之知」。所以老莊爲防止人之惡行之擴大，利用釜底抽薪的辦法，便要絕學棄知，就是這個道理。但是，知識（後三種）爲工具性的，固然有可能助紂爲虐，但亦可能轉而爲善，反而有助益於人類生活而不必絕棄。至於道的知識，對道家而言，那是絕對的善，此者道家稱之爲眞知，則又是達到聖人、眞人、至人之境所必具之知識，此等知識不僅不必「絕棄」，反而是追求的對象。再者，若是一種假知識能誤導使人偏邪，則這種假知識便要絕棄。但絕棄一種知識，更需依據另一知識之見以絕棄之，如此循環無端，其結論是知識絕棄不了。所以老莊的絕學棄知是在某一層面可行，在某另一層面又不可行，那是有條件性的說法而不能普遍性的涵蓋。《淮南子》有見於「眞知」不可絕棄，唯在於「智故」之弗載，使其虛無而勿干擾恬愉清靜。這便是在知識愈進化而道德愈退化的歷史觀中所採取的態度。

因此《淮南子》所要棄絕的並不是前述的四種知識（道、社會、工技、藝術），只要是知識（合乎眞理，知識必須合乎眞理，否則不能稱之爲知識），他並不棄絕。他所絕棄的是假的、錯誤的、僞詐的知識，這些是「偶𥈭智故、曲巧僞詐」（〈原道訓〉）的。這些假知識能助人爲惡，「及僞之生也，飾智以驚愚，設詐以巧上」（〈本經訓〉），這種假僞之知巧，便要棄絕。由此，《淮南子》欲「棄聰明而反太素，休精神而棄知故」（〈精神訓〉），

「機械之心，藏於胸中，則純白不粹，神德不全」(〈原道訓〉)。是故「機械之巧，弗載於心。」(〈精神訓〉)「機械詐僞，莫藏於心。」(〈本經訓〉)這種「棄」、「弗載」、「莫藏」便是致虛極的工夫，而其目在於的「和愉虛無，所以養德也」(〈俶眞訓〉)。

以上所述爲《淮南子》「治心術、理性情」的過程，對於內在之嗜欲與知故之處理。以下則敍述心術在外在之物與世俗價值之誘引下如何游心於虛。

(四)外物

《淮南子》於外在中的外物與社會人爲的世俗價值對於德性的關係是以內爲本，以外爲末，以內主外，以本統末，本先末後。所謂內，即是心或精神；所謂外，即是外物與社會價值。所謂本，即是道德；所謂末，即是外在價值。《淮南子》認爲眞人注重內在道德的修養。外在事物「弗載於心」，使勿滑亂於內而游心於虛，便能達至眞人之境。《淮南子》說：

> 「所謂真人者，性合於道也。故有而若無，實而若虛。處其一，不知其二。治其內，不識其外。明白太素，無為復樸。體本抱神，以游於天地之樊(高注：崖也)，芒然仿佯于塵垢之外，而消搖于無事之業。浩浩蕩蕩乎，機械之巧，弗載於心。……心志專于內、通達耦于一。……抱其太清之本，而無所容與。而物無能營，廓惝而虛，清靖而無思慮。」(〈精神訓〉)

這段引言充分說明了有德者(眞人)是以內制外，以虛處實，以無置有，以本統末，以治心術，「心志專于內，通達耦于一」之方式處理外在事物，而不外營惑亂於物。在此亦可看出：《淮南子》並非否定外物之存有性，而認爲外物爲絕對之虛無，亦非否定外物固有之本質之價値性，而是承認外物於人的生活上是必須的。外物與人之關係爲人內在感官欲望所欲求之對象。外物非善或惡，欲望亦非爲惡。所謂惡，是欲望過分放縱，欲求過當便成爲嗜欲，嗜欲太深則心反受其牽累、干擾、控制。「而欲與物接，弊其玄光。」(〈俶眞訓〉)這時便爲物所役而不能役物，而心便受其擾，這便是「人性安靜而嗜欲亂之」的意義。

因此，《淮南子》認爲「嗜欲連於物、聰明誘於外，而性命失其得」(〈俶眞訓〉)，故「聖人損欲，而從事於性」(〈詮言訓〉)。「是故至（聖人）人之治也。心與神處、形與性調。靜而體德、動而理通。」(〈本經訓〉)「聖人有所達(道)，達則嗜欲之心外（高注：棄也）矣。」(〈俶眞訓〉)因此「道德定……而純樸，則目不營於色、耳不淫於聲。坐俳而歌謠，被髮而浮游。雖有毛嬙、西施之色，不知悅也。掉羽武象，不知樂也。淫佚無別，不得生焉」(〈本經訓〉)。

因而在外物之處理態度上，則是「食足以接氣、衣足以蓋形、適情不求餘。……適情辭餘，以己爲度，不隨物而動」(〈精神訓〉)。「凡治身養性、節寢處、適飲食、和喜怒、便動靜，使在己者得，而邪氣因而不生。」(〈詮言訓〉)「忘肝膽、遺耳目、獨浮無方之外，不與物相弊擸（注：猶雜糅也）。」(〈俶眞訓〉)

總之，《淮南子》對於外物之態度上，基本上並不絕棄而是接受，在其心態上，不受其誘惑與干擾，適情辭餘，「人能接物而不與己焉，則免於累矣。」(〈詮言訓〉)役物而不役於物，「寂

寞以虛無，非有爲於物也。」(〈俶眞訓〉)

(五)世俗價值

再就外在世俗社會一般價值而論，《淮南子》認爲尊勢、名位亦足以使精神擾亂，而使人迷失。其言曰：

「貪饕多欲之人，漠睧於勢利，誘慕於名位。冀以過人之智，植于高世，則精神日耗而彌遠，久淫而不還，形閉中距，則神無由入矣。是以天下，時有盲妄自失之患，此膏燭之類也。火逾然，而消逾亟。夫精神氣志者，靜而日充者以壯，躁而日耗者以老。是故聖人，將養其神，和柔其氣，平夷其形，而與道沈浮俛仰。」(〈原道訓〉)

「尊勢厚利，人之所貪也。」(〈精神訓〉)

「各欲行其知僞，以求鑿枘於世，而錯擇名利，是故百姓曼衍於淫荒之陂，而失其大宗之本。夫世之所以喪性命、有衰漸以然。」(〈俶眞訓〉)

「聖人處之不為愁悴怨懟（高注：病也），而不失其所以自樂也。是何也？則內有以通于天機，而不以貴賤貧富勞逸失其志德者也。」(〈原道訓〉)

由此可見，聖人不爲外在社會價值尊勢名利所誘惑，仍是以「內有以通於天機」，即是以內在心的主宰性與以心徹通，其主宰性即是「天下之要不在彼而在於我，不在人而在於身。身得則萬物備矣。徹於心術之論，則嗜欲好憎外矣」(〈原道訓〉)。

所謂「徹於心術之論」也者，仍是「心與神處、形與性調、

靜而體德、動而理通」(〈本經訓〉)，使心游之於虛而就能排斥外在世俗價值觀之誘惑。其言曰:

「若夫神無所掩，心無所載，通洞條達，恬漠無事，無所凝滯，虛寂以待，勢利不能誘也。辯者不能說也，聲色不能淫也，美者不能濫也，知者不能動也，勇者不能恐也。」(〈俶眞訓〉)

「夫貴賤之於身也，猶條風之時麗也。毀譽之於己，猶蚊虻之一過也。」(〈俶眞訓〉)

「是故視珍寶珠玉，猶石礫也。視至尊窮寵，猶行客也。視毛嬙西施，猶𩈨醜也。以死生為一化，以萬物為一方。同精於太清之本而游於忽區之旁。有精而不使，有神而不用。契大渾之樸，而立於至清之中。……此精神之所以能登假於道也。」(〈精神訓〉)

「此真人之道也。」(〈俶眞訓〉)

總而言之，眞人之道，其要在「游心於虛無」而使「性合於道」。以虛無爲主要，在內使嗜欲與機械之巧「弗載」「弗藏」於心而使之虛無。在外在之外物與社會世俗價值觀方面則以內爲主，以本統末之心術使之歸諸於一心之虛無，而使之不營、不累。此者以虛無達至於道，反歸於恬澹清靜之德，以虛無爲道德之方，即是眞人之道也。

三、無　為

《淮南子》道德之方在內在方面，以心術之虛無爲主持；在外在方面，發之於行爲，以無爲爲指導；在中，以自然素樸爲本，其主軸則以眞誠貫透，整體則以道爲本根，而其主要色調則爲「無」。所以無爲之論與虛無之言共成一體，不可分也。

《淮南子》倫理學中的無爲概念與虛無連線皆以「無」爲論，以道德爲歸舍。《淮南子》曰：

「無為為之而合於道。無為言之而通乎德也。」（〈原道訓〉）

「無為者，道之體也。」（〈詮言訓〉）

「至道無為，……道出一原，……寂寞以虛無。」（〈俶眞訓〉）

「人無為則治，有為則傷。無為而治者，載無也。為者不能有也。不能無為者，不能有為也。」（〈說山訓〉）

這是以道爲體而展開之顯用則爲無爲之道德論。

《淮南子》道德之無爲論表現在三個論點：一者，道德之行爲是自然地利他而非在於利己之無爲；再者，道德之行爲，爲至公至正而無私之大公無爲；最後，不道德之行爲莫爲之，諸惡無爲，爲名而爲善莫爲。

《淮南子》之無爲的意思並非不動作、莫作爲、死滅靜止而不爲。《淮南子》就否認這種論調，其言曰：「或曰：無爲者，寂然無聲，漠然不動，引之不來，推之不往，如此者，乃得道之像。吾以爲不然。」（〈脩務訓〉）實際上，無爲並非是消極的無所作爲，沒有行爲，不動不作之意思，而是在道德上積極的作爲。

(一)道德無爲

《淮南子》道德的無爲論述源自老莊之無爲思想。尤其是自然利他之無爲更是吸收老莊的精髓而發揚光大。《老子》三四章曰:

「大道氾兮,其可左右,萬物恃之而生而不辭,功成而不名有,衣養萬物而不為主。常無欲可名於小;萬物歸焉而不為主,可名為大。以其終不自大,故能成其大。」

其中,「恃之而生」、「功成」、「衣養」可以說是道之作爲。而道之「不辭」、「不名有」、「不爲主」卽是「不自爲大」之無爲,如此仍能成其大。再看《老子》五一章:

「道生之、德畜之、物形之、勢成之。是以萬物莫不尊道而貴德。道之尊、德之貴,夫莫之命而常自然。故道生之,德畜之。長之、育之、亭之、養之、覆之。生而不有、為而不恃、長而不宰是謂玄德。」

在這一章中,道之「生、長、育、亭、養、覆之」則是道之有爲(有作爲),而「不有、不恃、不宰」則是無爲。依《老子》而言之,道之「無爲」並非「無作爲」,而是道之「所爲」不執持以爲「己爲」之功,不將其功據爲己有,不居其德,不求其報、不恃其能,不宰制他物,以其終不自爲大。換言之,道不以己利爲目的，不以「所爲」爲手段，而將「被所作爲之客體對象者」作爲滿足自利的犧牲物。而是將其所爲之對象爲目的，輔助其畜德而成其德，得其本性。其作爲則順其自然（自然如此），而不加以佔據、宰制爲己有，全然地爲對方之德著想，這是何等崇高之「爲」，故「名之曰大」。

而《淮南子》之「無爲者、道之體」其實際之意義爲無爲爲道體所開展的道之用。這種無爲是普遍顯用於萬物。《淮南子》曰：

> 「至道無為，……道出一原、通九門、散六衢、設於無垓坫之宇。寂寞虛無，非有為於物也。物以有為於己也。是故舉事而順于道者，非道之所為也。道之所施也。」（〈俶眞訓〉）

這種「通九門、散六衢、設於無垓坫之宇」正如同《老子》的「大道氾兮，其可左右」之爲。而「寂寞虛無」中的虛無，則比《老子》的「爲吾有身」（十三章）尙以「有身」爲念更加徹底的虛無。《淮南子》更加以「虛無者、道之舍」而使「吾無身」，使己不爲「有」而虛無，則無有「己有」之在者，更可不以己爲念而有「己累」。而道全然在「所施」而「非道之所爲」，而使「物以有爲於己」，「因物之所爲」（〈原道訓〉）而順其自然而輔其成德。這是《淮南子》根據《老子》思想而有更進一步之發展者。

由此觀之，《淮南子》在道德上之無爲並非是「漠然不動」的意思，而是一者「所爲不爲己」，即是「施者不德」（〈本經訓〉）。二者，不爲某一目的而以另一物爲手段，即爲成全萬物之德而不爲己自身之愛而把他物當做手段。「聖人之養民，非求用也」（〈繆稱訓〉）。養民卽在愛民，養民之本身卽是目的而非手段。這點與法家「愛民爲求其用」[20]，將道德當做富國強兵的手段不同。三者，道德之行爲本身卽爲道德，不求其他。「聖人爲善，非以求名」（〈繆稱訓〉）、「有以爲則恩不接矣」（〈繆稱訓〉），並且道德行爲是自發而且是自然而然的，甚而亦不以道德爲念，卽是「至德不德」，以德爲念則常不德，唯順自然，卽是有德。《淮南子》曰：「日月無德也，故無怨也。喜得者，必多怨，喜予者，必喜奪。唯滅跡於無爲而隨天地之自然者，唯能勝理。」（〈詮言訓〉）

(二)至公無私

再者《淮南子》無爲之第二種論點爲大公至正，無自私、自利、私智、私見之情。《淮南子》曰：

> 「吾所謂無為者，私志不得入公道，嗜欲不得枉正術。循理而擧事，因資而立，權自然之勢，而曲故（巧詐也）不得容者，政事成而身弗伐，功立而名弗有，非謂其感而不應，攻而不動者。」（〈脩務訓〉）

由此可見，所謂「無爲」卽是排除「己」之私志、嗜欲，而循道理，因其所資而扶立，依其自然而率眞不欺，由此而弗伐、弗

[20] 參見《管子》〈牧民〉與〈修權〉：其主旨在於「凡牧民者，欲民之可御也」。

有。以公爲準而去自私自利，並全然依據道之至公至正之理而爲而滅損其私智，除其私欲而依道而行之。《淮南子》曰:

「至人之治也，掩其聰明，滅其文章，依道廢智，與民同出于公。去其誘慕，除其嗜欲，損其思慮。約其所守則察，寡其所求則得。」(〈原道訓〉)

在其中的「掩、滅、廢、去、除、損、約、寡」皆是「損」即是發揮了老子的「損之又損，以至於無爲」的方法，即是「以損之而益」，以去除爲「得」，以「無」爲「有」、以「虛」爲「實」的成德方法。而掩滅、廢去、除損、約寡皆以損至於「無」而至於「無私」以至於大公之境界。故曰:「處尊位者，以有公道而無私說，故稱尊焉。」(〈詮言訓〉)

(三)善惡無爲

道家貴無，於道德論上，則以「無」爲德。無惡則爲善，無禍則爲福，不喪則爲利，無疾則爲全，不德則爲德。而善行與惡行皆因「爲」而顯發；若「無爲」則無惡行，無惡行則爲善。是故諸惡無爲則無惡行而爲善，所以說「聖人不爲可非之行」(〈詮言訓〉)。

凡人之性，常以恃才而傲物，恃其才能、勢位不遵道術而爲，則爲惡行。甚而自恃爲智仁勇而爲，則反而是爲暴之本，不若無爲。《淮南子》於此多有深見，曰:

「何謂無爲。智者不以位爲事，勇者不以位爲暴。仁者不以位為患。可謂無為矣。……君好智、則倍（陪，背也）時而任己。棄數而用慮。天下之物博而智淺。以淺贍博，未有能者也。獨任其智，失必多矣。故好智窮術也。好勇則輕敵而簡備，自偩而辭助，一人之力，以禦強敵，……必不堪也。……好與則無定分，……好與，來怨之道也。」（〈詮言訓〉）

由此可見，不多事、不爲暴、不爲惠而仁，莫若無爲。是以《淮南子》曰：「所謂善者，靜而無爲也。所謂不善者，躁而多欲也。」（〈氾論訓〉）

再者，《淮南子》認爲若是爲另一目的而爲善，則此善則就不是爲善。此等之善則同若爲非。《淮南子》曰：

「欲尸名者，必為善。欲為善者，必生事。事生則釋公而就私，貨數而任己，欲見譽於為善，而立名於為質。……則妄發而邀當，妄為而要中。功之成也，不足以更責（償也），事之敗也，不足以弊身。故重為善，若重為非。」（〈詮言訓〉）

爲「名譽」而爲善，則將「善」當做手段而非目的，因而常有不擇手段者，常有妄發、妄爲之舉。「故聖人不以行求名，不以智見譽，法循自然，己無所與。」（同上）並且亦不爲了彰揚其善而爲善，「善有章（彰也），則爭生」（同上）。故「君子脩行，而使善無名，布施而使仁無章。……無爲而自治。……故聖人揜跡於爲善，而息名於爲仁也。……唯滅跡於無爲，而隨天地自然」（〈詮言訓〉）。

總而言之，《淮南子》於道德論中之無爲，仍是以道之「無」爲本根。無爲並非無爲（不作爲，毫無作爲），而是以「無爲」爲「爲」，仍是「有爲」。而無爲爲無所不爲，仍爲大爲。故《淮南子》說：「人無爲則治，有爲則傷。無爲而治者，載無也。爲者不能有也。不能無爲者，不能有爲也。」（〈說山訓〉）

四、素樸自然

《淮南子》受了老莊思想的影響，認爲太古之人素樸自然，最合於道德。其言曰：

> 「太清之始也，和順以寂寞。質真而素樸，閑靜而不躁，推而無故。在內而合乎道，出外而調于義（高注：義或作德也），發動而成於文，行快而便於物。其言略而順理，其行侻（高注：不覺也）而順情，其心愉而不僞，其事素而不飾。」（〈本經訓〉）

本來，太一即是「洞同天地，渾沌爲樸，未造而成物」，及至知識開化，化爲人文，「及至建律歷，別五色、異清濁、味甘苦、則樸散而爲器矣。立仁義、脩禮樂，則德遷而爲僞矣。……及僞之生矣，飾智以驚愚、設詐以巧上」（〈本經訓〉）。

「樸」之意義是物尚未受人爲彫塑之自然質材，人之樸則指尚未受人爲文化污染而仍然保有質眞之本性。樸與素爲合詞，

「素也者，謂其無所與雜也」㉑。素樸與自然常爲連線，自然在名詞指涉自然界，或本然如此，自然而然。素樸與人文對立，自然與人爲牴觸，這是道家通常的用法。

老子認爲「常德乃足，復歸於樸，樸散則爲器」㉒，「無名之樸，夫亦將無欲」㉓。老子以人之無欲爲樸。莊子的素樸是指生活於自然界，尚未有知識開化的原始社會，其後人爲文明開展便破壞了素樸，也破壞了道德。其言曰：

> 「夫至德之世，同與禽獸居，族與萬物竝，惡乎知君子小人哉！同乎無知，其德不離；同乎無欲，是謂素樸，素樸而民性得矣。及至聖人，蹩躠為仁、踶跂為義，而天下始疑矣；澶漫為樂，摘辟為禮，而天下始分矣。故純樸不殘，孰為犧尊！……道德不廢，安取仁義！性情不離，安用樸樂，五色不亂，孰為文采！五聲不亂，孰應六律！夫殘樸以為器，工匠之罪也；毀道德以為仁義，聖人之過也。」㉔

由此觀之，莊子除了接受老子的「以無知無欲」爲樸的概念外，他再附加上以人類尚未有文化文明的發展而在與禽獸並處的自然狀態的生活爲至德之世。另外也將人爲文化的價值觀，倫理規範、藝術、社會制度、工技的文明與自然之樸對立，而認爲這些

㉑ 《莊子・刻意》。
㉒ 《老子》二八章。
㉓ 《老子》三七章。
㉔ 《莊子・馬蹄》。

「皆多駢旁枝之道，非天下之至正也」㉕。而所謂「正正者，不失其性命之情」(同上)。因此莊子便過激地要:

「故絕聖棄知，大盜乃止；擿玉毀珠，小盜不起；焚符破璽，而民朴鄙；掊斗折衡，而民不爭。殫殘天下之聖法，而民始可與論議。擢亂六律，鑠絕竽瑟，塞瞽曠之耳，而天下始人含其聰矣！滅文章、散五采，膠離朱之目，而天下始人含其明矣。毀絕鉤繩而棄規矩，攦工倕之指，而天下始人有其巧矣。故曰：『大巧若拙』。削曾史之行，鉗楊墨之口，攘棄仁義，而天下之德始玄同矣！」㉖

莊子要拋棄這些人文價值，是因「恐天下之淫其性也。……恐天下之遷其德也」㉗，因此主張「君子不得已而臨涖天下，莫若無為，無為也而後安其性命之情」(同上)，所以莊子在道德論說：「吾所謂臧者，非所謂仁義之謂也，任其性命之情而已矣！」㉘將道德反歸於自然性命之情的「樸」。

然而《淮南子》對於自然素樸與性命之情的看法雖然受了老莊的影響，但他認為人要完全「無欲」是不可能的，只能以閑靜而不躁地「持以適」，不要受「嗜欲亂之」。也不認為樸散則為器，以器為不好，而認為人必然「發動而成於文，行快而便於物」，

㉕ 《莊子・駢拇》。
㉖ 《莊子・胠篋》。
㉗ 《莊子・在宥》。
㉘ 《莊子・駢拇》。

「文」、「物」是人類文化文明中必然的發展，不可能全然保持「樸」而不「散而爲器」的狀態。

因此《淮南子》並不讚成莊子對「文」、「物」的全然「絕棄、擿毀、焚破、掊折、殫殘、擢亂、鑠絕、塞膠、滅散」的過激論調，也認爲人類不可能產生「推之不動、引之不來」的「無爲」，而是必然要有某種程度的「有爲」，而這些「有爲」則必然要發展出「文」、「物」。只是不要「淫於文」而致使「紋（文）亂眞」，而爲「僞」而「遷其德」，失其樸之「質眞」，亦不反對人爲之製造物，只是不要有「嗜欲」而受外物之誘惑而「以物易其性」㉙，「嗜欲連於物，聰明誘於外，而性命失其得」（〈俶眞訓〉）而已。對於儒家所提出的仁義禮樂，《淮南子》亦不像莊子那樣偏激，雖然認爲仁義禮樂雖非至德，然而在「世異則事變，時移則俗易，故聖人論世而立法，隨時而舉事」（〈齊俗訓〉）的社會演化歷史過程中，亦爲必須而且又必然的道德要素。只是「道德廢而後仁義」比「道德」等而下之而已。

在自然與人文（文化）之關係上，莊子傾向於天與人（即自然與文化）的矛盾對立。其論調有偏於離棄文明而返歸原始自然的至德之世的生活。而《淮南子》認爲人類再也不可能重回原始自然世界；人類文化文明已是存在的事實且是持續地演化發展，只是道德的發展與文明文物人文的發展並非是齊頭並進，反而有減損「質眞」而德遷而爲僞的危機。人在這種文明文物發展中當盡量「法循自然」、「脩道理之數，因天地之自然」（〈原道訓〉）保持素樸之性。在人事方面，如同「聖人裁制物也。猶工匠之斲

㉙ 《莊子・馬蹄》。

削鑿枘也。……剖之、判之、離之、散之，已淫已失，後揆以一，旣出其根，復歸其門，已雕已琢，逘反於樸。合而爲德（〈齊俗訓〉）「順理而其事素而不飾」。這些便是以「素樸」與「因其自然而推之」（〈原道訓〉）爲德之眞義。

在自然之理論上，《淮南子》承繼老莊的學說而有所改造。老子主張「道法自然」㉚、「道之尊、德之貴，夫莫之命而常自然」㉛，「以輔萬物之自然而不敢爲」㉜，其自然之意義爲自然如此，自己本然如此也。莊子之自然是與人爲世界的價值相對立，自然與人爲之對立，莊子稱之爲天與人：「牛馬四足是謂天，落馬首，穿牛鼻是謂人。」㉝

莊子認爲要尊重自然而勿以人爲文明，智故詐巧而妨礙道德云:「天在內，人在外，德在乎天。知天人之行，本乎天，位乎得。……故曰:無以人滅天，無以故滅命，無以得徇名。謹守而勿失，是謂反其眞。」㉞由此可見，莊子認爲道德之根據在於「天」，而其德性卽在反歸於眞。

如同莊子，《淮南子》在道德上要在「能於天下之分。……天之所爲，禽獸草木，人之所爲，禮節制度。構而爲宮室，制而爲舟輿是也」（〈泰族訓〉）。並且也承認物有其本性與自然之理。其言云：「夫萍樹根於水，木樹根於土。鳥排虛而飛。獸蹠實而走。……天地之性也。兩木相摩而然（燃），……員者

㉚《老子》二五章。
㉛《老子》五七章。
㉜《老子》六四章。
㉝《莊子・秋水》。
㉞《莊子・秋水》。

常轉，窾者主浮，自然之勢也。」(〈原道訓〉)但是《淮南子》並不像莊子主張天與人相對立矛盾，要絕棄人爲文明而回歸自然，而是認爲「人之所爲」要「脩道理之數，因天地之自然」(〈原道訓〉)，以「因」「萬物固以自然」(〈原道訓〉)。

因此《淮南子》在人與天的關係與解釋上則與莊子不同:

「所謂天者，純粹樸素，質直皓白，未始有與雜糅者也。所謂人者、偶䁬智故、曲巧僞詐，所以俛仰於世人，而與俗交者也。故牛歧蹏而戴角，馬被髦而全足者，天也。絡馬之口，穿牛之鼻者，人也。循天者，與道游者也。隨人者，與俗交者也。」(〈原道訓〉)

在樸素的意義上卽與莊子不同。莊子的樸素是指「至德之世，同與禽獸居，族與萬物竝，惡乎知君子小人」。此者指謂大自然界尚未受到知識、價値觀、欲望所發展而出的人爲文化之汚染與破壞之自然狀況。而《淮南子》的樸素卻是指謂人的道德之純潔無垢，尚未受到世俗汚染的道德素質。另者，在「人」的意義上，莊子將人解釋爲人爲的文化文明；而《淮南子》並不反對人爲的文化文明，卻是反對「人僞」，反對「偶䁬智故、曲巧僞詐」對道德人格與社會之汚染與傷害性，而非倡言人爲文化文明對人類之殘害。因而《淮南子》並非要像莊子之「攘棄仁義禮樂」，而是保留「人之所爲，禮節制度」，亦要發展宮室、舟輿之工匠必具的「機械之知」。這是《淮南子》在自然與文化調和的天人協同而大渾爲一之論述，此者與莊子不同。

總之，《淮南子》道德論上於內在之素質要保持素樸，於外在行爲上要尊重自然。

五、眞誠

總觀以上所述，《淮南子》的道德論歸納在「尊天而保眞」（〈要略訓〉）上。其本根爲道（天），其精神爲「眞」而貫其脈絡。在虛無方面，主要在於「嗜欲弗載」、「不與物相雜糅」而保其純眞。於無爲上，發揮道德在於「利他」而不爲己。道德之行爲純爲道德之緣故而非爲其他。而無爲亦在於「無僞」而勿德遷而爲僞。這便是「塊然保眞，抱德推誠」的意義。在素樸自然上，爲自然已受人爲人文切割分別後，剖判離散，已淫已失之人性素樸，「抱素反眞，遂反於樸，合而爲道德。……抱素反眞。」（〈齊俗訓〉）、「無所誘慕，循性保眞，無變於己」（〈氾論訓〉），這種尊天保眞即是尊道之虛無無爲，自然素樸而至「全性保眞」（〈覽冥訓〉），是爲道德。

六、眞人

在《淮南子》的道德論中，能達至道德最高境界者爲眞人。眞人是「有眞知」（〈俶眞訓〉），也是得道者而「未始分於太一者也」（〈詮言訓〉）。所謂得道，即是能游心於虛無，「動溶于至虛」而能恬愉清靜而得其性者。亦是德行於無爲，性合於素樸自然。在內不受嗜欲、智故之亂，於外則免於物累，亦不爲勢利名位所誘。純樸保眞，即爲眞人。〈精神訓〉中描述最爲詳盡，其言曰：

「所謂眞人者，性合於道也。故有而若無，實而若虛。處其一不知其二。治其內，不識其外。明白太素，無為復樸。體本抱神，以游于天地之樊，芒然仿佯于塵垢之外，而消搖于無事之業。浩浩蕩蕩乎，機械之巧，弗載於心。……審乎無瑕(高注：釁也)，而不與物糅。見事之亂，而能守其宗。若然者、正肝膽、遺耳目，心志專于內，通達耦于一。……以道為紃，有待而然。抱其太清之本而無所容與，而物無能營，廓惝而虛，清靖而無思慮。……以死生為一化，以萬物為一方。同精於太清之本而游於忽區之旁。有精而不使，有神而不用。契大渾之樸，而立至清之中。……此精神之所以能登假于道也。」㉟(〈精神訓〉)

這種眞人之境界，即是《淮南子》對個人道德之德性之最高境界。

七、結　論

總而言之，《淮南子》根據道家的道德思想、虛無、無為、自然、素樸所闡述的眞人的道德。這種基本上是注重個人內在德性的修養達至恬愉清靜。藉著「治心術、理性情、持以適、調以和」之方法與修持以游心於虛而在內超脫生理、情緒、好惡、情欲、不正當知識之干擾，在外則不受物累與受世俗之牽引而煩憂

㉟ 這段引文與頁92之引文相同。前引文指眞人成道之方，後引文指眞人成德之境界，兩者所指有異。

其心。雖然《淮南子》在外不受物累與人間俗事所誘引，卻不是消極要絕棄萬物之價值與擺脫人羣社會而遺世索居，而是積極入世而不受其累，這點與莊子不同。

再者，《淮南子》改造老莊的無爲，認爲無爲並非無作爲，而是道德行爲中最高境界的作爲。道德行爲不是爲利己，而是利他而不求其報。道德是自然、自主、自發的行爲而非爲他律，或其他目的所驅使者，道德亦在惡行無（莫）爲與爲名無（莫）爲。

而且，道德之本質是自然與素樸的，不爲人爲的「僞飾」，爲名譽、世俗禮儀所拘束誘引而矯糅其性，應返歸於自然素樸。

而在道德精神上，最重要的是在於「眞誠」，以眞誠貫通其脈絡，而其終極理想在於達至「眞人」的道德最高境界。

最後，本文論述在個人道德德性之得道。至於人與人之關係的道德行爲的德目，《淮南子》並不接受老莊一樣要「絕仁棄義」、「毀壞禮樂」，而是採納儒家的仁義禮智道德論。而在人與社會或人民與政府關係上，《淮南子》改良了商鞅、韓非的法，而加以道德化做爲社會行爲共同要遵守的標準規則。後兩者將另文論述之。

第二章　社會倫理

一、社會倫理之意義

人，雖是個體的一個人，在道德上，他的形、神、氣的激盪使形體、生理、心理、嗜欲、情緒等等對他形成內在的壓力，造成內熱，而影響心志所企向的恬愉淸靜的道德生活。雖然《淮南子》的修養論❶，意欲達至恬愉寧靜的境界，其道德論（見前文）也著重在個人道德所具之德性的獲得。但這些畢竟較偏重在個人道德的內在涵養，而較少涉及個人外在行爲與社會倫理規範的關係。

但是，人終究不是孑孑獨立，孤零零地魯濱遜式地獨自生活在世界上。他畢竟是個社會動物，必須過著群居聚集的社會生活，也就是說，他必須藉著社會組織（國家、政府、社團、家族）、政治、經濟、文化、家庭、……的分工合作才能生活下去。所以他必須具有社會生活，也一定要有社會行爲。而這些社會行爲有些必須涉及到與社會倫理規範，或與政府所公佈強迫社會全體共同遵守的普遍標準規則 — 法 — 發生關係。

---

❶ 見李增，《淮南子思想之硏究論文集》，華世出版社，七十四年，臺北。

換言之，所謂道德，它不只光是包括個人內在德性的修養，而且他必須參予家族、宗族社會內而生活，他必須遵守社會倫理道德項目，他也必須參予公衆的活動，也須恪守公衆所規定的客觀標準之法。所以說，個人品德、社會倫理，以及正義之法才能構成道德理論的完整性。

一句話，《淮南子》體會到道德，不能只閉鎖在道家的內在德性的恬愉清靜裏，他必須牽連到社會倫理的五倫❷系統的儒家仁義禮樂，也一定會涉及到社會公衆活動、政治活動、經濟活動的法——換言之，他不能摔脫法家的法。所以他的道德理論必須要包容道、儒、法三家的道德學說。

《淮南子》雖然接受老莊的思想，但他是有限制性與批判性的接受並加以消化。《淮南子》的作者生活在漢帝國時代，淮南子又是皇孫，政治企圖心強，當然在心態上就與老莊避世的隱君子不同。就其所處時代及其心態而論：他們了解到社會生活不可逃避，也理會到社會生活的倫理規範不可缺乏，也不可擯棄。因而對於社會倫理的態度上，就不像老莊要唾棄禮義，毀絕規矩與法律制度❸。但是，《淮南子》畢竟背負了老莊的包袱，夯

❷ 見《淮南子·泰族訓》：「君臣之義、父子之親、夫婦之辨、長幼之序、朋友之際，此之謂五。」詳論見本文(七)總結論。

❸ 老莊之絕棄仁義禮樂，分見《老子》十九章：「絕仁棄義，民復孝慈。」又三八章：「夫禮者，忠信之薄而亂之首。……故去彼。」於《莊子·馬蹄》立論更爲激烈：「絕聖棄知，大盜乃止。擿玉毀珠，小盜不起。焚符破璽而民朴鄙，掊斗折衡而民不爭。殫殘天下之聖法而民始可議論。擢亂六律、鑠絕竽瑟、塞瞽曠之耳。……滅文章，散五采，膠離朱之目。……攘棄仁義而天下之德始玄同矣。」

荷了老莊的招牌跟著反對儒、法學派，而對於社會行爲規範的問題又不可避而不談，又不可隱藏而不論，因而《淮南子》很巧妙地一方面藉著人類社會的進化論④，以社會生活進化的歷史階段的不同需要，而說明社會倫理德目與正義客觀之法的產生與不可缺乏性。這樣的移花接木的方法，抹除了與老莊學說的衝突排斥，而另一方面又以批判性、滲入性融解儒法。在〈齊俗訓〉裏以〈齊物論〉的方式反抗儒家之禮的絕對化。在〈泰族訓〉中以仁義的觀點對商、韓之法大加撻伐並加以滲透而消化。

總言之，《淮南子》以社會進化的歷史秩序爲根據，賦予道、儒、法以道德理論，將其產生時期，與其時代需要予以定位。在道家的個人道德設定在伏羲氏前的原始自然純樸社會，在神農氏、堯、舜的農業部落時代，以主觀情感親親爲仁的人倫德目爲部落社會倫理規範。在戰國末年、秦、漢初時期的大一統運動，則以政府與人民的公衆生活提出客觀標準性規範的需要性——法，加以道德化後成爲正義而客觀的規律，做爲公衆生活道德的客觀標準。

所以《淮南子》的道德學說，一方面崇尚老莊的道德，將之消化爲恬愉淸靜的德性修養；二方面吸收儒家的仁義禮樂的社會倫理德目，做爲在社會人際關係的道德規範；其三在國家政府與民衆關係之統治上，以普遍而客觀之法做爲客觀而正義的標準。這些思想，在先秦儒、道、法各派的對抗衝突中是非常尖銳的，《淮南子》以社會演化論的「世異則事異」，「因時而備變」的需要與必要加以融合之。

---

④ 參見本書「淮南子社會進化論」之文。

二、社會倫理之產生

「天之所爲，禽獸草木。人之所爲，禮節制度。」（〈泰族訓〉）當在太古自然原始世界裏，在個人優游的生活裏並沒有所謂的社會倫理道德項目。只有當人們群居聚集成社會，參與了共同的社會生活，發展了文化之後，爲了群居和平相處，社會才共同製定制約，這種制約表現在儀式，行爲規範，是規定各人該當遵守的行爲準則。先秦儒家便將這些項目依照其行爲的性質與方式之不同，命名爲各種德目：仁、義、禮、樂等等。這些道德項目的實踐，在道德的行爲上，一方面要根於人性本有的內在動機；另一方面，則需這內在動機表現於外在的行爲；其三，這些外在行爲必須是在涉及到他人關係的社會行爲；其四，這些外在社會行爲必須合乎某種約定俗成的形式。再者，這些規範形式在自然界裏並沒有，而是人爲制定的，必須表現在人文社會裏才富有意義。儒家將這些形式標準，稱之爲「人倫」，或「社會倫理」。

《淮南子》的思想來自老莊，老莊要絕仁棄義，唾棄禮樂這些倫理德目，但《淮南子》並不盲隨老莊擯棄，也不否決這些在人文社會裏的價值性，卻是有條件地、批判性地接受儒家仁義禮義的項目❺，而以社會進化歷史的發展過程接受其在某一階段出

❺ 《淮南子》的仁義禮樂智的思想雖源自孔、孟，但卻有些不同。孔、孟之仁義禮智樂，扣緊於父子之親的孝道。從「孝悌也者，其爲仁之本歟？」以及「生事之以禮，死事之以禮，可謂孝矣」。孟子之「父子有親，仁也」都以孝爲道德之始。《淮南子》書中甚

現的存在事實，承認其在此階段的價值性。在此條件下，因而將儒家的仁義禮樂融入他的道德思想體系裏。

三、社會倫理之進化

《淮南子》認爲在太古之時，人類是處於零散個別優游的狀態而尚未結合爲社會，亦尚未有知識與文化發展。這時人類完全按照自然本性生活而未接受社會化之前，則沒有社會倫理規範，也沒有法律制度。《淮南子》曰：

「古之人，有處混冥之中，……當此之時，萬民猖狂，不知東西，含哺而游，鼓腹而熙（戲也），交被天和，食于地德，不以曲故是非相尤，茫茫沈沈，是謂大治。於是在上位者，左右而使之，毋淫其性，鎮撫而有之，毋遷其德。是故仁義不布而萬物蕃殖，賞罰不施，而天下賓服。」（〈俶眞訓〉）

由此可見，在這「渾渾蒼蒼，純樸未散」的大治之世，知識未開，則無人爲設施社會規範之仁義禮樂。中國歷史直至伏羲氏之時，「而知乃始昧昧晽晽，皆欲離其童蒙之心」（〈俶眞訓〉）。雖然在知識啓蒙之時，然「其道昧昧芒然」，尚未有仁義禮樂，

少言孝，言之亦不爲立論之核心，而將這些德目：仁義禮樂智直接提昇至社會人與人之間的關係，並且將仁字縮爲「愛人」，然而孔子之仁，當如朱子所言「諸德之全稱」的意義較是。其同異之比較相當複雜，非本文所能詳論。

直至(三皇)五帝三王之時，才出現了社會倫理德目。《淮南子》說:

「道滅而德用，德衰而仁義生。故上世體道而不德。中世守德而弗壞也。末世繩繩乎唯恐失仁義。」(〈繆稱訓〉)

「古者五帝貴德，三王用義，五霸任力。」(〈人間訓〉)

「所謂禮義者，五帝三王之法籍，風俗一世之迹也。」(〈齊俗訓〉)

《淮南子》在〈繆稱訓〉中並未說明所謂的上世、中世、末世是什麼時代。但根據書中有關之文對應，上世即是伏羲氏之前的太古之時，中世則爲五帝三王之時，末世爲春秋戰國之時。文中淮南子明確地指出仁義起於五帝三王之時。禮樂出於周而春秋五霸貴詐力而破壞仁義禮樂的時期。在此，《淮南子》明確地肯定仁義禮樂爲社會進化歷史的階段性的產物。只要歷史社會進化，這種史實也是事實是確實地存在，並且也將延續於歷史當中，所以「末世唯恐失仁義。」並且「逮至當今之時，天子在上位，持以道德，輔以仁義」(〈覽冥訓〉)。也只有接受仁義禮樂之倫理德目，以治天下。

既使是老、莊也不否認仁義禮樂在歷史上的存在性。只是老莊認爲仁義禮樂易於淫亂僞詐，因而過激地要絕仁棄義。不過《淮南子》也承繼老莊的觀點，認爲仁義在道德評價上不如道德的價值高，其有等級的價值。《淮南子》說:

「道散而為德，德溢而為仁義，仁義立而道德廢矣。」

（〈俶眞訓〉）

「是故德衰然後仁生，行沮然後義立。和失然後聲調，禮淫然後容飾。是故……知道德，然後知仁義之不足行也。知仁義，然後知禮樂之不足脩也。今背其本而求其末，釋其要而索之于詳，未可與言至也。」（〈本經訓〉）

雖然仁義禮樂之評價不如道德價值高，但在社會歷史發展裏，則是社會進化的必然產物，且是在衰世中可以救敗的必要設施。《淮南子》說：

「古之人，同氣于天地，與一世而優游。當此之時，無慶賀之利、刑罰之威，禮義廉恥不設，毀譽仁鄙不立，而萬民莫相侵欺暴虐，猶在混冥之中。逮至衰世，人衆財寡，事力勞而養不足，於是忿爭生，是以貴仁。仁鄙不齊，比周朋黨，設詐諝，懷機械巧故之心而性失矣，是以貴義。陰陽之情，莫不有血氣之感。男女群居雜處而無別，是以貴禮。性命之情，淫而相脅，以不得已則不和，是以貴樂。是故仁義禮樂者，可以救敗而非通治之至也。夫仁者，所以救爭也。義者，所以救失也。禮者，所以救淫也。樂者，所以救憂也。」（〈本經訓〉）

在這段文章裏，《淮南子》指出在衰世（應是末世）與近世（春秋 — 西漢）、後世何以會出現社會倫理 — 仁義禮樂的緣故。在其中，似乎可以看出《淮南子》跟隨《韓非子・五蠹》篇的思想走，認為經濟與人口的變動引發道德的美善或敗壞❻，卽人口的增長與生活物質的相對匱乏，牽引著社會結構的改變，以及與社會行為模式的變動，因而帶動規範個人行為規則之變動。《淮南子》在行文裏的「人衆」卽是人口的急速增加，造成生活必需品的「財寡」，因而生產供需與人口增長比例不同步的起伏率而失去平衡，「事力勞而養不足」，造成生活必需品的不足，「於是忿爭生」。再者，生活物質分配的不均，則造成貧富之差別，也構成社會分子的「忿爭生」。這種論點，韓非子說得最為明白。

由於「人衆財寡」，造成了「爭」的時代，形成了春秋戰國以「力」決鬥紛爭。為了解決這「爭」，商、韓認為「當今爭於氣力」❼，商鞅要以摶力、富國強兵解決這爭，也要以嚴刑峻法壓制國內人衆之「爭」。這是以力、以法壓制、止爭的辦法。但這種辦法，《淮南子》認為太過於暴虐，反而是抱薪救火的止爭，不

---

❻ 《韓非子・五蠹》，論生活物質，人口與道德之關係曰：「古者丈夫不耕，草木之實足食也。婦人不織，禽獸之皮足衣也。不事力而養足，人民少而財有餘，故民不爭。……今人有五子不為多，子又有五子，大父未死而有二十五孫，是以人民衆而財寡，事力勞而供養薄，故民爭。……故饑歲之春，幼弟不讓。穰歲之秋，疏客必食，非疏骨肉愛過也，多少之實異也。是以古之易財，非仁也，財多也。今之爭奪，非鄙也，財寡也。」

❼ 《韓非子・五蠹》說：「世異則事異，……事異則備變。上古競於道德，中世逐於智謀，當今爭於氣力。」又商鞅<更法>篇，言其歷史之變異進化，以為變法之立論根據。又<開塞>篇曰：「湯武致強而征諸侯，服其力也。……武王逆取，……取之以力。今世彊國事兼併，弱國務力守。」而<壹言>篇則言：「能摶民力而壹民務者強，能事本而禁末作者富。……故治國者，其摶力也，以富國彊兵也，其殺力也，以事敵勸農也。」

僅停止不了爭，反而是火上加油的措施。所以《淮南子》採取另一種辦法，以德、以仁即是以道德上主動調節，以人間基於主動惻隱之心的施捨，這便是仁恩的發揮，即是孟子的仁政。其次用社會組織的規範強制力的規定與分配，以防備貧富不均所造或的紛爭。這便是愼子自然法所提倡的「定分止爭」的辦法。

然則如何解決「財寡」，是否可止「忿爭生」？先秦法家就主張以結合國家整體的力量實行侵佔與掠奪；或從經濟政策的推展，廢井田、開阡陌的推行；或從工技的生產技術與工具的改良以促進生產。種種措施，法家皆以法做後盾，或強迫或鼓勵，前誘後推，如火如荼鼓吹富國強兵。但這種方法能否止爭？請看孟子曰：

> 「梁惠王以土地之故，糜爛其民而戰之，大敗。」❽
>
> 「君不行仁政而富之，皆棄於孔子者也；况於為之强戰，爭地以戰，殺人盈野；爭城以戰，殺人盈城？此所謂率土地而食人肉，罪不容於死。
>
> 故善戰者服上刑；連諸侯者次之；辟草萊，任土地者次之。」❾

孟子這段話，最能反擊法家的富國強兵政策之害民，使民憔悴於虐政而激發人民抗暴而有湯武革命，故其爭愈甚。是以孟子提倡仁政以安天下。《淮南子》有鑑於此，故提倡以仁救爭之說。

但是，人類的「忿爭生」的原因，並不僅僅是經濟的因素

---

❽　《孟子・盡心下》。

❾　《孟子・離婁上》。

——「財寡」所形成的，尚有其他諸多的理由，其中尤其是「凡有血氣之蟲，……喜而相戲，怒而相害。天之性也」（〈兵略訓〉）。換言之，凡是有血氣的動物，天性就是好鬥、好爭，有時也必然、且爲必須的互相殘殺（例如肉食動物必殺害其他動物以滿足求食、求偶之情），而人類天性也是好鬥，且以智鬥，其殘酷更甚於動物之角鬥。且人能夠從事於社會組織，仍然也有社會團體的結合與團體間彼此利益之衝突，因而發生衝突而鬥爭。鬥爭是只求目的而不擇手段的，因而「設詐諝，懷機械巧故之心」的卑鄙奸詐手段，使團體間彼此鬥爭不休而民不堪，然而「爭」是免除不了的，只是這種爭要從陰謀欺詐的鬥爭改變成「其爭也君子」式的「競爭」。這「競爭」是依據有雙方同意公平合宜的規則而比賽，這種公平合宜的規則，便是「義」的需求。

再就群居社會，男女之好若無分別與規範的限制，便形成家庭制度的破壞而引起社會的紛爭，因而要求有所分別，所以就有社會規範定分殊別，這就是禮。

而後當社會進化、知識大開，物質之發明亦隨之而多，人們之欲望已不只滿足於衣食之情，對於情欲之企求亦隨著膨脹，物欲之過分奢望，虛榮浮華之風尚急速地擴散流行而競於追奔享樂，這便是《淮南子》所稱的「嗜欲」，嗜欲無限，這便是「淫」。淫則相迫，或不能滿足則憂煩，因而需正當之娛樂以調節之，這便是樂。

由此可見，《淮南子》從中國歷史社會進化的史實，從人口的增加、經濟的問題、知識的發展、社會行爲交互激盪中肯定了人爲社會文化發展已有異於自然原始生活的方式，並產生了許多新的現象，這些新的現象就需要新的方式加以處理，否則社會就會發生紛爭的現象，因此《淮南子》認爲這些新的方式便是仁義禮樂。所以《淮南子》才說：「是故仁義禮樂者，可以救敗而非通治之至也。夫仁者所以救爭也。義者所以救失也。禮者所以救淫也。樂者所以救憂也。」(〈本經訓〉)由這種社會歷史階段的需要，也肯定了仁義禮樂的價值，也融合了儒家的學說。

四、因時而備變

既然仁義禮樂爲歷史社會階段中的產物，則《淮南子》也接受商鞅、韓非的歷史社會進化觀⑩與因時而備變的思想：認爲一時代有一時代特有的事況與社會現象，則處理此種事況與規範此社會行爲的法則也要隨著要改變。換言之，法籍禮義也要隨著社會進化而改變。《淮南子》根據歷史事況之變異而制事之禮法也隨著變異。其言曰：

> 「五帝異道，而德覆天下。三王殊事，而名施後世。此皆因時變而制禮樂者。」(〈氾論訓〉)
>
> 「夫殷變夏，周變殷，春秋變周。三代之禮不同，何古之從，……世之法籍與時變，禮義與俗易。」(〈氾論訓〉)

因此，《淮南子》認爲一時代有一時代特有的禮義（儀）法籍，「所謂禮義（儀）者，五帝、三王之法籍，風俗一世之迹也」(〈齊俗訓〉)。既然禮儀是一世之迹，是一世所「特有」，則它的出現與存在性也是暫時性的，是相對性的，而不是永恆的，也

---

⑩　同⑦。

不是絕對的，因此法籍禮儀亦當「論民俗而節緩急也。因時變而制宜適也」（〈氾論訓〉）。

由此《淮南子》反對復古，效取一時之禮義法籍以爲萬世之典型，以爲一雙不變的鞋子，而反對後世典章禮俗皆必須削足適履的僵化復古主義。其言曰：

「夫以一世之變，欲以耦化應時，譬猶冬被葛而夏被裘。夫一儀不可以百發，一衣不可以出歲。儀必應乎高下，衣必適乎寒暑。是故世異則事變，時移則俗易。故聖人論世而立法，隨時而舉事。……七十餘聖，法度不同，非務相反也。時世異也。」（〈齊俗訓〉）

「先王之制，不宜則廢之。末世之事，善則著之。是故禮樂未始有常也。故聖人制禮樂而不制於禮樂。治國有常而利民為本。政敎有經而令行為上。苟利於民，不必法古。苟周於事，不必循舊。夫夏商之衰也。不變法而亡。三代之起也⑪。不相襲而王。故聖人法與時變，禮與俗化。衣服器械，各便其用。法度制令，各因其宜。故變古未可非，而循俗未足多也。」（〈氾論訓〉）

由此而言，《淮南子》主張變更禮義法籍之內涵的目的在於「事周於世則功成，務合於時則名立」（〈齊俗訓〉）。

綜而言之，《淮南子》批判儒家，是根據法家因時而備變的歷史進化觀爲立論點。認爲儒家的法先王，欲以三代之典章禮樂

---

⑪ 見＜氾論訓＞：「夫殷變夏，周變殷，春秋變周。」故三代指夏、殷、周三代。

以行於春秋戰國或當今之世（漢孝武帝之世），爲其不合時宜，而仍強勉推行，則是迂腐而不通現實。然則《淮南子》之批判，在其嘲弄其迂腐與僵化，而非在於欲「絕仁棄義」，此與老莊之心態大異其趣。

五、批判儒家

《淮南子》雖然以社會進化之階段需要而肯定仁義禮樂之存在價値，而不絕仁棄義、擴棄禮樂。但卻不完全接受儒家的仁義禮樂，反而批判儒家的仁義禮樂。《淮南子》基本上採納商、韓的歷史觀，「世異則事異，事異則備變」的基本論點以批判儒家的守舊、僵化、僞飾、迂腐、不合人性。分述如下:

《淮南子》認爲道德問題的根本在於「性命之情」，這個問題才是核心，這個問題解決了，其他的問題便迎刄而解。這個問題沒有解決，其他的問題便是「道外」。《淮南子》說:

> 「古之治天下也。必達乎性命之情，其舉錯未必同也。其合於道一也。……聖人有所于達，達則嗜欲之心外矣。孔墨之弟子，皆以仁義之術敎導於世，然而不免於偏身身猶不能行也。又況其所敎乎，是何則？其道外也。夫以末求返于本，許由不能行也，又況齊民乎(高注：凡民也)。誠達于性命之情，而仁義固附矣，趨捨何足以滑心。」(〈俶眞訓〉)

《淮南子》說「性命之情」是本，仁義是末，所謂性命之情，即是人性在求恬愉清靜，若欲達至恬愉清靜，則以虛無無爲，自然素樸，眞誠無妄而致之。若能至於此，則「神無所掩，心無所載，通洞條達，恬漠無事，無所凝滯，虛寂以待」(〈俶眞訓〉)的「眞人之道」，便能富貴不能淫，貧賤不能移，威武不能屈的道德境界，毋需斤斤拘泥於仁義。仁義者，末也。本治則末清。性命之情得，則自然有道德之行。故曰：仁義附矣。

再者，《淮南子》從道德之本質與形式或道德之實與文相互關係以批評儒家。所謂本質或實，即是行爲者道德之動機或心意。所謂形式或文，即是行爲者表現在外在行爲的儀式或方式。道德的本質或實是根本絕對的，而形之於外的形式或文則各地風俗不同而所表現之行爲形式也有所不同，所以不必拘束於一形式。人們常誤認行爲形式即是絕對不變的道德規範，也誤認某一地、某一時所表現的道德形式是標準的而不可更改的道德規範。《淮南子》不贊同這種看法，並且否認魯禮爲道德唯一的標準規範。《淮南子》說：

> 「故胡人彈骨，越人嚙臂、中國歃血，所由各異，其於信一也。三苗髽首、羌人括領、中國冠笄、越人鬋箭。其於服一也。帝顓頊之法，婦人不辟男子於路者，拂之於四達之衢。今之國都，男女切踦，肩摩於道，其於俗一也。故四夷之禮不同，皆尊其主而愛其親、敬其兄。獫狁之俗相反，皆慈其，而嚴其上。……魯國服儒者之禮，行孔子之術，地削名卑，不能親近來遠。……
>
> 胡貉匈奴之國，縱體拖髮，箕倨反言，而國不亡者，未必無禮也。……豈必鄒魯之禮之謂禮乎。……禮者，實之文

也。仁者，恩之效也。故禮因人情而為之節文，而仁發恲以見容，禮不過實，仁不溢恩也。夫三年之喪，是強人所不及也而以偽輔情也。三月之服，是絕哀而迫切之性也。夫儒墨不原人情之終始而務以行相反之制。……悲哀抱於情，葬薶稱於養。不強人之所不能為，不絕人之所不能已，度量不失於適，誹譽無所由生。……故制禮足以佐實喻意而已。……故制禮義行至德而不拘於儒墨。」⓬（〈齊俗訓〉）

此以道德之本質在於人情，而儒家之禮儀形式有時則偏離人情，則爲《淮南子》所批評者也。

又《淮南子》以時異事異，則禮義法籍則須因時而備變。

「三代之禮不同，何古之從。……知法治所由生，則應時而變，不知法治之源，雖循古，終亂今。世之法籍與時變，禮義與俗易。為學者循先襲業，據籍守舊教，以為非此不治，是猶持方枘而周員鑿也。欲得宜適致固焉，則難

⓬《淮南子》在此以儒墨並稱而一併批評之。其實儒墨學說不盡相同，甚而相反。例如兼愛，薄葬，非樂即是攻擊儒家。《淮南子》於此並未加以分辨。又墨家學說至漢已經式微，蕭公權，《中國政治思想史》(二)，八章，一節，＜墨學之消沉＞，頁261，論之甚詳，曰：「雖當《淮南》成書之時，尙有墨徒。」❹，其❹：（同書，頁276）：曰「……然今《淮南》中絕少墨家言，且每譏墨徒。（如＜假眞訓＞之云：）……或其力已微，故不能與他家抗衡。」蕭先生所言甚是，在《淮南子》書中，很難見到墨子的思想痕迹。故《淮南子》並未分辨儒墨之同異。

> 矣。今儒墨者，稱三代文武而弗行，是言其所不行也。非今時之世而弗改，是行其所非也。稱其所是，行其所非，是以盡是極慮而無益於治。」（〈氾論訓〉）

是故儒者之說守舊而不通時變，其說難行於世也。

儒者崇名好譽，道德行爲名聲是美之大也。倡導仁義，則爲求名譽而有僞詐之假仁假義[13]。是故道家以爲「及至禮義之生、貨財之貴而詐僞萌興。非譽相紛，怨德並行。於是乃有曾參孝己之美而生盜跖、莊蹻之邪。……矜僞以惑世、伉行以違衆，聖人不以爲民俗」（〈齊俗訓〉）。

總而言之，《淮南子》以道德之本末關係，本爲性命之情，末爲仁義禮樂兩者關係，批評儒者不重根本而求其末，以道德之本質與形式之架構批評儒者常誤認爲形式卽爲道德之本質，常拘泥於形式而不知達權通變。以歷史社會進化觀批評儒者守舊而不知時變，以致於其說之難行。最後以其崇名好譽而偏邪於僞飾而使道德變質。認爲「立仁義，脩禮樂，則德遷而爲僞矣。及僞之生也，飾智以驚愚，設詐以巧上」（〈本經訓〉）、「禮義飾，則生僞慝之儒矣」（〈齊俗訓〉）。

六、社會倫理項目

《淮南子》的社會倫理的道德項目，是根據《孟子》的仁義禮智樂的項目發展出來的，但卻與《孟子》也有所不同。《孟子》

---

[13] ＜齊俗訓＞曰：「仁義立，則道德遷矣。禮樂飾，則純樸散矣。是非形，則百姓眩矣。」

的道德項目是由人的本性、人心裏頭本有的道德情感開展出來。《孟子・告子上》認爲:「惻隱之心，仁也；羞惡之心，義也；恭敬之心，禮也；是非之心，智也。仁、義、禮、智，非由外鑠我也，我固有之也。」由此可見《孟子》的仁義禮智是人心本具有的，內在而固有的德性。而《淮南子》卻注重仁義禮智與樂表現於外在行爲的形式，以及這些形式對他人的影響，此其異也。

當人衆群居雜處之時，即形式社會，即定有社會倫理規範，即有道德項目。而因爲行爲的形式與性質之不同，因而其所依據與表現的道德項目也就不同，其中項目繁多，而其較爲重要者則是仁義禮樂智。

(一)仁

儒家所提出的仁義禮樂其根源來自於親情。「親親，仁也。」其基礎也建立在父子之親的「孝悌也者，其爲仁之本與!」⑭孟子說得最徹底，將仁義禮樂皆根立於親親的基礎之上。其言曰:「仁之實，事親是也。義之實，從兄是也。智之實，知斯二者弗去是也。禮之實，節文斯二者是也。樂之實，樂斯二者，樂則生矣。」⑮但是，儒家的仁義禮樂(尤指孔孟的)，雖由親情爲起點，但其實施卻不僅限制在家庭的關係上，而是通過「推己及人」的方式推廣到社會與天下。

從孔孟的仁義禮樂看來，其基本的基礎是奠立在「情感」。《淮南子》一方面接受了這種以感情爲基礎的道德項目，另一方

---

⑭ 《論語・學而》。

⑮ 《孟子・離婁上》。

面則不再將其限於家族，而推廣與定位在人與人之間、人與社會之間所需的情感關懷與聯繫。這是《淮南子》潛意識地跟隨儒家的路線，因而以情感去詮釋這些道德項目，而在仁的解說更顯出以愛詮釋仁的特色。

《淮南子》認爲「仁者愛人」（〈泰族訓〉）、「偏愛群生而不愛人類，不可謂仁。仁者，愛其類也」（〈主術訓〉）。仁是人內心所發的「不忍之色」，「唯惻隱推而行之」（〈主術訓〉）而加之於外在對象者。其客體所受之愛而有其效者，則爲「恩」。故曰：「仁者，恩之效也。」（〈齊俗訓〉）「仁者，積恩之見證也。」（〈繆稱訓〉）然而此恩，既不過少，亦不溢多，恰如其分，故曰：「仁不溢恩也。」（〈齊俗訓〉）

仁重在施捨，亦即在於爲惠，「爲惠者，常布施也」（〈主術訓〉），施捨則因爲不足與缺乏。惠則在其受益，當在於貧乏不足而能施惠，則能免於爭。是以《淮南子》曰：

> 「逮至衰世，人衆財寡，事力勞而養不足，於是忿爭生，是以貴仁。」（〈本經訓〉）
>
> 「今夫積惠重厚，累愛襲恩。……掩萬民之性，使之訢訢然。人樂其性者，仁也。」（〈俶眞訓〉）

由此可見，仁在於「恩」、「愛」，而使人免於忿爭而樂其性，故曰：「仁者，所以救爭也。」（〈本經訓〉）

再者，「仁者，愛人」。爲政者以仁爲心，施之於政，如此「愛人則無虐刑矣。……刑不侵濫，則無暴虐之行矣。上無煩亂

之治，下無怨淫之心，則百殘除而中和作矣。此三代之所昌。……故仁莫大於愛人。」（〈泰族訓〉）

總而言之，《淮南子》以「愛」、以「恩」釋仁，說明了人類除了衣食之需求，除了政治之治理外，還需要一種情感的生活，這種情感最爲首要者卽是仁，卽是愛，卽是恩。愛，不僅是父子之親的愛，擴而至社會人與人之間，也需要愛與恩。愛是情感的關懷，恩是施惠，這種恩愛才能使人團結而感到生活於斯才有意義。此者，《淮南子》之所見也。

(二)義

《淮南子》說：「義者，宜也。」（〈齊俗訓〉）「義載乎宜之謂君子，宜遺乎義之謂小人。」（〈繆稱訓〉）宜，卽是合適、正當、恰如其分。義是人在社會中行爲舉止處事之合宜與正當。因而義表現在社會人與人之間交往之人際關係中，恰如其分的行爲。所以說：「義者，所以合君臣、父子、兄弟、夫婦、朋友之際也。」（〈齊俗訓〉）「體君臣、正上下、明親疏、等貴賤、義也。」（〈俶眞訓〉）這卽是說，每人根據其身分，而在這種人與人的人際關係中，了解其當下的身分而把穩其當下的身分與他人關係之際而恰如其分的行爲，卽是「宜」。

再者，義也是行爲之正當。《淮南子》說：「仁鄙不齊，比周朋黨，設詐諝、懷機械巧故之心，而性失矣，是以貴義。……義者，所以救失也。」（〈本經訓〉）這種正當與不正當是表現在「處事」，人對事物之間，「必以取予明之」（〈齊俗訓〉）。

由此可見，義之表現，一在「待人」是否爲宜；另一在「處事」，則是正當或不正當。然則何謂宜？何謂正當？宜，《淮南子》又說:「循理而行,宜也。」(〈齊俗訓〉)但是循得是什麼「理」?蓋劉劭《人物誌》上說:理有道之理,事之理,人情之理,義之理⑯。從這點看,理的性質有各種之不同,也有各種之差異,《淮南子》並沒有明確的分辨,也沒有明確的指出是屬於什麼理,不過就其行文中把君臣、父子等等關係而言,推而論之,該是屬於人情之理,卽是「待人」之理。那人情之理有客觀標準嗎?或是主觀的意見?《淮南子》說:「義者,比於人心而合於衆適也。」(〈繆稱訓〉)顯然的,宜,卽是衆人之心認爲合適或不合適。如此而言,義是根據衆人主觀的意見所認定的合適或不合適,而不是根據某一客觀的標準以判定。那麼這樣看來,義旣是衆人主觀的意見,則是否有「是非」可言?《淮南子》說:「天下是非無所定,世各是其所是,而非其所非,所謂是與非各異,皆自是而非人。」(〈齊俗訓〉)由此可見,衆人主觀的意見難以定「眞是」、「眞非」,卽難以「是非」論,也難以說眞理或不是眞理。蓋眞理之衡量必須要有客觀之標準的「衡」與「量」才能衡量是或非。再言之,宜或不宜是衆人主觀的認定,是意見的問題而不是客觀標準衡量的問題,總言之,義是衆人所認爲宜不宜、適合不適合的問題,而不是合乎客觀標準的「是」或「不是」的眞理問題。

綜論之,義在待人方面,卽根據行爲者的「身分」而定的

---

⑯ 見劉劭,《人物志・材理・四》曰:「若夫天地氣化,盈虛損益,道之理也。法制正事,事之理也。禮敬宜適,義之理也。人情樞機,情之理也。四理不同。」是故理的性質不同,則其認知與應用亦有異。

話，則也難涉及到眞理的問題。蓋一人之「身分」也者，是相對的關係，而不是絕對的。所謂相對的，是一人當中可具多種身分，且這種身分隨著與相對者之關係的變動而變動。例如一個人可爲某人之部屬，亦可爲另些人的長官，或一時爲某一人之部屬，在他時，亦可爲此某人的長官。這種身分關係，變動不居。當然，有些某種關係，光是指定某人，則是絕對。譬如李世民的父親是李淵，則這種關係是絕對的，改不了的。但君臣、朋友，甚而是夫婦關係則是變動的。這種絕對與相對關係的混淆，很難說「是」說「非」，而在這種關係中行爲的形式，最好是以「宜」或「不宜」論，而不是以「是非」論。

又以義處事，那是正當不正當。所謂正當不正當，卽是非其所宜有而取之，謂之不正當；非其所宜行而爲之，謂之不正當。而正當不正當，也在於宜或不宜，也是在爲公衆所認定，合於人心而已。譬如某人爬山，甚飢餓，摘取無主之果樹之果子而食之，則可；摘取某家果樹而未得其允許，則不正當。如此視之，飢而採摘果子，是事實問題，是否有採摘，此可以眞或不眞論。採摘是否爲偸盜，則是正當不正當而論。故義以宜論而非以眞理與否而判定。

(三)禮

禮，是體察人內在之情感而表現於外的儀式與規範。《淮南子》說：「禮者，體情以制文者也。……禮者，體也。」(〈齊俗訓〉) 禮儀是規範社會人與人之間交往之不同的儀式之表現。「禮者，所以別尊卑，異貴賤。」(〈齊俗訓〉)

禮之規範表現在「有別」而定其大分。根據社會各種身分的差別而定其應盡之義務與禁止其侵越。是以《淮南子》曰:「陰陽之情，莫不有血氣之感，男女羣居雜處而無別，是以貴禮。……禮者，所以救淫也。」(〈本經訓〉)

「禮者，實之文也。……禮因人情爲之節文。……禮不過實。」(〈齊俗訓〉)禮之儀式卽文飾的形式，也就是文貌或態度。其所表現之儀式文飾要與「實」(實情、眞情)相當，所謂相當，卽是恰如其分，不過也莫不及，「制禮以佐實喩意」(〈齊俗訓〉)，文不過實。

禮亦表現內心之情感，情感之表達要與外在之形貌相稱。故云:「喜怒哀樂，有感而自然者也。故哭之發於口、涕之出於目，此皆憤於中而形於外者也。……故強哭者，雖病不哀，強親者，雖笑不和，情發於中而聲應於外。」(〈齊俗訓〉)禮之眞實，在於眞誠之情感，沒有眞誠之情感，則「德遷而爲僞矣」(〈本經訓〉)。

在制禮儀方面:禮之體(本也)在於實，禮之文在於儀。禮之體在於誠與敬，而禮之文儀形式，則可因俗而異，因時而制宜，因地而適其事。是故:

> 「五帝異道，三王殊事。……此皆因時變而制禮者也。……先王之制，不宜則廢之。末世之事，善，則著之。是故禮樂未始有常也，故聖人制禮樂而不制於禮樂。……聖人法與時變，禮與俗化。……而欲以一行之禮，一定之法，應時偶變，其不能中權亦明矣。」(〈氾論訓〉)

綜而論之，禮的本質在於要表達內在的眞實感情的流露，而用儀式或文貌或狀態加以文飾。禮亦是內心之情緒——喜、怒、哀、樂的適當的表達。禮之體現要根據兩點：一者是要具有內在的本質，眞實的感情或情感是眞誠。二者是表達形式或態度，狀態要適當，不能過份或是不及，其要在於適中。再者，形式之表現，可有多樣化，因時、因地、因人、因事而異，不能拘謹於某一形式而爲標準而評論是非。形式的表達難有標準，「禮云，禮云，玉帛云乎哉，樂云，樂云，鐘鼓云乎哉！」⑰一事之表現，該送多少禮品，要多貴重，是難以訂個標準，婚姻嫁娶，要多少聘金，難以以一統一價錢論之，其在於身分、地位、貧富、時地之不同而不同。但其要點，要在於眞誠的情感或感情而已。是故禮之判斷，不在其眞理是非，而在於宜與適而已。

(四)樂

《淮南子》論樂之起源云：

「凡人之性，心和欲得則樂。樂斯動，動斯蹈，蹈斯蕩，蕩斯歌，歌斯舞。歌舞節則禽獸跳矣。人之性，心有憂喪則悲，悲則哀，哀斯憤，憤斯怒，怒斯動，動則手足不靜。人之性，有侵犯則怒，怒則血充，血充則氣激，氣激則發怒，發怒則有所釋憾矣。

故鐘鼓管簫，干鏚羽旄，所以飾喜也。衰絰苴杖，哭踊有節，所以飾哀也。兵革羽旄，金鼓斧鉞，所以飾怒也。必有其質，乃為之文。」（〈本經訓〉）

---

⑰ 《論語・陽貨》。

因此，所謂樂，卽是人本有喜、怒、哀、樂之情緒，有這些情緒之實情，乃用藝術之形式，以適當地表達出來。此處之所謂「樂」的意義要注意分辨之，一者指情緒中的快樂之情，另一者是指音樂。不過在此行文中，樂不只指音樂而已，且是表達情緒——喜、怒、哀、樂——的外在藝術的形式。這種藝術形式，可用聲音表達以成歌，以手足之動以成舞，以圖畫顯形謂之美術，以文字歌咏謂之詩賦，以事物彫其形態謂之雕刻等等。總之，樂（或藝術形式）之表達是爲了表現情緒。

人的情緒，喜、怒、哀、樂之表達，尤其是怒之發作，常會蕩而失控，失控則濫，濫則其行爲不淨，或傷害他人而有所釋憾，這便是「淫」。而當情緒失控而淫則失節而不德矣。所以樂（情緒）必須要有節，以節制情緒而毋使淪於不道德。是故《淮南子》曰：「性命之情，淫而相脅，以不得已則不和，是以貴樂。……樂者，所以救憂也。」（〈本經訓〉）因此，樂（情緒）之表達要通過（藉著）樂（藝術形式）以適當之發洩、疏通，宣導而勿使淫濫，而使樂（情緒）昇華，是爲樂（藝術）之功能。

(五)智

道德行爲是否合於道德項目，則是在由心意發之於行爲則經由道德判斷，其推論判斷之得當與否則在於智。智有兩方面，一者爲道德知識，二者爲道德判斷之智慧。而一個正確的道德行爲卽是道德項目與智之結合。《淮南子》說：

「偏知萬物而不知人道，不可謂智。偏愛群生而不愛人類，不可謂仁。仁者愛其類也。智者不可惑也。仁者雖在斷割之中，其所不忍之色可見也。智者雖煩難之事，其不闇之效可見也。內恕反情，心之所不欲。其不加諸人。由近知遠，由己知人，此仁智之所合而行也。莫貴於仁，莫急於智，仁以為質，智以行之。兩者為本，而加之以勇力辯慧。捷疾劬錄，巧敏遲利，聰明審察，盡衆益也。身材未脩，伎藝曲備，而無仁智以為表幹，而加之以衆美，則益其損。故不仁而有勇力果敢，則狂而操利劍，不知而辯慧懷給，則棄驥而不式。雖有材能，其施之不當，其處之不宜。適足以補僞飾非，伎藝之衆，不如其寡也。故有野心者，不可借便勢，有愚質者，不可與利器。」(《主術訓》)

由此可見，行仁需智爲之判斷。智，是心之一種認知、理解、推論、判斷的能力。凡是一件行爲，須由心之認知、判斷、認可而後行之，這是智之發與表現。《淮南子》認爲人人都肯定道德是善而當行，仁義是好而可愛亦當爲，凡是行爲皆當依道德之義而行。然而其所行爲之效果卻各有不同，其道德品性或爲君子或爲之小人卻有殊別其理安在？《淮南子》曰：

「人之視白黑以目，言白黑以口。瞽師有以言白黑無以知白黑。故言白黑，與人同。其言白黑，與人異。入孝於親，出忠於君。無愚智賢不肖，皆知其為義也。使陳忠孝行，而知所出者，解矣。

凡人思慮，莫不先以為可而後行之。其是或非，此愚智之所以異。」(〈主術訓〉)

是故，人之感官有目盲而不能視白黑，而心亦不知白黑。而心之於知理也，亦有盲焉，雖欲知而不能判知。而人之於道德仁義也，雖欲行之，亦知該當由之，行之。然而卻不知道德仁義之「何謂」也，故無所從由，亦不知何從行之。此者，知與不知，知深知淺，皆爲智之事也。

而仁，爲惻隱之心、爲愛人。《孟子》曰由事親起，《淮南子》則推之於愛衆。行仁，善也，好也，當行也，此人人皆知也。然而，仁爲內心惻隱而愛之動機，動機之體現必形之於外在行爲，其行爲則施之於人、於事。如此，則與他人或事有所關聯焉。其成效，雖由之於愛仁而出，然其結果未必爲善，或者爲惡。譬若庸醫開刀，雖有惻隱之心，然致人於死地，何則？其仁雖具而其智不足也。是故僅有仁愛之心，不足以成德行，須有智之合也。合於義者爲宜，爲正當；不合於義者爲不宜，爲不正當。其宜或不宜，正當或不正當者何？曰：「以義爲制者，心也。」賴其智以知慮，以推論，以斷決也。然則，其他禮、樂之行是否爲宜不宜、正當不正當者，其維繫在於心而其關鍵在於智。

七、批評

總而論之，《淮南子》以人爲社會動物，人最根本而最原始的社會是先「造端乎夫婦」，而後成爲家庭。這種家庭在原始自然界，個人優游（漫遊）的生活方式中不容易維持其穩固性，這是在社會進化史中伏羲氏之前的狀況。而當神農氏時與以後時代，發展了農業，農業的生活方式因其生產地（資源）有固定的空間，因而其居民也因「居」而穩定，家庭遂能穩定居住下來，而後衍生為家族、部落等。在這穩定的社會中，儒家遂依據「親親之道」而以感情為主的仁義做為社會倫理道德的基礎，以禮樂為其表現形式，遂擴及到整個社會，規範了各種關係秩序的倫理德目。是故《淮南子》曰:

> 「昔者五帝三王之蒞政施教，必用參五。何謂參五，仰取象於天，俯取度於地，中取法於人。……中考乎人德，以制禮樂，行仁義之道，以治人倫而除暴亂之禍。……故立父子之親而成家。……立君臣之義而成國。……立長幼之禮而成官，此之謂叅。制君臣之義、父子之親、夫婦之辯、長幼之序、朋友之際，此之謂五。」（〈主術訓〉）

因此，以仁義禮樂智配合參五（三綱五常）而行之，而構成一個社會倫理道德規範。

在這社會倫理道德體系中，基本上是以感情與情緒為骨架，而以理智審斷之。感情是以仁為核心，仁者愛人，仁為愛之關懷，本是由父子之親，推而廣之於社會、人類。人當為道德的內在動機，動機必須展現於外在的行為，其行為之效果則有合適不合適，即是宜，宜是衆多條件之調和而無過與不及之處。另者行為亦有正當不正當；即是應該不應該的問題。宜與正當即是義。禮、樂是外在行為之顯現，禮樂的根基處，基於內在的情緒。情緒表現於儀式者為禮。表現於藝術形式者為樂（廣義的），而智是心的思慮、認知、判斷的能力。智在此能判斷宜或不宜、正當或不正當，這與義配合，做為仁、禮、樂的審斷者。另外，智，尚有認知的功能，即是知是知非，知道是非，即是認知眞理，依據事實認知而得眞確之實情，即是知道是非或眞理。以此，做為道德審斷之根據與參考。

由此可見，此者為《淮南子》根據孟子所論展開為社會倫理的理論。

八、總 結

在此總論中將本文社會倫理作一精要的結論。

首先，《淮南子》雖注重個人道德品性之修養，但也肯定社會倫理、仁義、樂智的重要。《淮南子》認為人不僅是個人而且是社會動物，因而不同意莊子攘棄仁義禮樂智。而在價值等級上雖低於道德，但仍有價值而有存在的必要。

社會倫理，仁義禮樂智根據儒家的學說而形成，產生於家庭的親親之仁。從社會性而言，人是感情與情緒的動物，感情的生活尤其是仁愛、惻惓的同情，在社會上是必需的而且重要的。情緒形之於外，要有節制與調和，而有適當的表達方式也是重要的。

對於仁義禮樂智社會倫理的出現，《淮南子》以中國古代社會進化的階段，肯定是在神農氏農業社會家族的穩定形成家族、部落展現出來，我覺得是相當合理的。而將此親親之情推展至社會層面，也是比先秦老莊進一步擴展，也是合理的，由此而不否認、也不排斥儒家仁義禮樂智的價值也是合理的。

《淮南子》以法家的因時而備變的歷史進化觀批判儒家的禮樂之僵化而不適用性，以及批判其復古之迂腐，這一點也是值得參考的。

《淮南子》以「情」字貫透了儒家的仁義禮樂智的道德項

目，說明以情為道德根基時，以對道德行為之論斷僅能以宜不宜、正當或不正當、該不該去論斷，而難以以「是非」即眞理之標準去論斷。這是非的論斷該交付予客觀的道德標準性——正義之法為基準去審斷，這也是比儒家的學說更進了一步。

總之，《淮南子》在本文中將儒家價值肯定了，也將其道德項目定位了，也將其適用性給予設置了，也限定了。再與道家之道德，法家之正義之法配成一完整的道德論體系。

第三章　法與道德

《淮南子》嚴厲批評商、韓嚴刑峻法之殘酷而違背人性，因而以道家之道與儒家之仁義對法加以改造而使之合於道德。

一、法之道德意義

法，正義之法，是全體大衆（包括君主、大臣、官吏、百姓）共同遵守的客觀道德標準，它與普通倫理道德規範有一點差別，即是它賦有公權力的強制性。

法是社會進化到國家政府的形成，甚而是天下一統的帝國的形成，由政府所頒佈的統一客觀標準的規範，加上正義，即構成道德的客觀標準。這是《淮南子》將先秦法家之法加以改良後所形成的理論，下文將詳論之。

《淮南子》將先秦之法改良後加以道德化，法與道德結合作爲整個社會全體人員共同遵守的客觀標準規範。法是社會進化到國家統一的政治組織，由主權者設立有關全體人員共同遵守的標準規則，以及設定政府與全體人員之關係與行爲所該遵守之標準規則，並賦予威勢之強制力以執行者，並賦之以賞罰之裁決力。

《淮南子》依據中國社會進化歷史，認爲法爲大一統帝國時代的必然產物與必需，將法加以道德化變成全體人員該遵守的正義之法的目的性，如此則擺脫商、韓以法爲箝制人民，推行耕戰的工具性，使法之目的在於利民與禁君使勿擅斷。法的最高指針是仁義道德，法是根據人性與道德而設立，非爲君主恣睢的工具；法律是神聖的禁制規範，超越威勢與在君主主勢之上，是法律規範限制權勢，不是權勢濫用法律。

二、批判商、韓

《淮南子》法的思想源自先秦法家。先秦法家分爲兩大派：一爲齊法家，以管子、愼到依據道家之道、自然與儒家之仁義道德爲法之根本的自然法學派；其二是晉法家，以商鞅、韓非根據歷史觀、現實主義，以因時而備變的實證法學派❶。兩派根據雖有差異，但在法之精神：注重公道、公平、客觀、標準、普遍、平等、公佈、強制之特徵卻相同。又秦王朝推行商、韓之法，雖能收併吞六國、統一天下之效，但因暴虐無道、殘害人民，引起抗暴，不旋踵卽被推翻而消滅。漢朝人對於秦之苛政暴虐、嚴刑峻法甚爲痛恨，因而將罪過諉屬於商、韓之助紂爲虐，因此對之嚴厲批鬥。是故《淮南子》法之思想較傾向於管愼的自然派，而批鬥商韓學派之弊病者。

因此，《淮南子》從法之功能，嚴刑峻法，背反道德，本末倒置，而對秦王政、商鞅、韓非展開嚴厲之批判。

---

❶ 中國先秦法家自然法派與實證法派之分類可參考：戴東雄，《從法實證主義之觀點,論中國法家思想》，三文印書館，六十八年再版，臺北。另可見拙著：李增，<愼到法之思想>，國立編譯館館刊，卷一八，一期，七十八年六月，頁159，二：自然法派與實證法派。

首先，《淮南子》指責秦之暴政，秦皇為己私之利，對人民實行經濟剝削，工役奴隸，峻法禁錮，殘暴為虐，不取道德。其言曰：

「秦之時，高為臺榭，大為苑囿，遠為馳道。鑄金人，發適戍，入芻稾，頭會箕賦，輸於少府，……道路死人以溝量。當此之時，忠諫者謂之不祥，而道仁義者謂之狂。」（〈氾論訓〉）

而法，正是秦皇為自己享樂，不顧人民死活的壓榨工具。秦皇殘暴，豈有仁義之心？

秦皇自私，專制恣睢，掌握權勢，務求至尊，強兵兼併，重法棄義，以至覆滅。《淮南子》評之曰：

「仁義者，治之本也。今不知事脩其本而務治其末；是釋其根而灌其枝也。且法之生也，以輔仁義。今重法而棄義，是貴其冠履而忘其頭足也。故仁義者為厚基者也。不益其厚而張其廣者毀，不廣其基而增其高者覆。趙政不增其德而累其高，故滅。……不行仁義而務廣地，故亡。」（〈泰族訓〉）

「故亂國之君，務廣其地而不務仁義，務高其位而不務道德，是釋其所以存而就其所以亡也。」（〈氾論訓〉）

商君之法，正是為推展富國強兵實行農戰的工具❷，而不顧道

---

❷《商君書》全書的篇章皆與富國強兵之政策有關，其中尤以<墾令>、<農戰>、<去彊>、<壹言>……更注重之。

義。《淮南子》曰:

「晚世務廣地侵壤，并兼無已。舉不義之兵，伐無罪之國，殺不辜之民，絕先聖之後，大國出攻，小國城守，驅人之牛馬，傒人之子女❸，毀人之宗廟，遷人之重寶，血流千里，暴骸滿野，以贍貪主之欲，非兵之所為生也。故兵者，所以討暴，非所以為暴也。……用兵有術矣，而義為本。本立而道行，本傷而道廢。」(〈本經訓〉)

由此可見，秦王將兵做爲侵略掠奪的工具。而法，卻做爲驅策強兵施暴的符咒。

總而言之，《淮南子》不滿商、韓將法淪落爲尊君專制暴政的護身符，厭棄將法做爲富國強兵侵略的工具。尤其批評其法完全背離道德之根本，而導致滅亡。其次，批評其嚴刑峻法，苛削煩瑣，百姓塗炭，不僅不足以爲治，而且抱薪救火，愈治愈亂。《淮南子》曰:

「今若夫申韓商鞅之為治也，捽拔其根，蕪棄其本，而不窮究其所由生，何以至此也？鑿五刑為刻削，乃背道德之本，而爭於錐刀之末，斬艾百姓，殫盡太半❹，而忻忻然常自以為治，是猶抱薪而救火，鑿竇而出水。」(〈覽冥訓〉)

❸ 高注:「傒，繫囚之繫，讀曰雞。」

❹ 高注:「斬艾百姓，以草木諭也。不養之也。殫，病也。太半，過半也。」

所謂的「刻削之法」即是嚴刑峻法，嚴刑即是輕罪重刑，罰過其罪，譬如棄灰者斬❺。峻法即是重法，即所訂標準過高、百姓無能力負擔，實踐與遵守。淮南子認爲這種嚴刑峻法不僅不能爲治反而毆民於亂。其論之曰：

「亂世之法，高為量而罪不及，重為任而罰不勝。危為禁而誅不敢。民困於三責，則飾智而詐上，犯邪而干免。故雖峭法嚴刑，不能禁其姦。何者？力不足也。故諺曰：鳥窮則噣，獸窮則𧍰，人窮則詐，此之謂也。」（〈齊俗訓〉）

「商鞅為秦立相坐之法而百姓怨矣。……然商鞅之法亡秦，察於刀筆之跡，而不知治亂之本也。」（〈泰族訓〉）

再者，事煩政苛亦爲致亂之源。《淮南子》曰：

「趙政❻晝決獄而夜理書，御史冠蓋，接於郡縣覆稽趨留，戍五嶺以備越，築脩城以守胡。然姦邪萌生，盜賊群居，事愈煩而亂愈生。」（〈泰族訓〉）

秦王政之長年征戰與修築大工程，再加上嚴刑峻法，人民不堪受

---

❺ 《韓非子・九・內儲說上七術・倒言七右經》：「殷之法，棄灰於公道者，斷其手。」關於商、韓的重刑理論，請參見，李增，《淮南子思想之研究論文集》，華世出版社，七十四年，臺北，四篇＜淮南子對先秦法家之法之批判＞，頁 174～175 以及頁179～181。

❻ 高注：「趙政，秦始皇帝。」

奴役，因而群起抗暴而推翻暴政。因而《淮南子》認爲「令苛者民亂，城峭者必崩，岸崝者必陁❼，故商鞅立法而支解，吳起刻削而車裂」(〈繆稱訓〉)、「峭法刻誅者，非覇王之業也。箠策繁用者，非致遠之術也」(〈原道訓〉)、「故高不可及者，不可以爲人量，行不可逮者，不可以爲國俗」(〈齊俗訓〉)。由此要「除刻削之法，去煩苛之事」(〈覽冥訓〉)，而修道德之本。

因此，《淮南子》認爲以嚴刑峻法不足以治國，國之所以存者，道德也。

> 「國之亡也，雖大不足恃。道之行也，雖小不可輕。由此觀之，存在得道而不在於大也，亡在失道而不在於小也。……故亂國之君，務廣其地而不務仁義，務高其位而不務道德，是釋其所以存，而就其所以亡也。」(〈氾論訓〉)
>
> 「故事不本於道德者，不可以為儀。……故五子之言（商鞅、申子、韓非、蘇秦、張儀）所以便説掇取也，非天下之通義也。聖王之設政施教也，必察其終始，其縣法之儀，必原其本末，不苟以一事，備一物而已矣。」(〈泰族訓〉)

故曰：治國之本在於道德，「本立而道行，本傷而道廢」(〈本經訓〉)。

總而言之，《淮南子》批評商、韓之法根本的弊病在於「背道德之本而爭於錐刀之末」，「重法而棄義」(〈泰族訓〉)，「法與義相非，行與利相反」(〈齊俗訓〉)，而不以道德爲本，故曰

---

❼ 高注：「崝，峭也。陁，落也。」

商鞅以法亡秦。

三、法之社會進化

《淮南子》認爲以「法」治國是依據社會進化事實之發展而需要。由於社會發展的事象不同，因而治理社會事象的設備也就不同，這是「世異則事異，事異則備變」的歷史社會進化的緣故。法度禮籍便是爲應時而備變的設置，所以《淮南子》認爲：

> 「法度者，所以論民俗而節緩急也。器械者，因時變而制宜適也。……夫殷變夏，周變殷，春秋變周，三代之禮不同，何古之從？……世之法籍與時變，禮義與俗易。」（〈氾論訓〉）

法制是應時而變，不變而「據籍守舊教，以爲非此不治，是猶持方枘而周員鑿也」（〈氾論訓〉）。

歷史進化的事實是：「伏羲、女媧不設法度，而以至德遺於世。」（〈氾論訓〉）「夫神農、伏羲不施賞罰，而民不爲非。」（〈氾論訓〉）五帝三王行仁義❽，戰國行法治❾，其具體的敍述如下：

---

❽ 高注：「五帝：黃帝、顓頊、帝嚳、帝堯、帝舜。三王，夏禹、殷湯、周文王。」

❾ 見<覽冥訓>，指「申（不害）、韓（非子）、商鞅之爲治也。」即以商鞅、韓非子法治之學說推行於秦者也。

「神農無制令而民從。唐虞有制令而無刑罰，夏后氏不負言，殷人誓，周人盟。逮至當今之世⑩，忍詢而輕辱，貪得而寡羞，欲以神農之道治之，則其亂必矣。」（〈氾論訓〉）

「當今之時，天子在上位⑪，持以道德，輔以仁義。」（〈覽冥訓〉）

「法之生也，以輔仁義。」（〈泰族訓〉）

「太上神化，其次使不得為非，其次賞賢而罰暴。」（〈主術訓〉）

換言之，伏羲、神農依據自然，無爲而治，五帝三皇以人爲的仁義感化，戰國至秦則爲法治，當今之世（《淮南子》之時），文景以黃老之法，武帝則儒法兼用。故曰：「法以輔仁義」。

四、法之目的

在法之目的上，首先要探討的是國家、人民、主權（君主），法與道德等彼此之間的關係。

政治最基本的目標在於保持國家的存在，維持國家存在的根本條件是什麼？先秦法家商鞅、韓非認爲是力，即是富國強兵。但是《淮南子》觀察到秦的力散而盡而亡的結局，就認爲國家之存在不在於「力」，也不在於「大」，而認爲「國之所以存者，道德

---

⑩ 高注：「謂淮南王作此書時。」
⑪ 高注：「天子，漢孝武皇帝。」

也」(〈氾論訓〉)、「國之所以存者，仁義也。……國無義，雖大必亡」(〈主術訓〉)。

但構成國家最重要的要素，也是國家的基礎者則是人民。而君主在古代是掌握主權者，乃是寄託在國家裏，國亡則君亡，國存則君存，所以國家爲君主的根本，因而《淮南子》說:「民者，國之本也。國者，君之本也。」(〈主術訓〉)

而「法」，則是規範政府組織，也是國家全體人員共同該當遵守的標準規範。法是最高的準則，法高於君主權威，法不是君主權勢的奴僕，也不是政策下的工具。法是合乎道德的，生於義，合乎正，且是公道、平等、普遍的。所以法之根源來自於道德，也在輔佐道德。《淮南子》說:

「法生於義，義生於衆適，衆適合於人心，此治之要也。」(〈主術訓〉)

「事不本於道德者，不可以為儀，……其縣法立儀，必原其本末。」(〈泰族訓〉)

「法之生也，以輔仁義。……仁義者為厚基者也。不益其厚而張其廣者毀。不廣其基而增其高者覆。」(〈泰族訓〉)

《淮南子》堅決主張法須以道德仁義爲主，仍是認爲法爲維繫國家存在而不斷裂的繩索，而這種繩索只有以道德仁義才能增強其堅韌性。沒有道德，法索是脆弱，甚而是手銬腳鐐。法只有道德仁義，才能維護與保障人民的權利。所以《淮南子》政治關懷的重點在於「民」，認爲民爲國之本。因而主張「治國有常，而利民爲本。政教有經，而令行爲上」(〈氾論訓〉)。

既然，國之本在民，而治國在於利民，因此法的消極作用便在於防止權勢對於民之侵犯與壓迫。所以法的功能便在於限制權勢的濫用，而其掌握最高權勢者則爲君主。由此，法便在於禁制君主使毋胡作非爲，亦在於作爲君主自己本身行爲的標準。《淮南子》說:「法籍禮義者,所以禁君使無擅斷也。人莫得自恣則道勝，道勝而理達矣。」(〈主術訓〉)「人主之立法，先自爲檢式儀表，故令行天下。」(〈主術訓〉)另一方面，法亦爲君主治國統治臣民指揮處事的依據標準:「法者，天下之度量而人主之準繩也。」(〈主術訓〉)「故法律度量者，人主之所以執下。」(同上) 但是,人在處事之時，常受種種因素⓬之干擾而不得當。是故執法者須除去干擾的因素而依據法。其言曰:「人主之於用法,無私好憎，故可以爲命。……使人主執正持平，如從繩準高下。……(執此) 權勢之柄，其以移風易俗矣。」(〈主術訓〉)如此,執法則能「公道通而私道塞」(〈主術訓〉)，而能爲治。

由此觀之，《淮南子》認爲治國、君主之意志與行爲、利民全然以法爲準繩，而法又以道德仁義爲其根本。法之從屬於道德，莫過於此。

五、法與道德之融合

《淮南子》所主張的法，即是將法加以道德化，將法的優點與道德仁義禮樂相結合，始爲完善之法。而人主也須具有道德、

⓬ 指內在的情感，愛欲憎惡恨，與情緒：喜怒哀樂懼。與外在的干擾，譬如物質的價値如金銀珠寶，社會價値，富貴功名等干擾。詳論見<淮南子修養論>(同❺)。

仁義、法之素養始能治國。在這論點裏，《淮南子》結合了道家的道德、儒家的仁義、法家的法術之優點而構成了法治的學說。

(一)法與道德

《淮南子》認爲道是宇宙萬物之本根，道賦與萬物之性，是謂自然之性。而「率性之謂道」(〈齊俗訓〉)，道有道理，爲物之所導，故法須據「道理之數，因天地之自然」(〈原道訓〉)。譬如：

> 「稷辟土墾草，以為百姓力農，然不能使禾冬生，豈其人事不至哉？其勢不可也。夫推不可為之，勢而不脩道理之數，雖聖人不能以成其功。……是故聖人舉事也，豈能拂道理之數，詭自然之性，以曲為直，以屈為伸哉？未嘗不因其資而用之也。」(〈主術訓〉)

所謂「因其資而用」其在於「物有以自然，而後人事有治也」(〈泰族訓〉)，即是因其自然之性與自然之喜惡而制法度，「知性之情者，不務性之所無以爲。……直行性命之情而制度可以爲萬民儀」(〈泰族訓〉)。是故：

> 「聖人之治天下，非易民性也。於循其所有而滌蕩之。……入學庠序，以脩人倫，此皆人之所有性，而聖人所匠成也。……人之性，有仁義之資，非聖王為之法度而教導之，則不可使鄉方。故先王之教也，因其所喜以勸善，因其所惡以禁姦，故刑罰不用而威行如流，政令約省而化燿

如神，故因其性則天下聽從，拂其性，則法縣而不用。」（〈泰族訓〉）

由此可見，法須因自然之性而制度。

再者，法天下無常法，唯在遵循道理而變其法，道不變，而事隨時而變、法備亦因事而變。《淮南子》曰：

「聖人所由曰道，所為曰事。道猶金石一調不更，事猶琴瑟每絃改調。故法制禮義者，治之具也，而非所以為治也。……天下豈有常法哉？當於世事，得於人理，順於天地，祥於鬼神，則可以正治矣。」（〈氾論訓〉）

換言之，在於得其道，要「因道全法」⑬，得其道理之數而後可以制法度。要「明於天道、察於地理、通於人情」（〈泰族訓〉）而後可以論道制法，因此立法必依於道。

《淮南子》所謂之「德」是「得其天性謂之德。」（〈齊俗訓〉），「得其天性」即是得其心之恬愉清靜。心能恬愉清靜即在內除其嗜欲，外能拒絕外物之誘引而至於無所好憎，無所好，憎即在執法時即能無私而公道，即能「執正持平，如從繩準高下」（〈主術訓〉）。在一方面，心能恬愉清靜即能濂清智明，「智者，

⑬ 見《韓非子・八・大體二九》。<大體篇>之文章，前半又見於《愼子・逸文》（見臺灣中華書局，《四部備要・愼子・逸文十》），<大體篇>的法之思想爲自然法之思想，該歸類於愼子的作品較爲妥當。<大體篇>的思想與《帛書老子》（河洛圖書出版社），所刊的《黃帝四經・經法》：「道生法」（頁193）的思想較接近。

不可惑也。……智者雖遇煩難之事，其不闇之效可見也」(〈主術訓〉)。是以智明則能公正，公正則不偏而爲執法者所必備之德也。《淮南子》曰:「是故非澹漠，無以明德。非寧靜，無以致遠。非寬大，無以兼覆。非慈厚，無以懷衆。非平正，無以制斷。」(〈主術訓〉)由此可見，澹漠、寧靜、寬大、慈厚、平正即是道德、仁義，法之心理基礎，也即是道、儒、法三家德性的精華所結合的執法者所必具的人格道德修養。

(二)法與仁

「仁者，愛人也。」(〈泰族訓〉)「仁者，愛其類也。……仁者雖在斷割之中，其所不忍之色可見也。……內恕反情，心之所不欲，其不加諸人。由近知遠，由己知人。……唯惻隱推而行之。」(〈主術訓〉) 由此可見，仁者由於愛人而有惻隱之心，由己心反恕，因而在執法之時則不會酷虐苛削而免於殘暴。故曰:「愛人則無虐刑矣。」(〈泰族訓〉)如此，雖在執法行刑，亦不傷恩。再者，仁者惻隱愛人，故在立法亦不會制定嚴刑峻法而苛虐人民。仁者以恩團結百姓而得其擁護愛戴之心、得其效忠，而不以威嚇嚴刑迫其耕戰。故仁者不以嚴刑峻法以虐民。

(三)法與義

「法生於義，義生於衆適，衆適合於人心。此治之要也。」法必須合於正義，所謂「義」，即是宜也、適也。「宜」與「適」，即是合理與「是」及「可以」。這種適、宜、合理，是與可表現在主觀人心的認定與客觀標準的相合。在主觀的認定方面並不限於個人主觀的認定——尤其不是君主一人的認定——因爲個人主觀的認定常受私欲之蠱惑、私智之偏見與短視所迷糊，因而其所見常爲成見，而其可者與是者常不得於眞理而不得其「宜」，亦不「合適」。因而主觀的認定要取之於「衆適」，就是衆人之所見、所聽、所聞而皆曰可者，即是「衆適」。然而「衆適」亦未必合於絕對眞理，其或未免於「非」而「不適」亦「不宜」，則必再以「人心」反覆思慮考察以至於「眞是」，是爲得道而後始合於義者。

再就以合於客觀的合適而言，即是以法爲客觀的標準爲衡量的基準。這種標準的思想是來自於工商社會發達後所取的公共採納的工具標準：尺寸、權衡、準繩、規矩、模範。這種標準是來自於社會大衆公共的約定俗成，也是合於「衆適」的。當「合於衆適」大家認定之後便成爲客觀標準。以有客觀標準爲準則，就能排除主觀的偏執，這是先秦法家所共同主張的學說⑭，也是《淮南子》所接受肯定的標準。「衡之於左右，無私輕重，故可以爲平。繩之於內外，無私曲直。故可以爲正。」（〈主術訓〉）由此執法者當排除主觀的偏見與私欲，亦當排除外在因素的壓力與干擾，採納並尊重客觀的標準——法——而爲治理國家的準則⑮。《淮南子》說：

「人主之於用法，無私好憎，故可以為命。夫權輕重，不差蟁首。扶撥枉橈，不失鍼鋒，直施矯邪，不私辟險。姦

⑭ 指自然法派：《管子》、《愼子》、《黃帝四經》，與實證法派：商鞅、《韓非子》對法之屬性——客觀標準、普遍、平等、公平、公佈、強制——之理論是相同的。

⑮ 同❺，頁165～170，㈢法之標準客觀。

> 不能枉，讒不能亂，德無所立，怨無所藏。是任術而釋人心（之私智私欲）⑯者也，故為治者不與焉。」（〈主術訓〉）

故曰:「法者，天下之度量而人主之準繩也。」(〈主術訓〉)

再者，法所應用的範圍是普遍的，即是無論貴賤，在它所限定的範圍內被限定者，人人都有遵守的義務，這是普遍法，不分階級，不論身分——君主、王公貴戚、官吏、平民們在法律之前，人人都必須遵守法律，不遵守者，不論身分地位都要被強制接受法律的制裁，沒有特殊，這是平等。普遍與平等是相結合的⑰。《淮南子》說:

> 「縣法者，法不法也⑱。設賞者，賞當賞也。法定之後，中程者賞，缺繩者誅。尊貴者不輕其罰，而卑賤者不重其刑。犯法者，雖賢必誅，中度者雖不肖必無罪。是故公道通而私道塞矣。古之置有司也，所以禁民使不得自恣也。其立君也，所以剬有司使無專行也。法籍禮義者，所以禁君使無擅斷也。人莫得自恣則道勝，道勝則理達矣。」（〈主術訓〉）

先秦法家在法的範圍打破「禮不下庶人，刑不上大夫」的不普遍性與不平等。《韓非子》主張「刑過不避大臣，賞善不遺匹

---

⑯ 括弧內之字爲筆者所加。
⑰ 同❺，頁162～165。
⑱ 高注:「以法制裁不法者也。」

夫」，雖法不阿貴，然其禁未及於君主，不可謂之普遍平等。《管子》更進而要「君臣上下貴賤皆從法」，雖可謂之普遍，然尙不如《淮南子》明確地宣告「法籍禮義以禁君使勿擅斷，使勿自恣」，要「人主立法、先自爲檢式儀表」（〈主術訓〉）來得強硬有力。

這種依據法之標準所及的範圍是普遍，所施的分子是人人罰當罰、賞當賞，皆在法律之前平等，卽是公正、公平、公道的表現，這在道德上便是「義」。這也就是《淮南子》所說的「法生於義」的涵義。

六、法與道德風俗

最後，就禮樂廉恥風俗與法之關係而論之。以先秦道家認爲，禮樂常誤導人僞飾奸詐，這是從負面上看，因而要毀棄禮樂。但從正面而言，禮之本在於敬，也在於讓，樂之本在於宣憂解愁，正當之娛樂在於防淫，且可調和群體之情感溝通，其有益於風俗之化善而美，使民陶冶於風俗之化善而寡過無邪。如此尙德則有益於法治。《淮南子》認爲風俗在於「通」，通其善道，塞於姦邪。曰：

「風俗猶此也，誠決其善志，防其邪心，啓其善道，塞其姦路，與同出一道，則民性可善而風俗可美也。……所以貴聖人者，非貴隨罪而鑒刑也，貴其知亂之所由起也。若不脩其風俗而縱之淫辟，乃隨之以刑，繩之以法，法雖殘賊天下，弗能禁也。……桀以夏亡，紂以殷亡。非法度不存也，紀綱不張，風俗壞也。」（〈泰族訓〉）

風俗是一社會一時的風尚或風氣，也是一社會某一時對某事物之喜好或作爲。風尙或風氣猶如時潮，其汹湧而上，莫可拂逆，其善者可順而激，其惡者難以抵擋而法難以禁止。禁不勝禁，僅能以德導之疏通，或防患於未來。故風俗不可縱之淫辟，淫則難禁，僅能以禮樂善導，風化於無形使之爲善，若風俗美善，則民之爲德爲主動積極，更甭刑罰之禁。

再者，道德是積極主動地爲善，而不只是被動消極地不爲惡。《韓非子》強調法之功能在於「使民不爲非」⓳而不貴其積極主動地爲善。《淮南子》就反對這種論點，認爲法治之能成功也需人民主動而積極地守法，認爲法是合於義，而守法也是合於義，不義是可恥，因而不守法也是可恥者，建立人民的道德人格，主動守法卽是合乎道德。不苟爲非，爲非卽是可恥，「不苟」卽是廉。有禮義廉恥之心，然後法則通行。無道德之基礎，則法窒礙難行。《淮南子》曰：

> 「民無廉恥，不可治也。非脩禮義，廉恥不立，民不知禮義，法弗能正也。非崇善廢醜，不向禮義而無法，不可以為治也。不知禮義，不可以行法。法能殺不孝者，而不能使人為孔曾之行。法能刑竊盜者，而不能使人為伯夷之廉。」（〈泰族訓〉）

由此可見，法之推行須以禮義廉恥做基礎。刑法只能勉強禁止人

⓳ 商鞅、《韓非子》之法對人民的行爲是採取重刑、威嚇主義，主要在消極地禁止人民爲非，而不隨適然之善。《淮南子》之法是法生於義，且法以輔仁義，故有鼓勵人民爲善之舉。

們爲非，卻不能促使人從事主動積極爲善。所謂「只能勉強」之意者即是若風俗敗壞，若禁制之力所不及者，即「禁止」之效力未能達及之，則不能禁止人民爲非。此者說明刑法之禁爲阻止人民被動不爲非。而道德之可貴，在於主動積極地爲善。《淮南子》例舉歷史上許多事實以說明之。

> 「太王亶父處邠，……而國乎岐周，非令之所能召也。秦穆公為野人食駿馬肉之傷也，飲之美酒，韓之戰，以其死力報，非券之所責也。宓子治亶父，巫馬期往觀化焉，見夜漁者得小卽釋之，非刑之所能禁也。孔子魯司寇，道不拾遺，市買不豫（二）賈，田漁皆讓長，而斑白不戴負，非法之所能致也。……賞善罰暴者，政令也。其所以能行者，精誠也。」⑳（〈泰族訓〉）

由此可見，道德的善則是人心主動而積極的作爲，這種作爲並不是僅限於被動消極的不爲惡而已。先秦商、韓之以嚴刑峻法，告姦連坐，利用人情趨利避害，以政令來賞善罰暴，一旦權勢控制不住，則人民競而爲非，國家亦爲之土崩瓦解，秦之覆亡，即是歷史的借鏡。《淮南子》有鑑於此，認爲法之基礎不在權勢，亦不在威嚇，而在於道德仁義。這個論點是對的。

七、結語

總觀《淮南子》法之思想，其卓越特出之論點結語如下:

⑳ 詳論見＜泰族訓＞原文（《淮南鴻烈解》，河洛圖書出版社，頁5）。

*1.*法必須以道德仁義爲基礎，與道德相結合。

*2.*法應用於政治層面，是國家全體人員共同遵守的規範。

*3.*法是歷史社會進化的產物。

《淮南子》嚴厲批判商鞅、韓非關於法之思想，反對將法作爲君主奴役人民的桎梏與政治富國強兵的工具。而且嚴刑峻法、刻削殘暴，與法不正義公道，違背人性，認爲商、韓之法是亡國的原因。

法是歷史發展中社會進化到某一階段因時而備變的產物。

在法之目的上，主要在於治國之功能。《淮南子》認爲決定國家存在的要素在於道德、仁義而不在於大小。君主因國家存在而存在，國家存在的要件在於人民的向心力與擁護，人民的向心力與擁護由於仁義道德而形成。

君主治國要依據道德仁義爲基礎，其所引用之作爲準繩之法亦需具有道德仁義。道德與法並非互相矛盾衝突而不相容，而是互相結合的規範。

法是全體人員共同必須遵守的規範，從君主，官吏到庶民一律都要遵守。君主是掌握權勢者。掌權者不能以權勢濫用法，而應受法的規定與節制。換言之，是法限制權勢於合法地應用，法超越權勢之上而非權勢的奴僕。因而法籍禮義是禁止君主擅斷而濫用權勢，防止其恣睢暴虐者也。法雖不能脫離政治，但並不是政治政策的附庸，而是超越政治目的之上。政治目的亦不能踰越法籍禮義之規範。

立法所依據的根本原理是道，不能違背自然之性與道理之數。

執法者須有澹漠清靜之道德修養，不受私欲私智之干擾而後能公道、公正、公平。

制作法時須有仁愛惻隱之胸懷，才不會有虐法。其審判時亦不至於有虐刑。

法爲義，義是適宜與正當。在主觀上要尊重衆適，在客觀上要尊重法之標準，其使用範圍要普遍與平等。

法之推行仍需要道德禮義廉恥做基礎，無善良風俗者，難以推行法治。法須與道德結合才能使人發揮主動積極爲善。

《淮南子》之法思想是融合道家的道德，儒家的仁義禮智，法家的法術等三家思想的精華而成。其法之思想雖受商鞅、韓非子所影響，卻是經過嚴厲批判後去其弊病而採取其精華，加以道德化而成精闢之論者。

第四章　總論道德

在本總結論上，本文全篇從道德思想的結構與正反兩方面的意義評述之。

在道德思想源流上，《淮南子》繼承先秦道家的道德，儒家的仁義，法家的法術思想，並將其融合之而欲以道德貫穿之。

在融結三家道德思想精華上，先秦儒道法的道德思想，在基本態度上本來彼此就互相對抗、衝突、排斥，各自是其立論而非議其他爲異端。《淮南子》在融結三家思想的過程中則是消除其矛盾，應用自己的思想體系，將先秦三家的立論加以改頭換面，並非原封不動而不加以批判地接受。利用這種方法消極先秦各派極端的論點，而後再加以融合。

在融合的架構方面：《淮南子》將道家的道德、儒家的仁義、法家的法，以社會歷史進化論，「世異則事異，事異則備變」的論點，以縱的發展階段加以定位。列表如後：（表一）

在此表上，《淮南子》利用歷史社會進化，承認三家的道德學說分別出現在不同的時代，而且在當時有其因時而備變的價值與出現，而合於當時代的需要。到了帝國統一後三者可融合爲一，將三者之橫面關係給予恰當的定位。道家嚮往伏羲前之自然世界個人漫遊的日子，崇尚自然素樸的道德，注重個人之修養。

儒家據說產生在神農時代而始於農業社會的部落，歷經堯舜

表一

	橫行是歷史次序的演變。			
世代	上古	中古	今古	今世
歷史時代	伏羲之前	三王五帝	春秋戰國	西漢初期
社會組織	個人漫遊	部落	國家政府	帝國一統
道德根基	個人德性	家族人倫	社會全體	統一融合
道德項目	道德	仁義禮樂	法	道德融合
學說派別	道	儒	法	三家合一
	縱行是各種同等因素相關性。			

禹湯至文武。道德根基起於親親之道，推至於社會倫理道德項目：仁義禮樂。

法家起源於春秋戰國，是工商業發展時，崇尚客觀標準；在國家政府公權力強固時，利用權力以推行法，要求社會全體一律平等，普遍適用，是以法的標準性為準。

到了漢代，在文景武帝之時，則力求將儒、道、法三家的學說加以融合，而去其衝突對抗性，將道家的道德觀定位在個人品德修養，將儒家的仁義禮樂應用在社會倫理德目，尤其是在情感方面的道德化的項目，其判斷是取決於衆人所認定的「適宜」，而廣泛地應用於社會人際關係、禮俗、風俗。再者，將法家的法，應用到個人與政府之間的關係上，應用於全體普遍上，其基本精神是正義、公道、公平，其標準性注重在客觀的標準性。《淮南子》巧妙地將三家同時分別地應用至個人、社會、國家的範圍上。

但在論述心態上,《淮南子》主觀上較偏愛道家,以《老子》的「失道而後德，失德而後仁，失仁而後義，失義而後禮」，禮失而後法令滋彰、盜賊多有的心態評論其價值。

道德 —— 仁義禮樂 —— 法。

三者等次價值，道德最高，仁義次之，法最末。《淮南子》雖然等差三者彼此價值的高下，但皆承認其價值，並不絕棄仁義禮樂與法令滋彰。而將它縱的分別出現於先後時代，橫的分置於個人道德修養、倫理德目、國家政治全體遵守標準。

在道德、仁義、法三者彼此關係影響之處理上，《淮南子》以本質與形式， 絕對與相對，內在與外在，眞誠與僞飾，質與文，本與末等彼此相對又相關之關係上，處理問題的矛盾與融合。

在理論方面，《淮南子》消除先秦儒、道、法的對抗性，並不採納道家的反儒與反法的絕仁棄義，法令滋章的立論，也不效法儒家守舊循古的態度與過分滯守人文，忽視道家崇尚自然之教與法家之法的時代需要。而在最後更反對暴虐苛殘、違背仁義、忽視道德的嚴刑峻法，。先秦三家的缺點，《淮南子》皆加以批判與改善，這是正確的。

在論述中，《淮南子》始終以「道」一以貫之整個理論體系，以道之自然、眞理、眞誠、素樸等貫穿在全篇各部分；以仁愛豐滿、溫和滑潤其思想體系，而消除了道家的淡漠寂寞、法家的嚴峻刻峭；法家以法爲客觀、公道、公正、公平的標準，而法之普遍平等又用於限制君主的威勢、主術、使毋擅斷等問題,而啓發了道德問題之應用在政治問題上，之應用在社會羣體個人與個人、個人與羣體、個人與社團、社團與社團等之間如何需求有公道、公平、公正、標準、普遍平等的道德規範，法律與道德又如何結合等問題。在大一統的帝國，或在國家與人民之間，或在世界各國、各種族之間，如何設定這種道德標準普遍平等的規範？在秦漢統一大帝國的時代，或在工商社會崇尚標準規範的社會，《淮南子》即察覺到法與道德結合而爲群體道德標準的重要。這個問題在今日工商社會，進入世界性的社會的中國，尤其更顯得重要與需要。畢竟，道德問題雖然要注重個人修養成德（這在中國倫理學史是最重要的論題），但由親親之道所展開的家族倫理德目：仁義禮樂智等五倫道德，也很重要。這種以「情感」爲基點的理論也很有價值，但以整體道德規範標準的道德或法（《淮南子》的法已道德化，不同於商韓之法統爲政治工具），及以理性與感情結合的道德規範標準的問題，在大一統帝國更爲重要。在今日的中國，這種理論顯得缺乏且迫切需要。我想，《淮南子》將法加以道德化的理論是有啓發作用的，不過，其中忽略了道家的自然，也有指自然界的意思。在今日人文（人爲）嚴重破壞自然（或自然界）之際，也激發出一些道德問題，即是環境污染、動物絕種，植物界受到破壞，這些問題在科技發達時代就顯得十分嚴重。道家注重自然，而《淮南子》雖注重道家，但並未依據道家自然之理論提出自然生態與道德之間相關的理論。這點我們則須額外地注意。

在思想源流取捨上，《淮南子》較偏愛道家，因而在儒家的道德理論——仁義禮樂上的解說縮了水，萎縮、貧瘦了先秦儒家的理論，而只將其囿限爲某一項的德目。相對於孔、孟、荀的學說，《淮南子》的仁義禮樂的學說是吃了瀉藥，拉了肚子使人貧瘦病容的學說而消失了原始儒家的豐滿美態。對於先秦法家商鞅、韓非子法之理論上，是苛責多而無讚賞，似乎有點流於情緒化的激動而少以寧靜平心地探討。其實商、韓立論在戰國並爭之時，如何能摶力征服羣雄，是個重要的時代需要，商、韓的理論促使秦能以偏隅之地而併吞六國，破滅群雄，其理論當有一些價值，不可磨除不提。其秦之消滅，也有人爲的因素（譬如，秦二世的昏庸與趙高奸詐），或時勢的潮流（六國勢力尚有餘燼），帝國基礎未穩等等，多方面的原因促使秦的覆滅，不能純粹歸縮，也不能等同於商、韓理論的缺失。這是不能全面過分苛責商、韓的。

以上是本篇的鳥瞰與結論。總的一句話，《淮南子》的道德思想雖由宗法各門派的賓客所寫，但不是拼湊的拼盤，不是作者群中，各人之思想所七拼八湊成的，而是融合爲一貫體系的思想系統的雜家，其融合的方式架構與立論，乃是消除各家極端、融會各家優長，鑄鎔自已的系統，有其可觀之處。

第三篇《淮南子》社會進化論

一、緒　論

自戰國以來，先秦諸子提出中國古代社會進化的理論❶。老莊從天人之關係（自然與人文社會）提出人類從自然到人文社會的演化，並說明道德的演化是道德仁義禮樂的衰頹。老莊對於社

❶ 本篇標題爲「淮南子社會進化論」。其中「進化」譯自英文（evolution），本是有進化、演化、發展之意，故是進化之意義爲演化。譯爲進化，其中之「進」似乎有進步之價值判斷，與退化相對。《淮南子》社會進化（或演化）之學說，是從人類之知識、文化、政治、戰爭、道德。其中除了道德觀跟隨著老莊的步調在評價上採取退化的論調外，其它的論說皆追隨法家商鞅、《韓非子・五蠹》的進化觀。因而從全面評估上，《淮南子》的社會演化，實際上是進化的。在先秦，道、法兩派採取相反路線的演化論。道家抱持悲觀的道德與文化退化論。《老子》第三八章，《莊子》的外篇：<馬蹄>、<駢拇>、<胠篋>、<在宥>，皆是退化論調。法家主張法後王，採取社會歷史的進化論。《商君書》中的<更法>、<開塞>，《韓非子》的<五蠹>更爲深刻。儒家則較保守，孔、孟以堯舜爲理想時代，荀子法後王亦以禹爲聖人。《淮南子》的社會歷史進化思想，其骨幹是採納商、韓的進化態度，而改造道家的退化觀（語氣較溫和，以舊瓶換新酒的方法加以改頭換面），而批判儒家的復古（尤其在禮樂典章制度方面），故是進化論的。

會演化從自然到人文的改變，與道德的墮落，基本上是抱著退化而悲觀的。儒家孔孟則法先王，將道德與政治的理想，一直定住在堯舜文武周公。其演化觀雖不像莊子要將理想寄託在容成氏、渾沌氏、伏羲氏的原始自然世界，但在「法先王」上，則使歷史觀停滯不前。荀子不法先王而欲法後王，認爲後王的文物比先王完備，較有進步的思想。法家提出「世異事異，因時而備變」的進化的歷史觀，商鞅從政治體制的改變與用人制度的變化提出歷史社會是進化的，必須要更法以適「因時而備變」❷。韓非從經濟的變動提出法治的必要。基本上，法家的歷史觀是社會進化論的，認爲社會進化是進步的。

《淮南子》的歷史觀接受法家的社會進化的思想，認爲社會進化是進步的，但是在這種理論上的立論，卻比先秦法家的更爲廣濶與深刻，也更爲豐富。《淮南子》在這個理論上，是結合了道家的自然與人文、道德之退化的觀點，也採取儒家重學、重知識、重人文發展的理論，更接受法家的政治制度、治術，甚而戰爭的方式都在進步的思想。由此承繼了先秦豐富的文化遺產進而融合貫通而更發揚光大。

《淮南子》的社會進化論在廣度上則比先秦諸子的理論更具有全面性。其探討之範圍爲：(一)從自然至文明之進化。(二)知識之進化。(三)生活方式之進化。(四)社會經濟之進化。(五)倫理道德之進化。(六)社會風俗之進化。(七)社會政治之進化。(八)政治治術之進化。(九)戰爭方式之進化。這些論題就比先秦

❷ 見《商君書》：<更法>、<開塞>，與《韓非子・五蠹》所論的歷史觀。

諸子的社會進化論的內涵更廣濶與深奧。本文將其歸納爲自然與人文、生活方式與經濟、倫理道德風俗、政治與戰爭（包括治術）的論題分別探討之。

二、自然與人文

(一)從自然至文明

人類在文明開創以前的狀態，是與原始自然協合爲一的生活，沒有明晰的知識，也無仁義道德觀念，無人爲法制，完全與原始自然融爲一體。《淮南子》說:

> 「古之人，有處混冥之中，神氣不蕩于外，萬物恬漠以愉靜。……當此之時，萬民猖狂，不知東西，含哺而游，鼓腹而熙（戲也），交被天和，食于地德。不以曲故，是非相尤，茫茫沈沈，是謂大治。於是在上位者，左右而使之，毋淫其性，鎮撫而有之，毋遷其德。是故仁義不布，而萬物蕃殖；賞罰不施，而天下賓服（高注：服其德也），其道可以大美興，而難以算計舉也。……夫魚相忘於江湖，人相忘於道術。」（〈俶眞訓〉）

在這段話中，《淮南子》所舉的時期爲人類尙在原始大自然「渾渾蒼蒼，純樸未散」（〈俶眞訓〉）的混冥狀態，尙未有嚴密的社會組織，亦尙未有人爲的文化；尙未有知識，不知東西，亦未有是非，故未有相非；亦未有人爲的道德觀念，故不知仁義❸；亦未有強迫性的法制，因而未有賞罰，這是完全未受人爲文化所汚染的自然純樸時期，人們生活天眞，不受外物與價值觀引誘而淫亂的「至德之世」。人們生活在此時期，最是如魚得水、自然而然地自在，故稱之爲相忘於道術。

由此可見，道家深切厭惡人爲或有爲（文化文明）破壞自然純樸，因而描述大自然原始生活爲人類理想的「至德之世」，一方面固然配合了道術惚兮恍兮的渾沌理論，另一方面，從人類的進化言之，未嘗不合於史實或事實。（只是人類那時尙未有文字記載成爲史書，卻不能說沒有歷史事實。）但是當人類的知識開始覺醒之後，跟著「人爲」的文化文明就啓蒙了，而後就對大自然要求理解分析，而後欲望開展，受誘於外物，而失其純樸而詐僞，之後更能以知識之助而飾詐，或更能以奸巧助紂爲虐，而失其純樸愈甚而德愈遷。聖人有見於此而求「反性於初」，欲返歸於虛靜以求道德，而去其私智與機械之心，以免疫於其干擾。由此可見，人類之私智與機詐之智愈發展，則人類之德性未必更趨進於善反而有墮落退化的現象。這是先秦老莊所抱持的觀念。也是《淮南子》所承認的。但是有一點不同的是，《淮南子》認同老莊的是私智、聖巧之知導致道德之退化，但對於眞正的知識、眞理、道之眞知，以及科學之知（有助於人類生活改善者之科技知識），《淮南子》認爲是進化的，越往後代的發展越是發達進步，而這種進步的價値，《淮南子》認爲是正面的而不是負面。這點

❸ 《淮南子》所稱的原始自然時期是指伏羲氏之前的時期。人類的生活方式與大自然混成一片，是個人優游而尙未有聚集定居的社會生活，亦尙未有人文文化的發展。

就與老莊不同。以下就論知識之進化。

(二)知識之進化

如果人類天生地沒有具有異於禽獸者的能力，那麼他就沒有辦法像異於禽獸者擺脫如禽獸般地過著原始自然的生活，如同禽獸般地生活於自然環境，受自然環境的制約、限制，只能與自然相諧和而不能違背或抗拒，或加以改造自然環境，甚而變更之。但是人類，畢竟具有異於禽獸的天賦能力，具有這種天賦能力，使他除了能與自然環境相協合外，更能異於禽獸地能不受自然環境全然地制約、限制、控制，而能與之相協合，亦能改造自然，更能制天❹而控制自然，利用自然，而創造人文世界。

這種異於禽獸的天賦能力是什麼？即是理性——就是人能知慮，能「積」知識，能教化施順（訓），能「知能流通」，亦能創造，更能延續傳遞於他人與後代，亦能保留其知識。這種能力，當人聚群居過著社會團體生活時，便能由認知、接受他人的知識經驗，互相傳遞流通，互相改進創造，保存較眞實的知識，揚棄不眞實的知識，使這社會群體的知識經驗從點到面的橫層擴大，從淺到深的縱貫加深，從個人到群體，從上一代至這一代延續到後

❹《荀子・天論篇》最能代表這種參天、制天的思想。其言曰：「天有其時，地有其財，人有其治，夫是之謂能參。……大天而思之，孰與物畜而制之，從天而頌之，孰與制天命而用之。望時而多之，孰與騁能而化之。思物而物之，孰與理物而勿失之也。願於物之所以生，孰與有物之所以成。故錯人而思天，則失萬物之情。」荀子這種強調「僞」（人爲也）的思想，重視人文，制服自然與老莊的崇自然，反人文（人爲）的思想是打對臺的。

一代。如此從個人個別的認知經驗進而融合到群體社會知識，知識就不斷地擴大、增厚。又從個人彼此各別的特殊經驗知識（譬如農耕、木匠製器、鐵匠鎔金、士人施敎）互相配合、補充、互補互助，而過著彼此便利的群居社會生活。這便是人能認知、得知識、傳播知識使他漸漸擺脫原始自然的生活，進而創造人類的文明文化。

人類能有知慮能力，進而吸收他人的經驗知識而內化爲己有，而且累積知識經驗，如此遂使越後代的就比前代的知識經驗更是擴大、增厚，並能延續創造，如此地知識越往後代越進步，人文世界越發達。這樣，使他不但擺脫了自然原始的生活而進化到人文世界，而且在群居社會的知識文明文化越是進化。

中國古代的歷史，在先秦諸子的描述裏也正是如此。莊子著重在原始自然的生活自由，無人虐之迫害殘酷，因而嚮往伏羲氏之前的渾沌氏、容成氏的時期。儒家著重在堯舜、法家在法後王。《淮南子》集積古代歷史傳說，認爲古代文明擺脫原始自然是逐漸進化至文明的。這種文明的進化是工具的進化、社會制度的進化、生活方式的進化等等全面性的進化，而其中最重要的是知識的進化帶動了其他的進化，知識是文明的火車頭，是從原始自然駛進人文世界的機車引擎。《淮南子》認爲在伏羲時，人類就破除童蒙，而到神農、黃帝就開始進入文明，其知識文明進化的程序，《淮南子》曰：

「至德之世，甘瞑于溷澖之域（高注：無垠虛之貌），而徙倚于汗漫之宇，提挈天地而委萬物（高注：不以身役物也），以鴻濛爲景柱，而浮揚乎無畛崖之際……當此之時，莫之領理，決離隱密而自成，渾渾蒼蒼，純樸未散。旁薄為一而萬物大優(高注：饒也)，是故雖有羿之知而無所用之。

及世之衰也，至伏羲氏，其道昧昧芒芒然，吟德懷和，被施頗烈，而知乃始，昧昧晽晽，皆欲離其童蒙之心，而覺視於天地之閒。是故其德煩而不能一。

乃至神農黃帝，剖判大宗，竅領天地，襲九窾，重九熱❺，提挈陰陽，嫥捖（高注：和調也）剛柔。枝解葉貫萬物百族，使各有經紀條貫。於此，萬民睢睢盱盱然，莫不竦身而載聽視，是故治而不能和。

下棲遲至于昆吾夏后之世（桀也），嗜欲連於物，聰明誘於外，而性命失其得。

施及（商）周室之衰，澆淳散樸，雜道以偽，儉德以行，而巧故萌生。

周室衰而王道廢，儒、墨乃始列道而議，分徒而訟，於是博學以疑聖，華誣以脅衆。弦歌鼓舞，緣飾詩書以買名譽於天下。繁登降之禮，飾紱冕之服。聚衆不足以極其變，積財不足以贍其費，於是萬民乃始慲觟離跂，各欲行其知偽以求鑿枘於世，而錯擇名利。是故百姓曼衍於淫荒之陂，而失其大宗之本。

夫世之所以喪性命，有衰漸以然，所由來者久矣。是故聖人之學也，欲以反性於初而游心於虛也。」（〈俶眞訓〉）

從人類知識進化的主題上，可看出中國古代知識進化的階段

❺ 高注：「竅，通也。領，理也。襲，因也。窾，法也。熱，形也。言因九天九地之形法，以通理也。」

是，在伏羲之前是「渾渾蒼蒼(高注：混沌之貌)」，「純樸未散」，不覺萬物有別與之爲一，故知識無所用之。伏羲氏昧昧芒芒，已有「結繩而治」，「仰以觀於天，俯以察於地」❻，以制八卦❼，至黃帝，已能分析剖判天地，分類萬物而「使各有經紀條貫」，「蒼頡作書，容成造曆❽，胡曹爲衣❾」。到了昆吾、夏后氏，對於外物有興趣，大禹治水，測地形、開龍門、導洪水❿，聰明投向自然萬物的測知。施及殷商，人類已失其樸素，而有藝術之文飾，巧僞之智詐。及周之時，王道廢而春秋紛爭起，仍有百家爭鳴，紛紛提出學術，異說紛紜，於是借知識「以行其智僞」，以周遊列國而販賣以求售於世主而得名利。於是諸子百家角鬥，「天下之人各爲其所欲焉以自爲方。……百家往而不反，必不合矣！後世之學者，不幸不見天地之純，古人之大體，道術將爲天下裂」⓫。是故「失其大宗之本」。

由此可見，《淮南子》所述中國古代知識（或文明）之進化，是合於古書所記載。在此，可歸納出一個原理：卽人類知識（文明）愈發達，則對機械之發明愈精巧，而對人類之生活愈便利，然而對自然純樸之破壞愈厲害。而在行爲上愈更智巧以行詐僞。此爲《淮南子》所致意也。

---

❻ 《易經・繫辭傳上》。

❼ 《易經・繫辭傳上》。

❽ <本經訓>高注「昔容成氏之時」云：「容成黃帝時造曆術也。」<脩務訓>高注云：「知日月星辰之行度。」

❾ <脩務訓>高注云：「易曰，黃帝垂衣裳。胡曹亦黃帝臣也。」

❿ <本經訓>：「舜乃使禹疏三江五湖、闢伊闕、導瀍澗。平通溝陸、流注東海、鴻水漏、九州乾。」

⓫ 《莊子・天下》。

三、生活與經濟

(一)生活方式之進化

《淮南子》認爲人類越是隨著知識的發展，愈是趨向於人爲文明，而生活方式也隨著改變，相對地，也愈是脫離自然並且對自然破壞性愈大。今觀其所言，曰：

(一)「太清之始也，和順以寂漠，質真而素樸，閑靜而不躁，推而無故，在內而合乎道，出外而調于義（高注：或作德也），發動而成於文（自注：合乎道也），行快而便於物。其言略而循理，其行俛(高注：簡易也)而順情，其心愉而不僞，其事素而不飾。……不謀所始，不議所終。安則止，激則行。通體于天地，同精于陰陽。一和於四時，明照於日月，與造化者相雌雄。……當此之時，玄元至碭而運照。……機械詐僞，莫藏於心。」

(二)「逮至衰世，鐫山石，鍥金玉。擿蚌蜃，消銅鐵⓬而萬物不滋。刳胎殺夭，麒麟不游，覆巢毀卵，鳳凰不翔。」

⓬ 所謂「消銅鐵」，筆者以爲金、銅、鐵，在太古時代，該未必能識辨而用之。此處之金，當指金屬之通稱而已。又趙雅博博士常言：《易經》之八卦，沒有金。則若傳說伏羲仰以觀於天，俯以察於地以畫八卦，則伏羲之前的時代尙不懂得金屬或利用金屬。而直到五行學說，則有金，則五行學說當是晚起。是故《淮南子》此文，可能是臆想而已。

(三)「鑽燧取火．構木為臺．焚林而田（田獵），竭澤而漁。人械不足，畜藏有餘，而萬物不繁，兆萌牙卵胎而不成者，處之太半矣。」

(四)「積壤而丘處，糞田而種穀，掘地而井飲，疏川而為利。築城而為固，拘獸以為畜。……菑榛穢（破壞野草櫒林），聚埒畝（疆畝），芟野菼（濫墾荒地），長苗秀，草木之句萌，銜華戴實而死者，不可勝數。」

(五)「乃至夏屋宮駕，縣聯房植。橑檐榱題，雕琢刻鏤……然猶未能贍人主之欲也。是以松柏箘露夏槁。……民之專室蓬廬，無所歸宿，凍餓飢寒，死者相枕席也。

(六)「及至分山川谿谷，使有疆界，計人多少衆寡，使有分數。築城掘池，設機械險阻以為備。飾職事，制服等，異貴賤，差賢不肖，經誹譽，行賞罰，則兵革興而分爭生，民之滅抑夭隱，虐殺不辜，而刑誅無罪，於是生矣。」

（〈本經訓〉）

從《淮南子》這段描述人類社會生活方式的進化中，可以分類爲六階段：

(一)完全自然原始狀態：這時人類純粹生活在自然界當中，與自然萬物相調和而無破壞自然之事。其生活行爲方式完全「通體于天地，同精于陰陽，一和于四時」，與自然物融和爲一體。其德純樸天眞率然而無知，實無機械詐僞之心。

(二)攫取自然物之時期：這時開始懂得攫取自然物、木石、金屬、貝殼、捉殺弱小動物鳥卵，對自然物利用而有破壞。

(三)漁獵時期：利用焚林方法而打獵，竭澤而漁，對於自然生物的生態環境已有破壞。

(四)農業時期：已懂得墾地爲田、畜牧家禽。這時對自然界生態平衡已破壞，而減損野生植物與野生動物的生存空間。在農業時期，人類每墾植田地一畝，即是侵佔野生的植物（野草或森林）一畝，而亦剝奪野生動物的生活空間。再者，人類增加農作物的耕地面積，即是減除自然野生植物的生長範圍，此外，飼養家畜的數量增加，即是消損野生動物的生存空間與數目，如此，即是破壞自然物生態的平衡。這點可由凡農業區愈發達，則野草、叢林則禽獸之生存空間與數量大爲縮小，因此農業時期的興起即已是大量破壞大自然物的生態。

(五)部落聚居時代：即有原始的酋長與族民或奴隸，已有建築物⑬，雕刻工藝，如此對森林的砍伐是種破壞，更甚一步破壞大自然。而且亦有政治組織出現，顯現出統治者與人民生活富貧的差別。這時人爲的不和諧已開始。

(六)城市國家的興起；這時不僅是對自然的破壞，而且形成人對人自已本身的迫害，《淮南子》稱之爲「人虐」。這時築城固然爲防禦敵人攻擊，但也是相等於限制人民居住、行動的自由⑭。社會的價值觀列有貴賤不平等，政治組織加強對個人的控制，刑罰更是加虐於人。這時「人爲」或「有爲」不僅破壞了自然，更

---

⑬ ＜脩務訓＞：「舜作室築牆、茨屋、辟地樹穀，令民皆知去巖穴，各有家室。」

⑭ 城的功能在防禦，然而其消極的功能也在於限制人民的自由出入。

是對人自己本身形成災害。

《淮南子》若生於今天的工技時代，看到工技產品，例如保力龍產品、核子等等對空氣、水源的汚染，城市對農業、自然界的破壞，原始動物、植物的絕種，不知如何感想。

(二)社會經濟之進化

《淮南子・脩務訓》(儒家派)認爲若無爲卽是「寂然無聲，漠然不動，引之不來，推之不往」，那是錯誤的觀念，那聖人，神農、堯、舜、禹、湯皆是有爲者。換言之，人類的文化文明是由人類之有爲者所創造，卽是對自然物如何應用、生產、改造、征服的過程，這便是經濟的發展過程，並且這種過程愈來愈複雜或發達。

《淮南子》認爲中國古代社會經濟的發展是由聖人漸進演化而成，他說:

(一)「古者民茹草飲水，采樹木之實，食蠃蠬之肉，時多疾病毒傷之害。」

(二)「於是神農乃始敎民播種五穀，相土地之宜，燥濕肥墝高下，嘗百草之滋味、水泉之甘苦，令民知所辟就。當此之時，一日而遇七十毒。」

(三)「堯立孝慈仁愛，使民如子弟，西敎沃民。……放讙兜於崇山，竄三苗於三危，流共工……殛鯀……。」

(四)「舜作室、築牆、茨屋、辟地、樹穀，令民皆知去巖穴。

各有家室。……」

(五)「禹沐浴霪雨，櫛扶風，決江疏河，鑿龍門，闢伊闕，脩彭蠡之防，乘四載，……平治水土，定千八百國。」

(六)「湯夙興夜寐，以致聰明，輕賦薄斂，以寬民氓，布德施惠，以振困窮，吊死問疾，以養孤孀。百姓親附，政令流行。……」

「此五聖者，天下之盛主，勞形盡慮，為民興利除害而不懈。……聖人憂民如此其明也，而稱以無為，豈不悖哉！」(〈脩務訓〉)

由此可見：

在(一)，自然界當中，人類只能採集自然物過生活，尚未有意識的經濟活動。

在(二)，神農已有意識地以親身實驗與實證，對自然物加以選擇，並且培植自然物，並且也懂得挑選與之有關條件之價值。

在(三)，堯開始覺悟到道德設立之重要，並且了悟到知識之重要並以設教，且擴展政治勢力至所轄邊界，並有強制力以「放」、「竄」、「流」、「殛」之罰。

在(四)，舜之時的經濟活動範圍不僅在「食」，且擴展至「住」的建築與改良。

在(五)，禹之時代，已能動員、運作團體的力量，以處理大工程之問題，並且有工具性的發明與運用，以平治水土。

在(六)，湯已顯然有稅收之制度，並且有社會慈善福利的創設，利用政治凝集力量以攻打敵人。凡此種種，皆在人類「有爲」文明之發展。

總而言之，人類的知識愈是進化發達，則人類愈能改善生產工具；人類愈能改善生產工具，則人類愈能改善生產方式。人類的生產方式一有變動，則經濟的生活與生活的方式亦隨著產生巨大的變動。這種巨大的變動性，雖是似乎由生產工具的改良而引起，或有人認爲《淮南子》這種論調是唯物論者，歷史是由經濟變動而變動者。其實不然，《淮南子》把歷史進化、生活方式之改變，基本上是奠立於知識，其更深一層的基礎，則是人是有「智慮聰明」者也。以下則論其道德與風俗之演化。

四、道德與風俗

(一)道德與演化

《淮南子》根據道家之道（形上學或本體論的）以及以自然界的道德，與以儒家建立在人的社會性的人爲制定的道德，作爲社會道德的進化理論的基礎。

道家的道德演化觀，是種退化觀，老子根據形上學的自然道德論，論述退化至人爲道德規範的禮樂。老子說：

「上德不德，是以有德；下德不失德，是以無德。上德無為而無以為，下德為之而有以為。上仁為之而無以為，上義為之而有以為，上禮為之而莫之應，則攘臂而扔之。故

失道而後德，失德而後仁，失仁而後義，失義而後禮。夫禮者，忠信之薄而亂之首。前識者，道之華而愚之始。」（三八章）

《淮南子》即根據《老子》提出道德之演化。曰：

「率性而行謂之道，得其天性謂之德。性失然後貴仁，道失然後貴義，是故仁義立，而道德遷矣；禮義飾，則純樸散矣；是非形則百姓眩矣，珠玉尊則天下爭矣。凡此四者，衰世之造也，末世之用也。夫禮者，所以別尊卑，異貴賤。義者，所以合君臣、父子、兄弟、夫婦、朋友之際也。……禮義飾，則生偽慝之儒。……古者民童蒙，不知東西，貌不羨乎情，而言不溢乎行。……鑿井而飲，耕田而食，無所施其美，亦不求得，親戚不相毀譽，朋友不相怨德。及至禮義之生，貨財之貴，而詐偽萌興。非譽相紛，怨德並行，於是乃有曾參孝己之美，而生盜跖、莊蹻之邪。」（〈齊俗訓〉）

「故道滅而德用，德衰而仁義生。故尚世體道而不德，中世守德而弗壞也，末世繩繩乎唯恐失仁義。」（〈繆稱訓〉）

《淮南子》何以稱「道滅而德用，德衰而仁義生」？蓋《淮南子》以爲在伏羲氏之前的人類，尙是個人優游地生活在自然界當中，尙未有群體聚集定居的社會群居聚落，因而就未能產生社會中，人與人之間的道德關係以及法律、政府組織等，而這些道德項目、法律條文等等，皆是人為的「約定成俗」者。所以《淮南子》說：「古之人，同氣于天地，與一世而優游。當此之時，無慶賀之利，刑罰之威，禮義廉恥不設，毀譽仁鄙不立，而萬民莫相侵欺暴虐，猶在于混冥之中。」（〈本經訓〉）由此可見，這時人類既然沒有人為的「慶賀」、「刑罰」、「禮義廉恥」、「仁鄙不立」之事，且一切按照其自然本性生活，而自己也不知自己本身按照本性生活，僅僅是無所為而為，自然而然，這即是「率性而行謂之道，得其天性謂之德」。老莊所嚮往的道德也就是萬物能盡其本性之道德，這是從本體論所言的道德，也是完全遵照人類自然本性而生活的道德。

但是當人類生育繁多而脫離優游群居，結成農業社會而定居時，即是所謂的「神農氏」之時，隨著人口的增長、經濟的匱乏、智詐的萌生、爭端的四起、道德的墮落，則這種按照自然本性生活的自然道德便日遭破壞。聖人為了防止爭亂，因而就創設人為規範，做為人人該當遵守的規矩，以維護社會安定。這種「規範」，便是人為的倫理道德的顯現。《淮南子》說：

> 「逮至衰世，人衆財寡，事力勞而養不足。於是忿爭生，是以貴仁。仁鄙不齊，比周朋黨，設詐諝、懷機械巧故之心，而性失矣，是以貴義。陰陽之情，莫不有血氣之感，男女群居雜處而無別，是以貴禮。性命之情，淫而相脅，以不得已則不和，是以貴樂。……夫仁者所以救爭也。義者所以救失也。禮者所以救淫也。樂者所以救憂也。神明定於天下而心反其初，心反其初而民性善。」（〈本經訓〉）

由《淮南子》看來，社會生活秩序的脫序，「忿爭生」、「設詐諝，懷機械巧故之心」、「失淫」、「無別」等等脫序失控，因而引起社會秩序大亂。爲了維持社會秩序之安定，才有種種道德項目的設置。再加上人類知識的進步，人類常利用知識行詐欺巧故，假借仁義道德之羊(揚)名而賣狗肉，更日益失其自然純樸眞誠之性。所以《淮南子》說：「立仁義、脩禮樂，則德遷而爲僞矣。及僞之生也，飾智以驚愚，設詐以巧上。」（〈本經訓〉）因此「能愈多，而德愈薄矣」（同上）。由此而言之；人類愈是脫離自然、愈趨向文明，則道德愈是每況愈下。《淮南子》說：「知神明，然後知道德不足爲也。知道德，然後知仁義不足行也。知仁義，然後知禮樂之不足脩也。」（〈本經訓〉）

再者，《淮南子》將古今的道德做一比照，以見今（秦漢）之不如古。其言曰：

> 「古者聖王在上，政教平，仁愛洽，上下同心。君臣輯睦，衣食有餘，家給人足。父慈子孝，兄良弟順，生者不怨，死者不恨。天下和洽，人得其願。夫人相樂，無所發貺。故聖人為之作禮樂，以和節之。
>
> 末世之政，田漁重稅，關市急征，澤梁畢禁，網罟無所布，耒耜無所設，民力竭於徭役，財用殫於會賦，居者無食，行者無糧，老者不養，死者不葬，贅妻鬻子，以給上求，猶弗能贍。愚夫惷婦，皆有流連之心、悽愴之志。乃使始為之撞大鐘，擊鳴鼓，……失樂之本矣。」（〈本經訓〉）

在此可以看出，整個社會國家的道德的良好與敗壞，其關鍵性在於「聖王」或「暴主」之領導。當聖王在位,其有卓越之領導，因而政治安定、經濟繁榮、上下團結，構成一個道德和諧的社會。而若是「暴主」的統治，則是壓榨剝削、控制桎梏，使民不聊生，而生活悽苦，反而自身縱欲奢侈。其本身之統治方式，便是個不道德。

再者,《淮南子》從君臣相對關係以論道德之彼此相報相對。《淮南子》說:

「古者上求薄，而民用給。君施其德，臣盡其忠，父行其慈，子竭其孝。各致其愛而無憾恨其閒。

晚世風流俗敗，嗜欲多，禮義廢，君臣相欺，父子相疑，怨尤充胸，思心盡亡。」(〈本經訓〉)

由此可見，人與人之間是道德相報之勢，卽「君施其德，臣盡其忠，各致其愛，則無憾恨」，否則則「君臣相欺」。再者，道德亦決定於欲望之濃淡薄厚，若「上求薄而民用給」，而「嗜欲多」則「禮義廢」，其間說明道德在社會中之互動性。《淮南子》尤其著重在君主道德之重要。

再者，君主的政治野心亦構成社會道德問題。《淮南子》說:

「古者天子一畿，諸侯一同，各守其分，不得相侵。有不行王道者，暴虐萬民，爭地侵壤，亂政犯禁，召之不至，……乃舉兵而伐之，戮其君，易其黨，封其墓，類其社，卜其子孫，以代之。

晚世務廣地侵壤，幷兼無已，擧不義之兵，伐無罪之國，殺不辜之民，絶先聖之後。大國出攻，小國城守。驅人之牛馬，傒人之子女，毀人之宗廟，遷人之重寶，流血千里，暴骸滿野，以贍貪主之欲。」（〈本經訓〉）

《淮南子》這段的比較敍述，是合於歷史史實的。前者所謂的「古者」是西周之文王、武王、周公的作風。延至春秋五霸，雖心中有野心，然而尚殘留其「形式」。至於晚世戰國則其「王道」之形式也廢除，裸裎相見以醜，野心暴露無遮，攻城野戰，殺人放火，掠人子女牛馬，商、韓尚且大言不慚曰富國強兵，曰尚首功之國。其統治者之侵略兼併之野心，殘害生靈甚矣，亟爲不道德甚矣。

綜而觀之，《淮南子》的社會道德演化觀，可以說是退化觀。古今對比，今不如古。雖然，道德至高，仁義次之，禮樂廉恥更而次之。然而仁義禮樂雖不若道德，但道德存於上古伏羲之自然世界，往古已矣，流水逝矣，不復返，欲嚮往自然優游之道，純樸誠眞之道德已不可得，亦不可知。而今社會群居，文明進步，知識、經濟、政治、機械皆已存在並擴充發展，不可遏阻，生於今世，欲返回自然與往古乃不可得也。僅有生於今時，雖「仁義禮樂廉恥」不若道德，然而以其「可以救敗」，如此而言，尚有存在之價値，不可廢棄明矣。是故《淮南子》將融合老莊之道德，孔孟之仁義，荀況之禮樂，冶爲一爐而並存也。

（二）風俗之變化

《淮南子》所謂的風俗卽是在某一地區、某一時期的一群人群體的生活方式與習慣，而其規範性的表現卽是「禮」。其風俗習慣、生活方式卻因時、因地之異而異。其差異性固然因時、因地之別異而別異，然而《淮南子》更加上人類知識文明之開闢、文化之陶冶、歷史之變動而形成。

《淮南子》認爲人類在原始自然純樸生活當中，尙未有禮文之表現，因而彼此亦尙未有風俗的差異。其言曰：

> 「古者民童蒙，不知東西，貌不羡乎情，而言不溢乎行。其衣（致）煖而無文，其兵（戈）銖而無刄。其歌樂而無轉，其哭哀而無聲。鑿井而飲，耕田而食，無所施其美，亦不求得。親戚不相毀譽，朋友不相怨德。」（〈齊俗訓〉）

這是一種純樸的生活習慣。之後，人爲的道德觀念、社會行爲規範、知識是非、貨品價値觀念形成，就破壞了這種「純樸」，而後生活方式、習慣之差異性就形成了。所以《淮南子》說：

> 「率性而行謂之道，得其天性謂之德。性失然後貴仁，道失然後貴義。是故仁義立而道德遷矣。禮義飾則純樸散矣，是非形則百姓眩矣，珠玉尊則天下爭矣，凡此四者，衰世之造也，末世之用也。」（〈齊俗訓〉）

之後，人類在生活方式，隨著地理環境的不同而適應，因而有：

「水處者漁，山處者木，谷處者牧，陸處者農，地宜其事，事宜其械，械宜其用，用宜其人。澤皐織網，陵阪耕田。……譬若播棊丸於地，員者走澤，方者處高，各從其所安，夫有何上下焉。若風之遇簫，忽然感之，各以清濁應矣。」（〈齊俗訓〉）

再者，《淮南子》旣然認爲人類的社會生活是進化的，則便肯定「世異則事變，時移則俗易」（〈齊俗訓〉）。每一時代的風俗在文彩形式的表現上，其特殊的形式皆是一世應變之方，時過則無所用之。其言曰：

「所謂禮義者，五帝三王之法籍，風俗一世之迹也。譬若芻狗土龍之始成，文以青黃，絹以綺繡，纏以朱絲，尸祝袀袨，大夫端冕，以送迎之。及其已用之後，則壤土草薊而已。夫有孰貴之。故當舜之時，有苗不服，於是舜脩政偃兵，執干戚而舞之。禹之時，天下大雨，禹令民聚土積薪，擇丘陵而處之。武王伐紂，載尸而行，……此皆為聖人之所以應時耦變，見形而施宜者也。」（〈齊俗訓〉）

由此，生活方式與習慣不同，所表現出的禮文也不同，然而，其禮文雖異，而其所欲表現之實質卻是同一。《淮南子》說：

「胡人彈骨，越人𧊒臂，中國歃血也。所由各異，其於信一也。三苗髽首，羌人括領，中國冠笄，越人劗鬋，其於服一也。帝顓頊之法，婦人不辟男子於路者，拂之於四達之衢。今之國都，男女切蹄，肩摩於道，其於俗一也。故四夷之禮不同，皆尊其主而愛其親，敬其兄。獫狁之俗相反，皆慈其子而嚴其上。」（〈齊俗訓〉）

由此可見，雖然風俗所展現出來的形式（禮之文）不同，但是其所欲表現的「實」卻是同一。並且，禮之形式各有所不同，因此不能以某一地區之「禮」作爲其他地區的模範。而「禮者，實之文也」(同上)，只要能表現出其「實」，則更是能合乎「禮」。因而《淮南子》就以「實」以實證「禮」，而不贊同儒者以魯國之禮爲準之禮。曰：

「故魯國服儒者之禮，行孔子之術，地削名卑，不能親近來遠。越王句踐，劗髮文身，無皮弁搢笏之服、拘罷拒折之容。然而勝夫差於五湖，南面而霸天下。……胡貉匈奴之國，縱體拖髮，箕倨反言，而國不亡者，未必無禮也。楚莊王裾衣博袍，令行乎天下，遂霸諸侯。晉文君大布之衣，牂羊之裘，韋以帶劍，威立于海內。豈必鄒魯之禮之謂禮乎？」（〈齊俗訓〉）

因此，「禮不過實，治世之道也」。而儒者所訂之「三年之喪」之禮，是「強人所不及也」。而儒「不原人情之終始，而務以行相反之制。……曠日煩民，而無所用。故制禮足以佐實喻意而已矣。」（同上）所以禮之眞實本質便是「情」。這便是禮之「體」，「禮者，體情制文者也。……禮者，體也。」而禮之所

行，要合乎於義，「義者，循理而行宜也。義者，宜也」（同上）。「故制禮義行至德，而不拘於儒墨。」（同上）

凡人的「貌」卽是在表現出「情」，而「文」卽是在表現著「實」，「禮」之眞實，在於其「體」。是故《淮南子》曰：「夫載哀者，聞歌聲而泣。載樂者，見哭者而笑。哀可樂者，笑可哀者，載使然也。」（同上）由此可見，哀樂之展現不在外在之形式所感，而在內中之所「載」使之然。而禮文的眞實之所「載」，該在於「誠心」(同上)，是故「喜怒哀樂，有感而自然者也。故哭之發於口，涕之出於目，此皆憤於中而形於外者也。……故強哭者，雖病不哀，強親者，雖笑不和。情發於中，而聲應於外」（同上）。

再者，喜怒哀樂所發之眞誠在於「情」，情之所由據在於「性」。譬如「咸池承雲，九韶六英，人之所樂也。鳥獸聞之而驚。深谿峭岸，峻木尋枝，猨狖之所樂也。人上之而慄。形殊性詭。所以爲樂者，乃所以爲哀。所以爲安者，乃所以爲危也」（同上），此其性不同，其情亦因之而異。因此風俗禮義之所本則就在於性，而「率性而行謂之道，得其天性謂之德」。

然而，人性純樸，卻易受外物所染，而失其本然。《淮南子》曰：

> 「夫素之質白，染之以涅則黑，縑之性黃，染之以丹則赤。人之性無邪，久湛於俗則易。易而忘本，合於若性。故日月欲明，浮雲蓋之。河水欲清，沙石濊之。人性欲平，嗜欲害之，惟聖人能遺物而反己也。」（〈齊俗訓〉）

由此觀之，《淮南子》雖認爲禮俗之本在於「性」，然而「人之性」亦易受外在風俗所影響，這便是人之性與風俗雙軌的互動關係。誠如《淮南子》所說:

> 「原人之性蕪穢，而不得清明者，物或堁之也。羌、氐、僰、翟，嬰兒生皆同聲，及其長也，雖重象，狄騠不能通其言，教俗殊也。今三月嬰兒，生而徙國，則不能知其故俗。由此觀之，衣服禮俗者，非人之性也，所受於外也。」（〈齊俗訓〉）

由此可見，人之性，一方面受外在風俗之影響，另一方面受內在嗜欲所亂。所以治風俗之關鍵在於治性，「性亦人之斗極也。有以自見也，則不失物之情，無以自見則動而惑營」（同上）。

然則如何治性？「夫縱欲而失性，動未嘗正也，以治身則危，以治國則亂，以入軍則破，是故不聞道者，無以反性。」是故，「治性者，不以性以德，治德者，不以德以道。」（同上）道是治性的最高標準，而一般所謂的禮俗是非，則是見仁見智、各恃己見、各憑所好的相對看法，難有定論。

《淮南子》認爲禮義之是非爲相對，而道爲絕對之眞理。《淮南子》說:

> 「道德之論，譬猶日月也。江南河北，不能易其指。馳騖千里，不能易其處。趨舍禮俗，猶室宅之居也。東家謂之西家，西家謂之東家。雖皐陶為之理，不能定其處。故趨舍同，誹譽在俗。」（〈齊俗訓〉）

由此可見，禮俗之是非是相對性，是根於「己心」之是而非「非己」之是，也非根據於道理。《淮南子》曰：

「天下是非無所定，世各是其所是而非其所非。所謂是與非各異，皆自是而非人。由此觀之，事有合於己者，而未始有是也。有忤於心者，而未始有非也。故求是者，非求道理也，求合於己者也。去非者，非批邪施也。去忤於心者也。忤於我，未必不合於人也。合於我，未必不非於俗也。至是之是無非，至非之非無是，此真是非也。若夫是於此而非於彼，非於此而是於彼者。此之謂一是一非也，此一是非隅曲也。」（〈齊俗訓〉）

因此，事物禮俗之是非雖是相對，而道爲絕對之眞理。如此事雖異而皆「稟道以通物者，無以相非也。譬若同陂而漑田，其受水鈞也」。「故通於道者，如車軸不運於己，而與轂致千里轉無窮之原也。不通於道者，若迷惑，告以東西南北，所居聆聆，一曲而辟，然忽不得，復迷惑也。故終身隸於人。辟若俔（候風者也）之見風也，無須臾之間定矣。故聖人體道反性，不化以待化。」（〈齊俗訓〉）

由此觀之，雖然風俗有各種不同卻也各合其宜。

「各用之於其所適，施之於其所宜，卽萬物一齊，而無由相過。夫明鏡便於照形，其於烝食，不如簞。……由此觀之，物無貴賤，因其所貴而貴之，物無不貴也。因其所賤而賤之，物無不賤也。」（〈齊俗訓〉）

因此，胡越魯楚之風俗文貌，彼此不得相非。

五、政治之進化

(一)政道之進化

《淮南子》以爲在太古洪荒之時，尙未有政治組織，在女媧氏補天至伏羲氏之時的自然界，全然遵循著自然律，最合於自然之本性而最有道德。而到了黃帝之時，才建立了政治組織，已進入人爲時代，其德尙不及自然無爲那樣有德。至夏桀之後，則政治每況愈下，又及戰國七雄，則國與國戰爭更甚。到了當今之時的文景時期，一方面崇尙無爲自然之治，另一方面又輔以仁義，形成文景之治的治世。

《淮南子》遵循老莊以自然與人文二分法，從自然社會過渡到人爲政治社會之過程，〈覽冥訓〉上云：

(一)「往古之時，四極廢，九州裂。天不兼覆，地不周載，火爁炎而不滅，水浩洋而不息，猛獸食顓（善也）民，鷙鳥攫老若。」

(二)「於是女媧鍊五色石，以補蒼天，斷鼇足，以立四極，殺黑龍，以濟冀州；積蘆灰，以止淫水。蒼天補，四極正，淫水涸。冀州平，狡蟲死，顓民生，背方州，抱圓天。和春陽夏，殺秋約冬。枕方寢繩，陰陽之所壅沈不通者，竅理之。逆氣戾物，傷民厚積者，絶止之。」

(三)「當此（伏羲氏)之時，臥倨倨(高注：臥無思慮也)
與盱盱（視無智巧貌也）一自以為馬，一自以為牛。其行蹎蹎，其視瞑瞑，侗然皆得其和。莫知所由生，浮游不知所求，魍魎不知所往。當此之時，禽獸蝮蛇，無不匿其爪牙，藏其螫毒，無有攫噬之心。考其功烈，上際九天，下契黃壚，名聲被後世，光暉重萬物。……然而不彰其功，不揚其聲。隱真人之道，以從天地之固然。何則？道德上通而智故消滅也。」

(四)「黄帝之治天下，而力牧,太山稽輔之,以治日月之行律。治陰陽之氣，節四時之度，正律歷之數。別男女，異雌雄。明上下，等貴賤。使強不掩弱，衆不暴寡。人民保命而不夭，歲時熟而不凶。百官正而無私，上下調而無尤，法令明而不闇，輔佐公而不阿。田者不侵畔，漁者不爭隈。道不拾遺，市不豫賈。城郭不關。邑無盜賊，鄙旅之人，相讓以財。狗彘吐菽粟於路，而無忿爭之心。於是日月精明，星辰不失其行。風雨時節，五穀登熟。虎狼不妄噬。鷙鳥不妄搏。……諸北儋耳之國，莫不獻其貢職。然猶未及虙戲氏之道也。」

(五)「逮至夏桀之時，主闇晦而不明，道瀾漫而不修。棄捐五帝之恩刑，椎蹶三王之法籍，是以至德滅而不揚，帝道掩而不興。舉事戾蒼天，發號逆四時。春秋縮其和，天地除其德。人君處位而不安，大夫隱道而不言。群臣準上意而懷當，疏骨肉而自容邪人。參耦比周而陰謀。居君臣父子之

閒而競載驕主而像其意。亂人以成其事，是故君臣乖而不親，骨肉疏而不附，植社槁而墮裂，容臺振而掩覆。」⓯

(六)「晚世之時，七國異族，諸侯制法，各殊習俗。縱橫閒之，舉兵而相角。攻城濫殺，覆高危安，掘墳墓，揚人骸，大衝車，高重京，除戰道，便死路，犯嚴敵，殘不義，百往一反。……所謂兼國有地者，伏尸數十萬，破車以千百數。……故世至枕人頭，食人肉，葅人肝，飲人血，甘之芻豢。故自三代以後者，天下未嘗得安其情性，而樂其習俗，保其修天命，而不夭於人虐也。所以然者，何也，諸侯力征，天下合而為一家。」

(七)「逮至當今之時(文景武帝之治)，天子在上位⓰持以道德，輔以仁義。近者獻其智，遠者懷其德。拱揖指麾而四海賓服。春秋冬夏，皆獻其貢職。天下混而為一。子孫相代。此五帝之所以迎天德也。……輔佐有能黜讒佞之端，息巧辯之說，除刻削之法，去煩苛之事，屏流言之迹，塞朋黨之門，消知能，修太常。隳肢體，絀聰明。太通混冥，解意釋神，漠然若無魂魄，使萬物各復歸其根，則是所以修伏羲氏之迹而反（復也）五帝之道也。」

⓯ 高注：「上言，不禋於神也。下言，行禮容之台，言不能行禮，故天振動而敗之。」

⓰ 高注：「天子，漢孝武帝。」按《淮南子》爲漢高祖皇孫，大武帝一輩，與景帝同輩。《淮南子》在世時，竇太后尚在，尙因襲文景之黃老之治。竇太后逝世後，武帝用董仲舒對策，罷黜百家，獨尊儒術。

在這段引文中，可見《淮南子》所敍述的：

(一)項是說明了地球形成的自然史的想像，其地球形成史是否如是說，尚未可斷定。

在(二)項中借用中國神話女媧氏補天加以說明地球由火成岩冷卻、由洪水到自然界萬物生成的過程。

在(三)是描述伏羲氏時的動物，植物與人類構成一協調祥和的自然世界，那時人類知識尚未發展，不知萬物之差別與分類，完全是自然狀態，因而談不上人爲之事，諸如社會、政治、道德觀念、價值觀念，亦未發展工技，更沒有智巧詐僞之事。完全「以從天地之固然」，這時是「道德上通，而智故消滅」。《淮南子》最讚美這個時期說：「伏戲，女媧不設法度，而以至德遺於後世。何則，至虛無純一而不嘤喋(高注：深算也)苛事也。」《淮南子》之所以如此稱頌伏羲氏，以其全然與自然合一而無人文，卽是這時是絕對的「不擾也」，是「弗治治之」的不干涉放任自由的無爲而治的理想寫照。故如此稱讚爲「至德之世」。

在(四)的黃帝之治，《淮南子》認爲黃帝人爲的政治組織井然有序，「明上下，等貴賤」而能保障人民生命財產。而百官官僚也能公正無私地合作，使對治民之政績相安禮讓。而對自然界之陰陽天文氣候曆數也有深入的研究。這種描述，以人爲研究自然、處理自然而與政治組織、官吏管理、人民生活得予相調和，這是人爲政治中的最高理想的實現。當然，《淮南子》所描寫的黃帝之治是否眞的合於中國歷史史實，我看是《淮南子》的人爲政治理想的寄託的想像。

在(五)項對於夏后氏之描述，卽是拿桀、紂兩個暴主爲代表，而卻不提湯、文、武、周公。《淮南子》如此筆法伏有深意，即是這段是針對描繪政治政府組織中，暴君與官僚體系的結合如何殘害無辜的老百姓之血淋淋的史實，以至於天怒人怨，讓人覺得人爲政治的國君暴主之可怕。

在(六)戰國七雄之敍述上，完全是合於歷史史實。這些對於「人虐」之可怕史實，眞有枕人頭、食人肉、葅人肝、飲人血之事。濫殺無辜，坑殺四十萬，這些在《戰國策》一書或《史記》皆有其事實之記載。但在這段敍述中，說明戰國完全是人對人的鬥爭與殘殺，並且以有組織的國家，有君主的領導、有法制的建立、有智謀的學問運用於陰謀、有最進步的工技等等，有最優良的動物——千里馬，所有這些組織、人力、物力、思想、主義、自然的、人爲的等等，都投入了人群千萬集團對千萬集團的集體互相屠殺，這是人爲的瘋狂時代，互相的屠殺，是爲了什麼？這種境況，怎麼不讓在野的老莊痛心疾首，反對「人爲」、「人虐」之災害，而嚮往無人爲的自然無爲社會之美好?!由此看來，道家之所以提倡自然，無爲而治者，是他們親身經歷人爲災害戰爭的可怕而提出對人爲文化文明的反動。

在(七)階段爲《淮南子》對「當今」之敍述，即是對文景之治的黃老之治政績的肯定。在這段中，《淮南子》對於「持以道德，輔以仁義」即是道、儒之調和，而堅持地反對衆人學習「讒佞」之徒，反對縱橫家說客之「巧辯」，反對法家商韓「刻削之法，煩苛之事」強力的批判反對。說:「申、韓、商鞅之爲治也，捽拔其根，蕪棄其本。……鑿五刑爲刻削，乃背道德之本，而爭於錐刀之末。斬艾百姓，殫盡太半。」可以說恨極了法家的申、商、韓，也恨極了秦始皇。《淮南子》對於夏桀之描述，即是秦始皇的投影。

一般說來，《淮南子》對政治之進化之描述，雖未盡然合於中國歷史全部史實，但部分亦是史實。基本上，《淮南子》贊同文景無爲而治的政績而給予理論上的肯定。在文景之治上，一方面有鑑於戰國與秦之戰亂與暴政造成人口大量死亡，經濟破產，因而推行了「蕭規曹隨」無爲而治相當地成功，成爲中國歷史中有名的治世。另一方面，秦之政法未必完全在漢朝盡然揚棄，尤其是制度律令仍然殘留著，這些律令刑律也能形成暴政，有名的緹縈救父故事說明了肉刑的酷法仍然有之，這些須輔以儒家仁義之心加以改良而揚棄。總而言之，《淮南子》在〈覽冥訓〉中所說的話，在讚美伏羲氏的自然無爲而治，是希望君主、官吏對人民之統治採取不干涉而放任自由的無爲而治，〈曹相國世家〉中的「愼勿擾也」即是有名的無爲而治。並且捨棄法家對百姓的刻削之法的暴政，而在對黃帝的政治讚美中，即是改良過的以儒、法的優點所融合的有爲(人爲)政治的政治理想與結構的「烏托邦」，是希望君主與官吏的政治要清明公正的理想政治藍圖。文景之治其實就是巧妙結合了對百姓無爲與對官吏有爲兩大因素的政治結構與政績。並且，《淮南子》是以描述夏桀而表達了他們對於暴政的唾棄，而嚮往一個沒有壓迫與束縛的自由放任的社會。

(二)治術之進化

《淮南子》說:「太上神化，其次使不得爲非，其次賞賢而罰暴。」(〈主術訓〉)

《淮南子》的作者生於文景時代，在心態上，基本是痛恨秦的嚴刑峻法與暴政苛虐，因此在書中常常批判秦王政與商、申、韓的施政與學說相當嚴酷。由於這個因素，反過來看，就相當讚美無爲而治的治術。所以他們肯定文景所採取的黃老之治的成就。但他們又處於孝武帝的時代，無爲而治的政策已在轉化爲獨尊儒術，罷黜百家的大「有爲」時代，而在他們的學者集團裏，也有一些儒者，提出以仁義做爲政策的指導方針。由此，《淮南子》的理想治術，該是無爲而治而懷抱仁義相融合的治術，這種混合稱之爲神化。

《淮南子》認爲在神農氏之前的自然世界，人類（指中國）的知識尚未開展，人類於「當此之時，臥倨倨、興眄眄，一自以爲馬，一自以爲牛，其行蹎蹎、其視瞑瞑，侗然皆得其和，莫知所由生」（〈覽冥訓〉）。所以這個時期，是個無知的混混沌沌的世界，尚未有人文，而僅在「欲離童蒙之心」，所以尚未有社會組織與政治活動，因而無所謂治術。

但是到了神農氏之時，已形成以農業爲主的聚落定居爲部落的社會，因而就有政治活動，但其治術以親親之仁與無爲而治爲主。《淮南子》說：

> 「昔者神農之治天下也，神不馳於胸中，智不出於四域，懷其仁誠之心。甘雨時降，五穀蕃植。春生夏長，秋收冬藏，月省時考。歲終獻功，以時嘗穀，祀於明堂。……養民以公，其民樸重端慤，不忿爭而財足、不勞形而功成。因天地之資而與之和同，是故威厲而不殺，刑錯而不用，法省而不煩。故其化如神。」（〈主術訓〉）

在此可見，神農之時：治天下是依據無爲而治，「神不馳」，「智不出」而「懷仁誠之心」；其次是依據自然規律「春生夏長秋收冬藏」，以時嘗穀；第三則是以「神道設教」，祀於明堂；第四，民性樸重端慤而「不忿爭、不勞形」，這些皆「因天地之資與之和同」，即與自然和諧爲一。由此而不用人爲所設之刑法，是故其化自然如神。

之後，治術不依循自然而依據於人爲，不以樸誠而以智詐，即是「逐於智謀」之世也。《淮南子》說:「末世之政，……上好取而無量，下貪狠而無讓，民貧苦而忿爭。事力勞而無功。智詐萌興，盜賊滋彰。上下相怨，號令不行。執政有司、不務反道，矯拂其本，而事修其末。削薄其德，曾累其刑，而欲以爲治。」在此可見，此時之治已「不務反道，矯拂其本」，不以自然道德爲治，而以「智詐萌興」相鬥，大臣「貪狠無讓」，人民貧苦而忿爭。如此則「上下相怨，號令不行」。這種違反自然之性而崇尚智謀，只能導致天下大亂。

下而其次，則是以「嚴刑峻法」之君主專制式的法治，更加形成紛亂。《淮南子》說:

> 「夫水濁則魚噞，政苛則民亂。故夫養虎豹犀象者，為之圈檻，供其嗜欲，適其饑飽，違其怒恚。然而不能終其天年者，形有所刼也。是以上多故，則下多詐；上多事，則下多態；上煩擾，則下不定；上多求，則下交爭，不直之於本，而事之於末。譬猶揚堁而弭塵，抱薪以救火也。」（〈主術訓〉）

《淮南子》所論者，即是戰國末年與秦之法治，即商鞅、韓非所言之「貴貴而尊官」⑰以及嚴刑峻法；以賞罰二柄⑱，驅策臣民做爲富國強兵的治術；以告姦、連坐、什伍之術以嚴加控制人民行動自由的苛政。基本上，在商、韓之論，以爲民之情有好利惡害，故可以利賞上首功與刑脅連坐、刼之以殺而使之成爲「虎狼之兵」以至強兵；以強迫分家、重斂、辟草萊使之富國，這些即是《淮南子》批評天下人民爲嚴刑「所刼」的理由。而秦王以「智故」、「煩擾」、「多求」的苛政暴虐之嚴刑來治理，其結果反而更加激起天下人民的反抗，其極雖有混一天下之功，然而不旋踵也破裂而滅亡，此爲「不直於本抱薪救火之治也」。

最後的階段即是「弗治治之」的治國之術，也即是《淮南子》所讚許的「黃老之治」，然而《淮南子》與文景之治的「黃老之治」稍微不同。即是《淮南子》雖崇尚老莊以自然爲敎，然而欲恢復最原始自然社會之情狀——「至虛無純一，而不嘤喋苛事」(〈覽冥訓〉)，而「無慶賀之利，刑罰之威，禮義廉恥不設，毀譽不立，……猶在於混冥之中」(〈本經訓〉)的「無治」原始自然社會，生於漢武帝之時的淮南鴻烈賓客們，也深覺其不可能。因而他們除了極力高喊「守成理，因自然」[19]之外，加上儒家「合乎人心」[20]之仁義與誠心而揚棄法家之尚刑。其言曰：

---

[17] 見《商君書・開塞》：「上世親親而愛私，中世上賢而說仁，下世貴貴而尊官。」馮友蘭於《中國哲學史》（兩本版、舊本）說上世、中世、下世分別爲西周初、春秋、戰國。這種說法，合於中國歷史、周至戰國歷史發展之狀況。

[18] 《韓非子・二・二柄第七》曰：「明主之所導制其臣者，二柄而已矣。二柄者，刑德也，何謂刑德，曰，殺戮之謂刑，慶賞之謂德。爲人臣者畏誅罰而利慶賞，故人主自用其刑德，則群臣畏其威而歸其利矣。」

[19] 《愼子》佚文，<大體>。

[20] 詳見《孟子・梁惠王上》。孟子在此文中、主張王須行仁政以合乎人心。文長，不引。

「聖人事省而易治，求寡而易贍，不施而仁，不言而信，不求而得，不爲而成，塊然保眞，抱德推誠，天下從之，如響之應聲，影之像形。其所修者本也。刑罰不足以移風，殺戮不足以禁姦。唯神化爲貴。」(〈主術訓〉)由此可見，《淮南子》在此時期之治術，除採取崇尚自然、不逆人性外，再以「不干涉主義」的無爲而治，而且以仁義排除「爲仁而仁，爲義而義」之「有爲」之心，順乎「保眞」、「至誠」而「無爲而爲」的「神化」治之，此爲最高明之治。

(三)戰爭之進化

《淮南子》認爲當大自然的和諧被破壞之後，一方面，人之好鬥爲「天之性也」，另方面，人爲求衣食，「分不均，求不贍則爭」(〈兵略訓〉)。禽獵鬥爭以爪牙，人類則以知識。人類鬥爭的對象與方式隨著社會文明的發展而不同。

人類的知識愈發達、鬥爭的威力愈強大。人類隨著知識、社會的進化、政治狀況、經濟條件等等狀況之改變而改變。道家雖然也意識到人類社會的改變，不過老莊卻以自然與人文的對立而見其人類日漸喪失自然之性而有人爲文化的改變，基本上，其態度是悲觀的。而法家，首先有商鞅覺悟到西周、春秋、戰國之社會在政治組織、治術、用人方面的劇烈改變，他說的「上世親親而愛私，中世尚賢而悅仁，今世貴貴而尊官」就是這個意思。而韓非子說：「上世競於道德，中世逐於智謀，今世爭於氣力㉑。」其中的「競」、「逐」、「爭」皆是「鬥爭」的方式，只是口氣不同，「競」比較溫和，「逐」有點在「鬥」，「爭」就是決死

㉑　見《韓非子·五蠹》。

戰。而道德、智謀、氣力皆是鬥爭方式的應用、策略以及工具。韓非已覺察到人類社會的進化與鬥爭的方式也有改變。《淮南子》即根據韓非子這個模式,而再加上道家的自然界協調的自然,再綜合道家的道德與儒家的仁義,而揚棄法家暴虐的嚴刑峻法法治,以說明社會鬥爭的演化。

在〈覽冥訓〉裏(見上文引文),可見在第一階段往古「四極廢、九州裂」洪荒的自然世界裏,受「火爁炎而不滅,水浩洋而不息,猛獸食顓民(善民也),鷙鳥攫老若」之苦。換言之,這是人與自然爭的時代,人類在洪荒世界裏受火山、洪水、猛獸、惡禽之災害,人類只有祈求神祇「女媧鍊五色石,以補蒼天,……止淫水」(〈覽冥訓〉)以抗拒自然災害。自此至伏羲氏之時,全然生活於大自然,與自然融爲一體,而無人爲文化之事,無名實之別,無知識之名,「一自以爲馬,一自以爲牛」,「隱眞人之道,以從天地之固然,何則,道德上通,而智故消滅」,是爲道家所稱的至德之世。

在第二階段的黃帝是中國文明人爲的開始。最先以人的知識去了解自然、研究自然、探尋自然之規則,在人的社會制定社會秩序。「別男女、異雌雄、明上下、等貴賤」製定社會規範讓人民遵守,使「強不掩弱,衆不暴寡」而保護人民生命。這時已有政府組織與法令,使「田者不侵畔、漁者不爭限」,這種「不侵」、「不爭」、「相讓」可以說是「訖」於道德之時,是有「人爲」之德,然「未及虙戲氏之道也。」

在第三階段則是在於人與人自己的鬥爭。即是部落社會,內部君臣上對下之壓迫、暴主壓迫臣民、與下對上之簒位侵權、平民與平民之間相互鬥爭。《淮南子》認爲「逮至夏桀之時,主闇晦而不明，道瀾漫而不修。……是以至德滅而不揚，帝道掩而不興。……人君處位而不安，大夫隱道而不言。群臣準上意而懷當，疏骨肉而自容邪人。參耦比周而陰謀。居君臣父子之間而競載驕主而像其意」。這種「參耦比周而陰謀」即是「逐於智謀」之時代。其特徵即是部落內部上下爭權而鬥智耍陰謀的時期。

第四階段即是集團對抗集團的戰爭，是國與國之間的武力鬥爭，勝敗的因素在於「氣力」即「武力」。這便是《淮南子》所稱的「晚世之時，七國異族。諸侯制法，各殊習俗。縱横閒之，舉兵而相角，攻城濫殺。……大衝車、高重京，除戰道，便死路，犯嚴敵，殘不義。百往一反」。這種「兼國有地者，伏尸數十萬，破車以千百數」的大軍團的戰爭，也可以說已演進到總體戰的戰爭了。這種戰爭動員全國的力量，有組織戰、道德戰、心理戰、謀略戰、經濟戰……等的總體力量的結合，是慘酷極了。在這「諸侯力征，天下合於一家」的過程中，人民大都「夭於人虐」而「不得安其情性而樂其習俗，保其修天命了」。

在第五階段，即是「天下混而爲一」的漢帝國。在《淮南子》正處於文景之治的盛世，要消除鬥爭的因素。他認爲「天下合而爲一家。逮至當今之時，天子在上位。持以道德、輔以仁義」。以使人人貢獻其智慧而稱其職，「以迎天德也」。因而要「有能黜讒佞之端，息巧辯之說，除刻削之法，去煩苛之事，屏流言之迹，塞朋黨之門，消知能，修太常，隳肢體，絀聰明，太通混冥，解意釋神，漠然若無魂魄，使萬物各復歸其根，則是所以修伏犧氏之迹，而反五帝之道也」。此者即是黄老之治的具體描述與假託莊子返歸自然，厭棄人爲鬥爭的返照。也是恨極了秦朝借法家之說而行暴政的唾棄，而欲歸「伏羲、女媧不設法度而以至德遺於後世。何則，至虛無純一而不嘪喋苛事也」。

六、社會進化論之總結

《淮南子》接受商鞅、《韓非子》，將變法的理論核心建立在社會歷史的進化的觀念上。承認商鞅的法與歷史的關係是「各當時而立法，因事而制禮，禮法以時而定，制令各順其宜，兵甲器備，各便其用，故曰：治世不一道，便國不必法古」[22]，有理論的合理性。認爲韓非所說的「聖人不期修古，不法常可，論世之事，因爲之備。……故事因於世而備適於事。……世異則事異，……事異則備變」[23]的說法是對的。在承繼此種觀念之上，《淮南子》認爲人類的知識、生活方式、經濟的生活、與政治上的組織、治術的方式、鬥爭的方法，甚而法律、道德等，皆隨著社會的進化而改變，因而各種法籍禮制亦要因之而更替。

因此，《淮南子・氾論訓》的論說即是架構在這種「因時而備變」的理論基礎之上，其言曰：

「五帝異道，而德覆天下，三王殊事，而名施後世。此皆因時變而制禮樂者。……先王之制，不宜則廢之。末世之事，善，則著之，是故禮樂未始有常也。故聖人制禮樂而不制於禮樂。治國有常，而利民為本，政教有經，而令行為上。苟利於民，不必法古。苟周於事，不必循舊。夫夏商之衰也，不變法而亡。三代之起也，不相襲而王。故聖人

[22] 《商君書・更法》。
[23] 同[21]。

法與時變，禮與俗化。衣服器械，各便其用；法度制令，各因其宜，故變古未可非，而循俗未足多也。……而欲以一行之禮，一定之法，應時偶變，其不能中權亦明矣。」

由此而言之，《淮南子》根據「殷變夏，周變殷，春秋變周，三代之禮不同」(〈氾論訓〉)的歷史史實而提出「何古之從」。既然肯定「世之法籍與時變，禮義與俗易」，則「爲學者循先襲業，據籍守舊教，以爲非此不治，是猶持方枘而周員鑿也，欲得宜適致固焉則難矣」(同上)。因此《淮南子》批評儒、墨、道三家守舊尙古派，譽古而誹今，欲復三代之法行之於當時之迂腐不堪。其批評儒墨曰:

「今儒墨者，稱三代文武，而弗行，是言其所不行也。非今時之世而弗改，是行其所非也。稱其所是，行其所非，是以盡日極慮而無益於治，勞形竭精，而無補於主也。」(〈氾論訓〉)

也批評道家崇尙自然原始社會之純樸，因當今文明發達人民多智，以古純樸之方治今，恐未能行。曰:

「古者人醇（注：醇厚也）工龐（堅緻也），商樸（不為詐也）女重（重貞正無邪也），是以政敎易化，風俗易移也。今世德益衰，民俗益薄，欲以樸重之法，治既弊之民，是猶無鏑銜橜策錣，而御馯馬也。」(〈氾論訓〉)

其總評三家之以古治今之構想曰:「夫存危治亂，非智不能，而道先稱古，雖愚有餘，故不用之法，聖王弗行，不驗之言，聖王弗聽。」故「知法治所由生，則應時而變，不知法治之源，雖循古，終亂今」(〈氾論訓〉)。

由此看來，《淮南子》在政治之治術、道德之規範制定，基本上是贊同法家的歷史觀，根據歷史史實之變異，而制事之法也要跟著改變，「不結於一迹之塗，凝滯而不化」。如此看來，〈氾論訓〉所言似乎是偏執認同法家而反對儒、墨、道三家的學術。然而並不盡如此，《淮南子》在處理「事」之時贊同法家，在政制、管理、規範、方法要隨著「事象」之異而改變，不可泥滯於古而不改變，從這點而言之，這是法家「因時而備變」的靈活處。但在對於「人」或者是「人權」尊重之問題上，《淮南子》認同儒家「仁以爲經，義以爲紀，此萬世不更者也」(〈氾論訓〉)，並且在政治的基本立場上所主張的」治國有常，而利民爲本，……苟利於民，不必法古」與商鞅的「治世不一道，便國不必法古」的立論點是不同的；《淮南子》所注重在「利民」，商鞅注重在「便國」(君主之富國兵強也)，有很大的差異。這也是儒、法基本立場之不同點。另一方面，道、法之所以差異，道家的基本立場是「道」，即是永恆眞理，也是「道德」，絕不可違背人的自然本性。這兩點，《淮南子》是認同道家而堅持的。他說:「國之亡也，雖大不足恃，道之行也，雖小不可輕。由此觀之，存在得道，而不在於大也。」即是說「事象」雖異，其備雖隨著時代而不同，然而卻不能脫離了「道」之眞善美，也不可違反人之道德，因而「國之所以存者，道德也」(〈氾論訓〉)就是這個意思。

總而言之，法家（商、韓）是根據歷史觀上的「世異事異」、「事異則備異」、「法以制事」、「因時而備變」的原則，然而事象卻變異無常，難道「備」之變也無常？換言之，在處理「事象」之備的背後，仍需要有根據原則以指導之，這種指導原則便是道。《淮南子》說：「言道而不言事，則無以與世浮沈。言事而不言道，則無以與化遊息。」(〈要略〉) 這種道與事相連繫是個至理名言。

第四篇　《淮南子》政治思想

本文標題雖爲「淮南子政治思想」，然而實際上其研究主題則是「淮南子的政道思想」。在政治思想的領域裏分爲「政」與「治」兩大部分，政卽是正[1]，卽是正確規範政府的組織——君主、官吏、人民的關係，以及規定該辦的事務——政事之指要；「治」是管理，其中注重管理之技術曰主術，注重管理之依據標準者爲法，注重管理之權力者爲勢。法、勢、術爲統治三大法寶，換言之，政，卽是政事，是靜態的政府結構成分之關係；治，卽是治道，是動態的管理技術。

在政道方面，又可分爲人員組織部分；其粗略的分法，分爲三階級：君主、官吏、人民。三階段構成一個金字塔的結構，塔

---

[1] 本篇＜淮南子政治思想＞。筆者將其政治思想分爲政道與治道兩大部分。政道論其君主、官吏、人民之權利與義務，以及君、臣、民三者之關係，與其國家政府之主要政策在於治民（治民、利民、安民、養民、經濟）政策。而治道，則是論君主依據法、勢、術以治理國家。本文甚長，因而將政道與治道分開論述。本篇僅論其政道，下篇則論其勢論。再者，治道中之法，術已分別編入：李增，《淮南子思想之研究論文集》，華世出版社，臺北，第四篇，＜淮南子對先秦法家之法之批判＞（論法），第五篇，＜淮南子的無爲思想＞（論術），再與本書下篇論勢共成治道。

頂尖爲君主，中層爲官吏，底層爲百姓。如此構成一個國家。政道的另一部分卽是「事」，也就是一個政府所需辦的事，卽是政策。政策的方向與重點，隨著政府決策者的決定，將公衆的力量投資於從事某一項事情者。本篇重點在研究《淮南子》之政治結構與政策兩大部分。

第一章　政治結構

《淮南子》的政治思想仍是承繼先秦道、儒、法、陰陽、兵家等發展而成。其中陰陽家、兵家爲配角，本文未論及之。《淮南子》對先秦諸子雖承繼，但非抄襲，而是洞徹先秦諸子思想之利弊，採精去蕪，並以適用於漢初文景之治之切要而經過批判、改造、消化，而後吸收構成他的政治思想體系。本文即在研究《淮南子》如何吸收先秦道、儒、法之政治思想與如何融合。

在接受先秦道、儒、法思想方面，《淮南子》接受道家的無爲、自然的觀念做爲君主的修養與統治藝術。在儒家方面，《淮南子》接受仁民、利民、養民、保民做政治的目的，並且接受政治不能違背道德，須與道德相接合。在法家方面，接受法、勢、術做爲君主主術的統治法寶，但批判法家勢不能濫用，須用於德化。在法方面，堅決反對商、韓的嚴刑苛法，而仍以法做爲人君治國的準繩。在術方面，批評申、商、韓的崇尚奸詐，而亦要合於道德，而使其學術合乎人情與時代之需要。

一、指導原則

政治處理之對象則不外乎「人」與「事」[2]。在政治上的政策措施上儘管有千變萬化的差別，但是要了解人本身之本質是什麼？重視人的性命的需求是什麼。《淮南子》說：「古之治天下也，必達乎生命之情，其舉錯未必同也，其合於道一也。」(〈俶眞訓〉) 其次，人在性命活動過程中，其間必然與「事」及「物」發生關係，則政治仍必然要涉及到「事」、「物」，當要了解事物的性質與道理，然後處置才能適宜。《淮南子》曰：「是故聖人舉事也，豈能拂道理之數，詭自然之性，以曲爲直，以屈爲伸哉？」(〈主術訓〉) 由此，當政者在處理事物時要避免犯上「執著偏見」的錯，要「有智若無智，有能若無能，道理爲正也」(〈詮言訓〉)，一切要「治由文理，則無悖謬之事矣」(〈泰族訓〉)。

再者，政治上不管是「治人」，要了解人的性命之情，還是「處事」，要依據道理與自然之性，總是不能背離道德。道德是絕對的標準，是總的指針。《淮南子》說：「道德之論，譬猶日月也，江南河北不能易其指，馳騖千里，不能易其處。」(〈齊俗訓〉) 由此可見，政治上具有或不具有道德，便是國家存亡的決定因素。《淮南子》說：

「國之所以存者，道德也。」(〈氾論訓〉)

「國有以存，人有以生。國之所以存者，仁義是也。人之

---

❷ 政治主要的對象即是人與事，是在如何管理與處理。《管子》論之曰：「治之本二，一曰人，二曰事，人欲必用，事欲必工。人有逆順，事有稱量。人心逆則人不用，事失稱量則事不工。事不工則傷，人不用則怨。」(〈版法解〉)，又曰：「聖人者，明於治亂之道，習於人事之終始者也。期於利民而止。」(《管子・正世・四七》)

所以生者，行善是也。國無義，雖大必亡。人無善志，雖勇必傷。」（〈主術訓〉）

「亂國之君，務廣其地而不務仁義，務高其位而不務道德。是釋其所以存而就其所以亡也。」（〈氾論訓〉）

「存在得道，而不在於大也。亡在失道，而不在於小也。」（〈氾論訓〉）

「故事不本於道德者，不可為儀。」（〈泰族訓〉）

總之，《淮南子》在政治思想上的指導原則，即是政治要根據道之眞理以及人的性命之情，事物的自然之性，要依據道理辦事，而且最重要的是：絕對不能背離道德。一切要以道德爲最高標準。

二、結構要素

《淮南子》認爲政治的舞臺在於國家，有國家之成立才能提供政治的運作。而國家的構成是由君主、官吏、人民、制度、社會秩序、土地、事物的共同結合而成的。《淮南子》說：

「昔者五帝三王之涖政施教，必用参五。何謂参五？……立父子之親而成家，……立君臣之義而成國，……立長幼之禮而成官，此之謂参。制君臣之義，父子之親，夫婦之辨、長幼之序、朋友之際，此之謂五。乃裂地而州之，分職而治之。築城而居之，割宅而異之，分財而衣食之，立大學而教誨之，夙興夜寐而勞力之，此治之綱紀也。」

（〈泰族訓〉）

由此可見，國家是由人民、君主、官吏、政府、社會秩序規範、土地、財貨所構成，而政治卽是處理國家各種成素的關係，並運作這些成素的權力者。由此可見國家是政治的表演舞臺，也是在維繫這舞臺穩固的存在，因此可看出政治運作技巧的重要。但政治的運作也要依照「道理之數」，要因循「自然之性」，並且不能越軌背離仁義道德。所以《淮南子》說:「國之所以存者，仁義是也。」(〈主術訓〉)。

三、君　主

國家是舞臺，搞政治者是跳動的舞群，而君主是主持人或指揮者。國存君存，國亡君亡。舞臺則需要支柱，這支柱卽是人民。所以《淮南子》說:「民者，國之本也。國者，君之本也。」(〈主術訓〉)但主持政治之運作之主軸與核心的總指揮者，則是君主，而臣子則是配屬於總指揮的舞者。《淮南子》說:「君，根本也。臣，枝葉也。根本不美，枝葉茂者，未之聞也。」(〈繆稱訓〉)由此可見，這個根本若不完善深厚，枝葉的繁茂枯落卽受其影響。君主的健全與否，卽直接影響到政治的成敗存亡。《淮南子》說:「主者，國之心。心治則百節皆安。心擾則百節皆亂。」(〈繆稱訓〉)所以君主必須要能領導有方，否則則不能爲君。因而荀子於〈王制篇〉云:「君者，善群者也。」能善於領導一群之元首者，卽是君主。

(一)君主之設立

《淮南子》認爲君主爲政治之樞紐，然則君主又爲何而設立？《淮南子》在〈兵略訓〉中認爲凡有血氣生命者，天生爲好鬥。而尤其在維持生命之生活物質不足時更會引起爭鬥，因而大亂。爲了平息爭端而維持國家社會之安寧而立君。《淮南子》曰：

「凡有血氣之蟲，含牙戴角，前爪後距。有角者觸，有齒者噬，有毒者螫，有蹏者趹。喜而相戲，怒而相害，天之性也。人有衣食之情，而物弗能足也，故群居雜處。分不均，求不贍則爭。爭則强脅弱，而勇侵怯。人無筋骨之强，爪牙之利。故割革而為甲，爍鐵而為刃。貪昧饕餮之人，殘賊天下。萬人搔動，莫寧其所。有聖人勃然而起，乃討强暴，平亂世。夷險除穢，以濁為清，以危為寧。……所為立君者，以禁暴討亂也。」（〈兵略訓〉）

「人主之位也，以為百姓力征，强凌弱，衆暴寡。於是堯乃身服節儉之行而明相愛之仁，以和輯之。」（〈主術訓〉）

又曰：

「古之立帝王者，非以奉養其欲也。聖人踐位者，非以逸樂其身也。為天下强掩弱，衆暴寡。詐欺愚，勇侵怯，懷知不以相教，積財不以相分，故立天子以齊之，為一人聰明而不足以遍照海內，故立三公九卿，以輔翼之。絶國殊俗，僻遠幽閒之處，不能被德承澤，故立諸侯以敎誨之。是以地無不任，時無不應，官無隱事，國無遺利，所以衣寒食飢，養老弱而息勞倦也。」（〈修務訓〉）

「古之置有司也，所以禁民使不得自恣也。其立君也，所以剬有司使無專行也。」（〈主術訓〉）

再者又曰：

「愼修其境內之事，盡其地力以多其積。厲其民死以牢其城，上下一心，君臣同志。與之守社稷斅死而民弗離，則為名者不伐無罪，為利者不攻難勝。……民有道所同道，有法所同守。為義之不能相固，威之不能相必也。故立君以一民，君執一則治，無常則亂。」（〈詮言訓〉）

總言之，《淮南子》認爲凡是有血氣性命者，本性就是好鬥。而凡是有血氣生命者，其本身卽是需要外在的生活物質資源，故是草食者食草，肉食者食肉，其在生物界當中必定會發生生存競爭之事。而對人類來說，也必定有衣食之情——需要生活物質。固然在人類本有群居的天性與需要，而在群居當中，當發生人衆物寡，不成比例的分配時，就必然會發生爭鬥，就有強凌強，衆暴寡的事，由此就需設立君主統管，官吏以維持社會秩序之安定與處理政事。再者，在人類裏，國家與國家之間，社群與社群之際，總有侵奪凌弱之事。如何使國家或社群能團結一致，應用衆力，堅凝團結❸，以便抵抗外侮而使國家或社群生存，這

❸ 堅凝卽團結，見《荀子・議兵篇》。荀子主張以德堅凝君、臣、民。《淮南子》亦跟隨《荀子》主張以仁義恩德固結君、臣、民。

也是設立君主，與加給君主責任的緣故。由此可見，爲了要維持國家社會秩序，爲了統理百官，爲了抵抗外侮，這便是設立君主的理由，則也是君主的責任。

(二)君主之人格

《淮南子》認爲國家或社群間當設立君主，而君主即是政治的軸心、樞紐，又是全國最高的統治者，那麼君主該當是什麼樣的人格與修養比較合適？《淮南子》曰：

> 「人主之居也，如日月之明也。天下之所同側目而視，側耳而聽，延頸舉踵而望也。是故非澹漠無以明德；非寧靜無以致遠；非寬大無以兼覆；非慈厚無以懷衆；非平正無以制斷。」（〈主術訓〉）

由此可見《淮南子》在人君的涵養上遵從道家的「澹漠清靜」之教，在胸懷上要具有儒家「仁義寬厚」的德性，在處理政務上要有法家所謂的「公平正直」。

然則《淮南子》何以須具有「澹漠清靜」之涵養？《淮南子》曰：

> 「人主靜漠而不躁，百官得脩焉。譬如軍之持麾者，妄指則亂矣。慧不足以大寧，智不足以安危。與其譽堯而毀桀也，不如掩聰明而反脩其道也。清靜無為，則天與之時。廉儉守節，則地生之財。處愚稱德，則聖人為之謀。是故下者萬物歸之，虛者天下遺之。夫人主之聽治也，清明而

不閽，虛心而弱志，是故群臣輻湊並進，無愚知賢不肖，莫不盡其能。於是乃始陳其禮，建以為基。是乘衆勢以為車，御衆智以為馬，雖幽野險塗，則無由惑矣。」（〈主術訓〉）

由此可見《淮南子》認爲君主本身並非具有過人的智慧者，治國持政不能自恃其才能智慧，而是要指揮與應用衆人之才。

四、官　吏

《淮南子》認爲既然設立君主，然而一國之事煩雜龐大，不能獨自擔負，需要設置官僚系統以輔佐之與推動政事與管人。《淮南子》說：

「古之立帝王者，……為天下強掩弱，衆暴寡，詐欺愚，勇侵怯，懷知而不以相教，積財而不以相分，故立天子以齊一之。為一人聰明，而不足以遍照海內，故立三公九卿以輔翼之。」（〈脩務訓〉）

其次，官有等級，以上制下，以綱舉目，構成一系統。《淮南子》曰：

「舉天下之高，以為三公，一國之高，以為九卿，一縣之高，以為二十七大夫，一鄉之高，以為八十一元士，……英俊豪傑，各以小大之材，處其位，得其宜，由本流末，以重制輕，上唱而民和，上動而下隨，四海之內，一心同

歸。」(〈泰族訓〉)

第三，官在理民。《淮南子》認爲君主主要在管制官吏而不理民亦不辦事。官吏則在管民，《淮南子》說：「古之置有司也，所以禁民使不得自恣也。其立君也，所以剬有司，使無專行也。」(〈主術訓〉)「治官理民者，有司也。君無事焉。」(〈詮言訓〉)

第四，官除了管吏與民外，也要任職辦事。《淮南子》曰：「臣道方者，運轉而無方。論是而處當，爲事先倡，守職分明，以立成功者也。」(〈主術訓〉)如此則「君臣上下，官職有差，殊事而調。夫織者日以進。耕者日以卻，事相反，成功一也」(〈繆稱訓〉)。

(一)分工任職

官的主要職責在於管吏、管民、制事，由於人事複雜，因而要分工任職，職有專業，各守其職而不相亂。《淮南子》曰：

> 「古之為車也，漆者不畫，鑿者不斲，工無二伎，士不兼官，各守其職，不得相姦(高注：亂也)，人得其宜，物得其安。是以器械不苦，而職事不嫚。夫責少者易償，職寡者易守，任輕者易權。上操約省之分，下效易為之功。是以君臣彌久而不相猒(高注：欺也)。」(〈主術訓〉)

再者，在分工任職當中，要注意官是爲了制事，制事之時，要注意到其事之必須要做，因而設立任職以管之。其次，根據其事之性質而任能處置其事之能者，始能使事完善，因而任職要因其人之材幹適任於處置此事而任之。《淮南子》曰:「才有所修短也。是故有大略者，不可責以捷巧。有小智者，不可任以大功。人有其才，物有其形。有任一而太重，或任百而尙輕。……皆失其宜矣。」(〈主術訓〉) 倘若不根據其事之性質而僅爲其人，甚而不論其適宜其事、其職與否，而僅爲將此「職」視爲「賞爵」而報酬之，猶如以將軍、屠夫任命爲外科醫生，雖操刀相同，而人之死生有異，如此則成事不足而敗事有餘。其事猶如《韓非子》批評商鞅尙首功之事曰:「斬首者，勇力之所加而治者，智能之官；是以斬首之功爲醫匠也。商君之於法術也，皆未盡善也。」❹

因此，《淮南子》在分工任職上，主張要人盡其才，才稱其職，職欲專才，人欲專職，不得含糊，不得相兼，不得相干。其言曰:

> 「是以人不兼官，官不兼事，士農工商，鄉別州異，是故農與農言力，士與士言行，工與工言巧，商與商言數，是以士無遺行，農無廢功，工無苦事，商無折貨，各安其性，不得相干。」(〈齊俗訓〉)
>
> 「輻之入轂，各值其鑿，不得相通，猶人臣各守其職不得相干。」(〈說林訓〉)

由此可見，《淮南子》之分工任職，主要在於欲事有專精，人才有專用，而不浪費人力資源。

---

❹ 見《韓非子・定法》。

(二)君臣關係

《淮南子》認爲君與臣的關係是相對的而非絕對的：所謂相對，就是君主與臣子是人爲安排的，其關係並不固定；所謂絕對，卽是這種關係是解不開的，是無所逃於天地之間的，是固定不變的。這兩者關係並不相同。《淮南子》曰：「夫臣主之相與也，非有父子之厚，骨肉之親也。」(〈主術訓〉)在君臣的關係中，臣之設立本是爲輔翼君主治國利民而委身於公職受君主的節制。《淮南子》說：「其立君也，所以剬有司，使無專行也。」(〈主術訓〉)在受制當中，人臣所求於人主者卽是「爵祿」，因而人主卽可以權勢與爵祿來驅策人臣。《淮南子》說：「權勢者，人主之車輿。爵祿者，人臣之轡銜也。是故人主處權勢之要，而持爵祿之柄，審緩急之度而適取予之節。是以天下盡力而不倦。」(〈主術訓〉)雖然人臣所求於人主的在於「爵祿」，但是非僅僅在於追求「爵祿」；換言之，人臣的操守並非如同《韓非子》所言受「趨利避害」的原則所支使❺，而還有道德的因素能使君臣之間的關係強固或背離。《淮南子》就舉豫讓與周武王做爲例證，申述其理；豫讓爲中行文子之臣，背中行氏投靠智伯，智伯待之恩厚，智伯滅，身死爲戮。「豫讓欲報趙襄子，漆身爲厲，吞炭變音，擿齒易貌。夫以一人之心，而事兩主。或背而去，或欲身徇之，豈其趨捨厚薄之勢異哉，人之恩澤，使之然也。」(〈主

❺《韓非子》認爲「民之性惡勞而樂佚」(<心度>)，趨利避害爲人之性。「夫安利者就之，危害者去之，此人之情也。」(<姦刼弑臣>)。

術訓〉）故君臣之關係非僅在利害，尚有恩義也。

是以，在豫讓的例子當中，《韓非子》的「趨利避害」的原則是用不上的。豫讓爲智伯死節而報仇，欲刺殺趙襄子的行爲中，並不有什麼「利」可趨，刺殺三次皆冒被殺之危險也不避「害」，豫讓完全是爲「忠義」所感而已。而在紂與周武王的例證，仍是「暴政」與「仁政」之間的分別而已。紂王暴虐無道，殺忠臣比干，剖孕婦。武王弔民伐罪，引起「湯武革命」，在儒家認爲正當。而在《韓非子》當中，逃避暴政，擁護仁義，本也是「趨利避惡」，與他的原則本不相衝突，但這種「利」卻是「仁義」，這種害卻是「酷刑虐政」，而韓非反對以仁義治國而主張嚴刑峻法，然而獨夫紂之敗滅與武王之成功卻與韓非所想相反，甚而韓非在〈忠孝〉篇以爲「湯武人臣而弒其主」，「湯武或反君臣之義，亂後世之教者」，以爲「臣事君，子事父，妻事夫者，……此天下之常道也」❻，認爲君臣之間如同父子關係是絕對的，絕對不可背叛。在這觀念上，我覺得韓非是死腦袋，不通之至。

在君臣關係上，我以爲《淮南子》的看法比較中肯的，一方面，他並不如同孔孟所說的「君子爲拯救天下蒼生」，「舍我其誰」的抱負才做官爲人臣子，而祈望人君能「禮遇」，顯其清高。另一面也不取《韓非子》爲人臣唯利是從，甘心委質爲人臣而奴順，而認爲人們爲「爵祿」而做官，爲「德義」而相報。君臣關係因而絕不是絕對的而是相對的。他說：

「夫疾風而波興，木茂而鳥集。相生之氣也。是故臣不得其所欲於君者。君亦不能得其所求於臣也。君臣之施者，

❻《韓非子・忠孝》。

相報之勢也。是故臣盡力死節以與君，君計功垂爵以與臣。是故君不能賞無功之臣，臣亦不能死無德之君。君德不下流於民而欲用之，如鞭蹏馬矣。」(〈主術訓〉)

由此可見《淮南子》並不贊成《韓非子》所說的人臣爲「重利之故」❼、「而縛於勢而不得不事也」❽、「君臣異心，君以計畜臣，臣以計事君。……君臣也者，以計合者也」❾，「上下一日百戰」❿，視如寇仇。《淮南子》認爲君臣是「相報」而又是「相生」的。在相報方面，君有德則臣擁護之，君無德而爲暴，則以「兵」革命之⓫。採納《孟子》所說「君使臣以禮，臣事君以忠」、「君之視臣如草芥，臣視君如寇仇」⓬相報而已。是以

❼ 《韓非子・二柄》。

❽ 《韓非子・備內》。

❾ 《韓非子・飾邪》。

❿ 《韓非子・揚權》。

⓫ 詳見<兵略訓>之論曰:「聖人之用兵也，若櫛髮耨苗，所去者少，所利者多。殺無罪之民而養無義之君，害莫大焉。殫天下之財而贍一人之欲，禍莫深焉。使夏桀、殷紂，……晉厲、宋康，……至於攘天下、害百姓、肆一人之邪，而長海內之禍，此大論所不取也。所爲立君者，以禁暴討亂也。今乘萬民之力而反爲殘賊，是爲虎傅翼，是爲弗除。」由此可見，人民有對暴君革命的權利。

⓬ 《孟子・離婁下》:孟子告齊宣王曰:「君之視臣如手足，則臣視君如腹心；君之視臣如犬馬，則臣視君如國人；君之視臣如土芥，則臣視君如寇讎。」孟子認爲君臣之間之對待，是相對關係，不是絕對的愚忠。《韓非子・忠孝》裏認爲「臣事君、子事父、妻事夫，三者順則天下治，三者逆則天下亂，此天下之常道也。……則人主雖不肖，臣不敢侵也。……所謂忠臣不危其君，孝子不非其親。」韓非將臣對君要絕對的忠順，不過這是愚忠而不是忠正。

君臣之關係當是建立在「君義臣忠」的原則上。《淮南子》說:

> 「臣之死君也，世有行之者矣，非出死以要名也，恩心之藏於中，而不能違其難也。故人之甘甘，非正為蹠也。而蹠焉往，君子之慘怛，非正為偽形也，諭乎人心，非從外入，自中出者也。義尊乎君，仁親乎父，故君之於臣也，能死生之，不能使為苟簡易。」(〈繆稱訓〉)

由此可見《淮南子》並不認爲君臣關係僅建立在「利」的關鍵上，也不認爲這種關係要依靠「權勢」才能維繫。也不承認君臣利害絕對衝突而互相爭奪，以致於「君臣異心」而導致「上下一日百戰」。反過來說，君臣相互關係旣是相對的，因而應該彼此互相尊重「朝廷有容矣，而敬爲上」(〈本經訓〉)，君臣彼此相敬如賓而相待以仁義道德，這才是上上之策。

再者，《淮南子》認爲「君臣異心」對於國家政治並無好處，反而有所傷害，而對君主也並不有利。並且，君臣亦非絕對「利異」，亦可「同利」。以中國古代歷史政治觀之，「治平之世，君臣必協，亂亡之國，君臣必乖」⑬。《淮南子》言之曰:

> 「黃帝治天下，百官正而無私，上下調而無尤。」(〈覽冥訓〉)
>
> 「古者聖人在上，……上下同心，君臣輯睦。」(〈本經訓〉)

---

⑬ 引文見吳順令，《淮南子之政治思想》，國立臺灣師範大學碩士論文，七十三年，頁25～26。

「君臣上下，官職有差，殊事而調。」(〈繆稱訓〉)

「逮至夏桀之世，……君臣乖而不親，骨肉疏而不附。」(〈覽冥訓〉)

「逮至衰世，……上下離心，……君臣不和。」(〈本經訓〉)

「及至亂主，……力勤財匱，君臣相疾。」(〈主術訓〉)

「君臣乖心，則孫子不能以應敵。是故內脩其政，以積其德。」(〈兵略訓〉)

從歷史史實看來，君臣同心者治強，君臣離心者弱亡，這尤其表現在「紂有民億萬，有億萬之心。武王有三千，三千同一心」。由此紂成為獨夫，「聞誅一夫紂矣，未聞弒君也」⑭。這在《韓非子》裏只知搞內部鬥爭，卻不知「堅凝」⑮內部團結，這就不若《淮南子》視君臣為一體來得正確。《淮南子》說:

「君者，國之心，心治則百節皆安，心擾則百節皆亂，故其心治者，支體相遺也，其國治者，君臣相忘也。黃帝曰，芒芒昧昧，從天之道，與元同氣，故至德者，言同略，事同指，上下一心，無歧道旁見。」(〈繆稱訓〉)

總而言之，《淮南子》認為以仁義道德做為維繫君臣彼此之關係的繩索，使上下同心同德，團結一體，和諧一致，而不要

---

⑭ 《孟子・梁惠王下》:「賊仁者，謂之賊；賊義者，謂之殘。殘賊之人，謂之一夫。聞誅一夫紂矣，未聞弒君也。」

⑮ 見《荀子・議兵篇》，同㉗。

君臣相乖而搞內鬥。

然則，《淮南子》畢竟處在統一帝國的時代裏，認爲君主最可貴者仍是「君勢」，君勢爲「獨一自持」而不可分於人，更不可分享於諸侯與大臣，因此《淮南子》也就接受法家的「強幹弱枝」與「尊君卑臣」的政策。其言曰：

「君、根本也，臣、枝葉也。根本不美，枝葉茂者，未之聞也。」（〈繆稱訓〉）

「末不可強於本，指不可大於臂，下輕上重，其覆必易。」（〈說山訓〉）

「故枝不得大於榦，末不得強於本，則輕重小大，有以相制也。若五指之屬於臂，搏援攫捷。莫不如志，言以小屬於大也。」（〈主術訓〉）

「數披其木，毋使枝葉扶疏。」⑯由於強幹弱枝的政策，順而推論必定實行君尊臣卑的理論。《淮南子》在尊君方面並不完全相同於法家。在道德方面：法家說：「凡人君之德行威嚴，非獨能盡賢於人也。曰人君也，故從而貴之，不敢論其德行之高下。」⑰《淮南子》卻認爲人君必須有德，遵守法籍禮義，「莫得自恣」（〈主術訓〉）。在法方面：法家認爲「生法者君也」⑱，「道德賞罰出於君」⑲，法家僅是將法作爲控制臣下賞罰的

⑯《韓非子・揚權》。
⑰《管子・法法》。
⑱《管子・任法》。
⑲《管子・君臣上下》。

工具。而《淮南子》的「法生於義。義生於衆適，衆適合於人心」、「法籍禮義者，所以禁君使無擅斷也」、「是故人主之立法，先自檢式儀表」（〈主術訓〉）。在勢方面：法家認爲「君之所以爲君者，勢也」⑳，而「勢無匹」，「人君獨恃其勢」，「故明主之所操者六。生之、殺之、富之、貧之、貴之、賤之。此六柄者，主之所操也」㉑。而《淮南子》雖認爲權勢者，「人主之車輿也。……天子發號，令行禁止，以衆爲勢也」。而勢「攝權勢之柄。其於化民易矣。」（〈主術訓〉）在術方面：法家認爲術爲「人主所執」，以「潛御群臣」。《淮南子》主張當懷抱恬愉清靜，「人主之術，處無爲之事，行不言之教」（〈主術訓〉），由以上比較看來，法家遵君比較流於胡亥式的恣睢的專制暴政，而《淮南子》主張君主要具有仁義道德，且要受法籍禮義的約束，理論上雖有專制，但比較不會傾向於暴政。

再者，遵君導致專制，專制則導致臣卑。法家強烈主張遵主勢而卑弱臣，強調臣子不論是非曲直都要絕對服從。《韓非子·有度》說：「賢者之爲人臣，北面委質無有二心，朝廷不敢辭賤，軍旅不敢辭難，順上之爲，從主之法，虛心以待令而無是非也。故有口不以私言，有目不以私視而上盡制之。」這種卑微，簡直是抹殺自已獨立的人格尊嚴，而爲奴顏婢膝的奴順。陳麗桂博士評述得好，曰：

「綜會其旨，則人臣之理想形態亦不過為人君之附庸，以

---

⑳ 《韓非子·六微》：故「權勢不可以借人」。
㉑ 《管子·任法》。

人君之指意為依歸，為人君之統治之工具而已，本身既不必，亦不可有任何超越君主旨意或權益而處之操守行為。人臣一角，於法家政治舞臺上所能扮演者，特為一卑微而不由己之附屬與龍套而已。……此種德操，甚形貧薄而可憐。」㉒

由此可見，在法家的絕對尊君卑臣下，人臣僅對君主恬然奴顏婢膝地侍候君主，也像麋鹿侍候老虎，隨著龍顏喜怒，隨時命喪刀下，那能有所謂的人權保障。而在《淮南子》所說的忠臣則是:

「忠臣不苟利。……忠臣之事君也，計功而受賞，不為苟得。積力而受官，不貪爵祿。其所能者，受之勿辭也。其所不能者，與之勿喜也。……辭所不能而受所能，則得無損墮（殞墮）之勢，而無不勝之任矣。」(〈人間訓〉)

由此看來，在君臣之關係上，君主完全絕對地操持主動權，而臣子僅能卑微地承受，臣子僅爲君恩施予的可憐蟲。君主對於臣子，大言如何「制之」、「用之」，而人臣則是如何對君主忠順。在君勢至上，人臣亦難以堅持以是是非非與眞理爲治理處事的原則。以眞理爲準的情況，僅有偶然性而沒有必然的確定性。遇到

㉒ 陳麗桂博士，《淮南鴻烈思想研究》，國立臺灣師範大學國文研究所博士論文，七十二年，頁248。

漢文帝的寬厚，張釋之才能引法以禁君㉓，才使「管子的『不爲君欲變其令，令尊於君』的理想見諸實行」。碰到漢武帝的專制，亦只能有張湯、杜周等酷吏奴婢，歪曲是非以阿君主而已。由此可見，在專制淫威，面對君王，人臣要保有獨立人格亦難。《淮南子》的君臣相報之論亦難成立矣。

雖然，《淮南子》有傾向於尊君卑臣之論，然而《淮南子》，以德義拘束君主，不容許其暴虐恣睢，而其目的在於利民、愛民、安民、保民並且傾向於孔孟荀而嚴厲批判申、商、韓，故其卑臣亦非全然如《韓非子》全然的抹殺人格者。

五、人 民

(一)民爲邦本

《淮南子》曰:「食者，民之本也。民者，國之本也。」(〈主術訓〉)。《淮南子》對民在國境政治的要素當中，接受儒家的傳統「民爲邦本，本固邦寧」㉔的傳統，認爲人民爲國家的基礎。基礎穩固，則上層之君主安寧；基礎動盪敗壞，則君主崩潰翻覆，因此人民是君主的根本。其言曰:「國主之有民也。猶城之有基，本之有根，根深則本固，基實則上寧。」(〈泰族訓〉)然則「民者，國之本」與民爲國主之「根本」之精義爲何？曰:

㉓ 參見蕭公權，《中國政治思想史》(二)，中華大典編印會，頁269:引張釋之對漢文帝之文:「法者，天子所與天下公共也。今法如此而欲重之，是法不信於民也。」

㉔ 《書經(古文尚書)・五子之歌》。

一者、君主要受民之擁戴；二者、國家之強大在民力之團結；三者、提供國家之勞務；四者、為強兵之基礎；五者、君威依據民衆總體之力成比例。

所謂君主之位之穩固，須受民之擁戴也者，卽民為支持君位的基礎與根本。基礎本根堅固，則君位安穩。根本敗壞與腐爛，則上層崩潰或翻覆。荀子說得好：「君者，舟也。庶人者，水也。水則載舟，水則覆舟，此之謂也。故君人者欲安則莫若平政愛民矣。」㉕《淮南子》深切體會到這點，認為君主之權力須能運行天下，要得人心的擁護，否則君主僅是有名無實的空名而已。其言曰：「所謂有天下者，非謂其履勢位，受傳籍，稱尊號也。言運天下之力，而得天下之心。」(〈泰族訓〉)由此可見，得其民心擁護團結，則國家強盛而君位可得而保且安穩。反之，民心背離者，則國家喪亡而君位不得其保且滅亡。前者之例為湯武，後者為桀紂，史實可以殷鑑。

(二)民力衆勢

所謂國力者，卽是民力之堅凝與總體，國家之強弱卽是民力之強弱。《淮南子》曰：「欲成霸王之業者，必得勝者也。能得勝者，必強者也。能強者，必用人力者也。能用人力者，必得人心者也。……故為治之本，務在寧民。」(〈泰族訓〉)然而民力要牧之而才能畜，畜之而堅凝則可致強。《管子》曰：「欲為天下者，必重用其國；欲為其國者，必重用其民；欲為其民者，必重盡其民力；無以畜之則往而不可止也。無以牧之，則處而不可

㉕ 《荀子・王制篇》。

使也。」㉖由此可見，民力必須牧之以政而後能畜而增長，也即是「能凝」。荀子曰：

「古者湯以薄，武王以滈，皆百里之地，天下為一，諸侯為臣，無他故焉，能凝之也。故凝士以禮，凝民以政。禮脩而士服，政平而民安，士服民安，夫是之謂大凝，以守則固，以征則彊，令行禁止，王者之事畢矣。」㉗

這種「畜牧」、「堅凝」即是商鞅之「摶力」、「壹民」者。由此可見民力爲國力之本。是以《淮南子》曰：「爲治之本，務在寧民。」

三者，國家之勞務由民力之提供。四者，國家之兵源來自於民，民爲強兵之基礎。《淮南子》總而論之曰：

「主之所求於民者二：求民為之勞也，欲民為之死也。民之所望於主者三：饑者能食之，勞者能息之，有功者能德之。民以償其二責，而上失其三望，國雖大，人雖衆，兵猶且弱也。若苦者必得其利，斬首之功必全，死事之後必賞，四者旣信於民矣。……兵猶且强，令猶且行也。是故上足仰，則下可用也。德足慕，則威可立也。」（〈兵略訓〉）

由此可見，「求民之勞，欲民爲之死」，其關鍵在於政。「政

㉖　《管子・形勢》。
㉗　《荀子・議兵篇》。

者，正也。」㉘其政如賞罰樂信得其正，則民樂爲之效勞盡死力。此者，《管子》之論最爲精闢，而其關鍵在於用「法」。其言曰:

> 「凡牧民者，欲民之可御也。欲民之可御，則法不可不審。法者，將立朝廷者也，將立朝廷者，則爵服不可不貴也。爵服加於不義，則民賤其爵服。民賤其爵服，則人主不尊，人主不尊則令不行矣。法者，將用民力者也，將用民力，則祿賞不可不重也。祿賞加於無功，則民輕其祿賞。民輕其祿賞，則上無以勸民，上無以勸民，則令不行矣。法者，將用民能者也。將用民能者，則授官不可不審。授官不審，則民閒其治，民閒其治，則理不上通，理不上通則下怨其上，下怨其上則令不行矣。法者，將用民之死命者也，用民之死命者，則刑罰不可不審，刑罰不審則有辟就，有辟就則殺不辜而赦有罪，殺不辜而赦有罪則國不免於賊臣矣。故夫爵服賤，祿賞輕，民閒其治，賊臣首難，此謂敗國之教也。」㉙

由此可見，欲民爲勞則在政之正，欲民爲之盡死力亦在於正。正者，義也。是以《淮南子》認爲國之所以存者，道德也。「兵之所以強者，民也。民之所以必死者，義也。」(〈兵略訓〉)「德足慕，則威可立也。」

最後，君主對外之威勢之大小與國民力之總體強弱成比例。

㉘　《管子・法法》。
㉙　《管子・權修》。

其民力之總體者強，其君之威勢愈大，反之亦然。管子曰:「凡大國之君尊，小國之君卑。大國之君所以尊者，何也?曰:爲之用者，衆也。小國之君所以卑者，何也?曰:爲之用者，寡也。」[30]綜觀以上五點所述，亦可明瞭國君之本在於國、國家之本在於民之意義，「民爲邦本，本固邦寧」。是以《淮南子》遵循儒者之教，爲政之首要目的，在於「利民」。

---

[30] 《管子・法法》。

第二章　政治政策

一、利　民

「治國有常，而利民為本。政教有經，而令行為上。苟利於民，不必法古；苟周於事，不必循舊。」（〈氾論訓〉）《淮南子》所言之「利民」近於《管子》而歸本於儒家。先秦儒家崇德而不尚利。孔子以利與義對立，以為：「君子喻於義，小人喻於利。」❶

孟子答覆梁惠王曰：「王何必曰利，亦有仁義而已矣。」孟子恐怕言利則帶來「上下交征利」的壞風氣，而提倡仁義。認為「未有仁而遺其親者也；未有義而後其君者也。王亦曰仁義而已矣，何必曰利」❷。然而，從此處觀察，孔孟並非不言「利」，蓋孔孟以「仁義」道德為人之大利。孔孟所不言者是個人斤斤計較於富貴功名之利，孔孟亦並非不欲富貴功名，只是「不義而富且貴，於我如浮雲」。孔孟所強調的必須要以「義」主導「利」而已。墨子亦言利，但墨子卻以義為利，且言交相利。

法家更以人之情為「好利惡害」之命題做為治國的基礎。法

---

❶《論語・里仁》。

❷《孟子・梁惠王上》。

家之理論可分兩派：自然法派——管子，愼到齊學派，與實證法派——申、商、韓三晉派。兩派的學說雖在富國強兵，法、勢、術之論雖大略相同，但在理論根據上，道與利之在細論中亦有分歧，不可不辨。在實證法派，申、商、韓對於「利」之看法謂，「君臣之利異」❸因而就「上下交征利」、利害爭鬥的結果，也就形成「君臣上下一日百戰」。基本上，君臣之利是相衝突的。而在君民之利之交互關係上，商韓以富國強兵之利爲旨歸，人民所有之利要被納入這個軌則之內，而富國強兵基本上又是爲君主之利，因而當人民之利與君主相衝突時，自然而然的就犧牲人民之利以滿足君主之利。而當沒有衝突時，君主亦剝削人民之利以飽充君主私利。這於安樂哲教授在其書中言之甚爲精闢❹。

安樂哲教授指出，有些倫理學上的重要字，例如「愛」與「利」，其價值意義是中性的，沒有好與壞，善或惡。而是當加上形容詞後，其好壞的意義就顯露出來。例如「愛」字加上私字就成「私愛」，則爲壞的意義；而普遍化就成「愛人」，爲好的意義。「利」字亦然，「私利」則惡；「利人」、「利民」則善。其說甚有卓見❺。

管子認爲人民追求利，「百姓無寶，以利爲首。一上一下，

---

❸ 《韓非子・內儲說下・六微・權借一》。又「君臣異心、君以計富臣、臣以計事君」。（<飾邪>）在韓非子的人性論裏，人爲趨利避害，故君臣之利相異，因而相計，因而不相信任。

❹ 見：Roger T. Ames, *The Art of Rulership—A Study in Ancient Chinese Political Thought*. University of Hawaii Press / Honolulu, 1983. 中譯名：《中國古代政治藝術之一環——主術》。Ch. *6: Limin,* pp.153～164。

❺ 同上，pp.154～155。

唯利所處。利然後能通，通然後成國」❻、「民利之則來，害之則去。民之從利也，如水之走下於四方無擇也。故欲來民者，先起其利，雖不召而民自至。設其所惡，雖召之而民不來也」❼。

由此可見人的一般情性則是喜利惡害，受利之誘引，見害而逃避。因此人主政令之推行、禁止與得民之擁護必先要利民。其言曰：

> 「人主之所以令則行、禁則止者，必令於民之所好，而禁於民之所惡也。民之情，莫不欲生而惡死，莫不欲利而惡害。故上令於生、利人，則令行。禁於殺、害人，則禁止。令之所以行者，必民樂其政也，而令乃行。」
>
> 「人主之所以使下盡力而親上者，必為天下致利除害也。」❽
>
> 「凡衆者，愛之則親，利之則至。是故明君設利以致之，明愛以親之。」❾

由此可見，人君根據人民喜利惡害之性，設利民之政策以得其擁護，因此君民兩者相互間同樣皆得所利。故曰：「高安在同利。」❿認為君民之利不相衝突，並可得同利。但管子之利民政策並不是為了人民本身之利為目的，而是把利民當做一種達到「利己」的手段，是「計上之所以愛民者，為用之而愛之也」⓫。

---

❻ 《管子・侈靡》。
❼ 《管子・形勢解》。
❽ 同上。
❾ 《管子・版法解》。
❿ 《管子・版法》。

這就如同韓非所說勾踐之愛民，「爲戰與馳⑫」，把「利民」當作工具與手段了。

《淮南子》不接受商鞅以苛政壓榨剝削民利，以致富國強兵，以傷民而利君；亦不苟同韓非的君臣之利異的學說，而接受管子的說法，承認百姓有好利惡害之心，君主當依據道理而順自然之性以利民。君民之間之利絕非相互排斥衝突，是可相互交利而可以「共生」。一方面，《淮南子》承認管子所說，推行利民政策，則君主能得所求於民者二：「求民爲之勞也，欲民爲之死也。……德足慕，則威可立也。」（〈兵略訓〉）所以「防民之所害，開民之所利，威行也」（〈主術訓〉）。如此則有君民同利共生之效，而君主可得「高安」。這是同於管子的利民思想。

但《淮南子》亦有不盡然同於《管子》，其所以異者卽《管子》目標在於霸政，在於富國強兵。而《淮南子》設定政治的最高指導原則爲仁義道德原則。因此《淮南子》的心態則在「爲天地立心，爲生民立命」的道德情操，以「不可內解於心」的慘（惻）怛之心而爲之。因此「利民」是爲人民而利民，而非爲己利。利民僅是聖人不得內解於心的——僅是爲道德義務而已。其言曰：

「先王之所以應時脩備，富國利民，實曠來遠者，其道備矣。非能目見而足行之也，欲利之也。欲利之也，不忘於心，則官自備矣。心之於九竅四支也，不能一事焉，然而動靜視聽，皆以為主者，不忘於欲利之也。」（〈主術訓〉）

---

⑪ 《管子・法法》。

⑫ 《韓非子・備內》。

再者，《管子》之利民尚斤斤計較於「人君之大利」，「貴富尊顯，民歸樂之，人主莫不欲也。」⑬，「富貴尊顯，久有天下，人主莫不欲也，令行禁止，海內無敵，人主莫不欲也」⑭。

《淮南子》認為管子所說的「君之大利」是一種累贅，是多餘的，是一雙破鞋子，越早脫掉越好。他說：

「堯之有天下也，非貪萬民之富，而安人主之位也。以為百姓力征、強凌弱、衆暴寡，於是堯乃身服節儉之行，而明相愛之仁以和輯之。是故茅茨不剪，采椽不斲，大路不畫。越席不緣，大羹不和，粢食不毇（高注：細也），巡狩行教，勤勞天下，周流五嶽，豈其奉養不足樂哉？舉天下而以為社稷，非有利焉。年衰志憫，舉天下而傳之舜，猶卻行而脫蹝也。」（〈主術訓〉）

由此可見，堯之為君，並非為了「利」，其生活艱困、物質貧乏、無利可圖、節儉勤勞、不貪富貴、不戀君位、不求權勢，純粹是為了仁愛與「志憫」，「欲利之也，不忘於心」的「不可內解於心」的道德情操而不忘「欲利之也，不忘於心」的仁愛胸懷。由此可見，在這衆多紛紜的「功利」學說當中，商鞅為利君而傷害民利的富國強兵，韓非子為君臣之利異——利此薄彼，利彼損此，為利而爾詐我虞，彼此搞「君臣上下一日百戰」的內鬥。管子之利民仍是君主從其中可得利己之同利共存之勢利。《淮南子》為聖人不可內解於心的道德情操之責任感而利民，這在衆論當中

⑬　《管子・形勢解》。
⑭　《管子・明法解》。

就高尚得多了。

二、安　民

《淮南子》所謂的安民，即是與寧民同義。合而言之，即是使百姓生活安寧，也就是使其安定與寧靜。《淮南子》認爲百姓之所以擾亂不安寧者，仍在於多欲與不足。是故《淮南子》曰:

> 「為治之本，務在於安民，安民之本，在於足用。足用之本，在於勿奪時。勿奪時之本，在於省事。省事之本，在於節欲，節欲之本，在於反性。」（〈詮言訓〉）
>
> 「為治之本，務在寧民，寧民之本，在於足用。足用之本，在於勿奪時。勿奪時之本，在於省事。省事之本，在於節用。節用之本，在於反性。」（〈泰族訓〉）

在這兩段話當中，意義並沒有多大的差別。安民即是寧民。《說文》：「安，竫也。」《廣雅・釋詁》：「安，靜也。」《爾雅・釋詁》：「安，定也。」《說文》：「寍，安也。」（段注：此安寧正字。）《易・乾》：「萬國咸寧。」《書・大禹謨》：「萬邦咸寧。」〈傳〉：「寧，安也。」〈注〉：「寧，安定也。」是故可見，安即是與寧之義同，其意義爲安定也，即當今所言社會安定是也。「節欲」與「節用」，節欲是對內在欲望的節制而不恣縱；節用，是用物不奢侈，而要節儉。前者偏在內在心理之節制；後者在於外在行爲與用物之態度，兩者雖有所差別其實卻是一貫。節用根於節欲，節欲是體。節用是節欲之顯發，即是節欲之用，故爲一貫。故這兩段引文同而爲一。《淮南子》政治之目的在於「利民」，而政治表現之成果卽是在安民寧民。其在〈氾論訓〉上言：「天下安寧，政教和平。」卽是其治績之理想所在。

其在安民之本在穩固民之本。本者，人民生活之經濟也。《淮南子》言「衣食者，民之本也。」此者卽是養民之措施。詳見下文。是故生活經濟足用而後民能安。其所謂「勿奪時」，「省事」，卽是人君治國持政要「不擾民」。「愼勿擾也」⑮卽是「以不治治之」（〈主術訓〉）的「無爲而治」。「節欲」或「節用」，卽是人君當要節儉，不要奢侈，勿濫用民力，民用而避免傷民、擾民。是以安民之政表現在治術、道德、法律、經濟之舉上。卽是能安民而治，反之則亂。

《淮南子》以「神農之治」與「末世之政」的對比以描述安民與擾民政治之現象其言曰：

> 「昔者神農之治天下也。神不馳於胸中（高注：言釋神安靜，不躁動也。），智不出於四域。懷其仁誠之心。甘雨時澤，五穀蕃植。春生、夏長、秋收、冬藏。月省時考，歲終獻功，以時嘗穀。……養民以公，其民樸重端慤，不忿爭而財足，不勞形而功成。因天地之資而與之和同。是故威厲而不殺，刑錯而不用，法省而不煩，故其化如神。其地……莫不聽從。當此之時，法寬刑緩，囹圄空虛，而天下一俗。
>
> 末世之政則不然，上好取而無量，下貪狠而無讓，民貧苦

⑮《史記・曹相國世家》。

而忿爭，事力勞而無功。智詐萌興，盜賊滋彰，上下相怨，號令不行。執政有司，不務反道，矯拂其本而事脩其末，削薄其德，曾累其刑。而欲以為治，……亂乃愈甚。夫水濁則魚噞，政苛則民亂。……是以上多故則下多詐，上多事則下多能，上煩擾則下不定，上多求則下交爭。不直之於本而爭之於末，譬猶揚堁而弭塵，抱薪以救火也。故聖人事省而易治，求寡而易贍，不施而仁，不言而信，不求而得，不為而成。塊然保真，抱德推誠。天下從之。……其所修者本也。刑罰不足以移風，殺戮不足以禁姦，唯神化為貴。至精為神。」（〈主術訓〉）

由上文可見，君主在安民方面，首先在道德上要「懷其仁誠之心」、「抱德推誠」，純粹爲「和民」「安民」著想而不爲己，排除自私自利之利己心，「莫出於己」（〈主術訓〉），更不能爲縱欲恣睢而「貪狠」、「好取」而暴虐、剝削於民，所以《淮南子》諄諄再三而言要「誠心」、「仁愛」就是這個道理。

其次在治理上，首先要依照「動靜循理，不爲醜美好憎，不爲賞罰喜怒。名各自名，類各自類，事由自然，莫出於己。……養民以公。」（〈主術訓〉）這種要「因道理之數」而「不專己之能」則是完全排除個人主觀情緒之好惡，而要循道理，由自然尊重客觀物性事象而爲治。這卽是無爲而治。無爲而治卽是人君以「靜」、「儉」爲先，《淮南子》說：「君人之道，處靜以脩身，儉約以率下。靜則下不擾矣，儉則民不怨矣，下擾則民亂，民怨則德薄。」（〈主術訓〉）是以人君持政，以不多事、不煩擾、不多求、不多故，以「勿奪時」而順農事，以省事而無事於民，以求寡而不橫征暴斂的「弗治治之」(〈主術訓〉)的無爲而治。「無爲者，非謂其凝滯而不動也，以言其莫從己出也。」(〈主術訓〉)

《淮南子》有鑑於商鞅以嚴刑峻法治秦，認爲「政苛則民亂」，「苛削則傷德，……商鞅爲秦立相坐之法，而百姓怨矣。……商鞅以法亡秦」(〈泰族訓〉)，而認爲以「刑罰」、「殺戮」之威嚇主義不能安民，也不能致治。《管子》曰：「刑罰不足以畏其心」⑯，卽是這個意思。因而《淮南子》就結論說：「法煩難行也，求多難贍也。」(〈泰族訓〉)是故「治國之道，上無苛令，官無煩治」是也。

再者，在君主之主術上，君人用術必須具有道德，認爲申不害、韓非所倡的「用人也鬼」⑰之詐術以治民，不僅不能安民、寧民，反而適足激盪人民「多詐」、「多態」、「不定」、「交爭」的紛亂。因而《淮南子》認爲以法治國之法要合乎人心，要有正義，人君不僅排除主觀的私見、私智、私愛，以「莫出於己」精神尊重法以治民，而且要以「自禁」，使莫得自恣。「人主之於用法，無私好憎，故可以爲命。……而以無爲爲之」(〈主術訓〉)，則民安寧。

三、養　民

在養民方面，必須使人民賴以爲生之生活必需品無匱乏。人

---

⑯　《管子・牧民》。

⑰　《韓非子・八經》。

之生活必需品者爲何？《管子》曰:「衣食之於人，不可以一日違也。」⑱《淮南子》亦認爲「凡人之所以生者，衣與食也」(〈泰族訓〉)、「人之情，不能無衣食」(〈主術訓〉)。故曰:「食者，民之本。」(〈主術訓〉)

由此可見，衣食爲民之所必需，若無衣食，則民必做爲鳥獸散，則民非其民。再者，民無衣食，則不知禮義，不知禮義，則無廉恥，「民無廉恥不可治也。非脩禮義，廉恥不立。民不知禮義，法弗能正也」(〈泰族訓〉)。是以《管子》曰:「倉廩實則知禮義，衣食足則知榮辱。」⑲《淮南子》亦言:「夫民有餘則讓，不足則爭。讓則禮義生，爭則暴亂起。」(〈齊俗訓〉)「夫飢寒並至，能不犯法干誅者，古今未之聞也。」(〈齊俗訓〉)由此視之，民無衣食則亂，亂則上位危矣。是故君主持政必在養民。

再者，固然《淮南子》之養民一方面強調養民始能安民，使民不爲亂而危及君位之穩固而動搖。另一方面，聖人養民不是爲了利己求有所報而爲之，而是在於仁心惻隱的道:

> 「慈父之愛子，非為報也，不可內解於心。聖人之養民，非求用也。性不能已，若火之自熱，冰之自寒，夫有何脩焉。」(〈繆稱訓〉)

由此可見，《淮南子》基於「不可內解於心」的自然慈愛的責任感而養民，而「非求其用」，亦「非爲求其報」的道德情操，最爲

⑱　《管子・侈靡》。
⑲　《管子・牧民》。

可貴之論。

總而言之,《淮南子》之安民,非出於爲君之安利、爲求君位之穩固之動機而安民,而是出於道德責任感而爲之。換言之,不是出於利己的,而是在於利他。但安民之政卻首要在於養民。

四、經 濟

《淮南子》認爲國家之本在於民,民之本在經濟,經濟之本在衣食, 衣食之本在農耕織 。因此國家的大政卽是如何依據天時,考察地利,鼓勵農桑爲大事。其言曰:「食者,民之本也。民者,國之本也。國者,君之本也。是故人君者,上因天時,下盡地財,中用人力。」(〈主術訓〉)然則《淮南子》之經濟政策乃是建基於耕織,國家之安定基礎亦在於耕織。《淮南子》認爲「人之情,不能無衣食,衣食必始於耕織」(〈主術訓〉)。法家所提倡的富國強兵卽是農戰,而戰之勝、兵之強又要奠立在國之富、農之耕。所以古代的經濟政策其基本在於農織,是以農立國,經濟形態卽以農爲本,其他行業(除士之外)爲末,因而發展爲重農抑商,亦輕鄙工技的經濟政策。這在《商君書》的中心學說卽在農戰。《韓非子》亦重視重農之政策⑳,只是商、韓推行農戰,過分苛暴也較爲偏激。所謂苛暴,卽是商鞅爲推行富國政策,爲防其惰怠與迫其「力作」,強迫農民由大家庭拆散成小家庭,也禁農民從鄉村往來都會的自由,爲恐怕其見都市人之侈靡淫佚而不肯再「力作」,其他尚有諸多虐政皆爲橫征暴歛,集富於「君」、「國」

---

⑳ 《韓非子・五蠹》。

而民仍貧。所以說商、韓之經濟政策是富國而貧民，強兵也只爲侵略戰，是典型的「率土而食人肉」，「爭城以戰殺人盈野」㉑的侵略戰。這些在《淮南子》此書中多有激烈地批判㉒。《管子》書與荀子亦言富國強兵，但管、荀言富國不同於商、韓者，卽管、荀言富國亦言富民，而富國則必須奠立於「富民」的基礎之上，否則民貧則國亦不能富。強兵則先強民，強民又先牧民，教民知禮義廉恥。所以強兵也建立於道德的基礎上。這點與商、韓僅以人情趨利避害之性，以利誘引，以害趨迫以推行富國強兵而不尙道德，結果使秦兵貪狠而無仁義的道德感是不同的。所異者：在這方面，管、荀之論較商、韓之說就比較溫和。《淮南子》是激烈地反對商、韓，以爲其苛政暴虐導致秦亡，卻反而較接受管、荀之說，但仍與之稍有差異。《淮南子》不太論說富國，而較強調「富民」，〈兵略訓〉亦不言強兵與侵略戰，而是根據於仁義反抗暴政的革命。其經濟政策基本上是爲「利民」著想，亦繼承管、荀之學說——富國先富民，藏富於民的思想。故可借《管子》以明襯之。《管子》曰：

「凡治國之道，必先富民，民富則易治也。民貧則難治也。奚以知其然也，民富則安鄉重家，安鄉重家則敬上畏罪，敬上畏罪則易治也。民貧則危鄉輕家，危鄉輕家則敢陵上犯禁，陵上犯禁則難治也。故治國常富而亂國常貧，是以善為國者，必先富民，然後治之。

昔者，七十九代之君，法制不一，號令不同，然俱王天下

㉑ 《孟子・離婁上》。
㉒ 見〈泰族訓〉、〈主術訓〉。

者，何也？必國富而粟多也。夫富國多粟生於農，故先王貴之。

凡為國之急者，必先禁末作文巧，末作文巧禁則民無所游食，民無所游食則必農。民事農則田墾，田墾則粟多，粟多則國富，國富者兵彊，兵彊者戰勝，戰勝者地廣，是以先王知衆民、彊兵、廣地、富國之必生於粟也。故禁末作，止奇巧而利農事。」㉓

《管子》這段話：富國——富民——農作——禁末作文巧——墾田——粟多國富——兵彊——兼併，這一套是法家典型的程式。富國強兵似乎是他們的理想，其實只不過是君主專制與兼併侵略戰的工具，這是「霸主」的公式。但《淮南子》不認爲這是最理想的典型，《淮南子》分「富」有三等，其言曰：「王主富民，霸主富武，亡國富庫。」（〈人間訓〉）《管子》亦曰：「王者藏於民，霸者藏於大夫，殘國亡家藏於篋。」㉔《淮南子》認爲王者行仁政，純粹爲利民，不爲己利著想。其「富國利民，實曠來遠者，……（僅是）欲利之也」（〈主術訓〉），而霸者富國則爲強兵，亡國之君之橫征暴斂，剝削於民者，僅爲「寶珠玉者，殃必及身」㉕。所以王者以富民爲富其人民本身爲目的，霸者以富民爲治亂強兵的工具，亡國以傷殘民之利而爲自私自利。《淮南子》崇尚王者富民，「期於利民而止者也」㉖。

㉓ 《管子・治國》。
㉔ 《管子・山至數第》。
㉕ 《孟子・盡心下》。
㉖ 《管子・正世》。

《淮南子》既然認爲「食者，民之本」，「衣食之道必始耕織」，而「人君者，上因天時」。所謂「因天時」也者，即是在中原地區春夏秋冬四季分明之氣候，從事於農業耕桑者的農事勞作則必須配合四季氣候而工作，農夫如是。而人君之施政千萬「勿奪時」而必須配合農業依時而作，這種稱之爲「因天時」，這表現在農事上最基本的原則即是「春生夏長秋收冬藏」的次序，爲治者之施政措施必須配合之。其在〈時則訓〉，按照一年四季節氣，而製定行事之秩序，曰:

(甲)「孟春之月，招搖指寅，昏參中，旦尾中，其位東方，其日甲乙，盛德在木，其蟲鱗，其音角，律中太蔟，其數八。其味酸、其臭膻、其祀戶、祭先脾、東風解凍、蟄蟲始振蘇、魚上負冰，獺祭魚、候鴈北。」

(乙)「天子衣青衣、采蒼龍、服蒼玉、建青旗、食麥與羊，服八風水，爨萁燧火。東宮御女、青色衣、青采、鼓琴瑟，其兵矛，其畜羊，朝于青陽左個，以出春令。布德施惠，行慶賞，省徭賦。」

(丙)「立春之日，天子親率三公九卿大夫，以迎歲於東郊，修除祠位，幣禱鬼神，犧牲用牡，禁伐木。毋覆巢，殺胎夭，毋麛，毋卵，毋聚衆置城郭，掩骼薶骴。」

(丁)「孟春行夏令，則風雨不時，草木早落，國乃有恐。行秋令，則其民大疫，飄風暴雨總至，黎莠蓬蒿並興。行冬令，則水潦為敗，雨霜大雹，首稼不入。」

(戊)「正月官司空，其樹楊。仲春之月，招搖指卯，昏弧中，旦建星中，其位東方，其日甲乙，其蟲鱗，其音角，律中夾鍾，其數八，其味酸。其臭羶，其祀戶，祭先脾。始雨水……」

(庚)「孟夏之月，招搖指巳，昏翼中，旦婺女中，其位南方，其日丙丁，盛德在火。其蟲羽，其音徵，律中仲呂，其數七，其味苦，其臭焦，其祀竈，祭先肺。螻蟈鳴，丘螾出，王瓜生，苦菜秀。天子衣赤衣，乘赤騮，服赤玉，建赤旗，食菽與鷄，服八風水，爨柘燧火。南宮御女，赤色衣……」

在〈時則訓〉的敍述裏甚長，此處僅引孟春、仲春、孟夏作一比較，探討其主要思想。由此可見其思想核心是:

(一)以陰陽家天人合一爲藍圖。

(二)以五行相生秩序:「水生木、木生火、火生土、土生金、金生水」(〈天文訓〉)爲骨幹，而作爲一年四季及季夏時候的主要支柱。

(三)在整體上，天、地、人構成一整體，彼此有互動的關係。所謂地，是指(甲)自然界之事物;人是指(乙)政治活動與措施;所謂天，是指(丙)，宗教活動，與天人感應。其他的人事活動(戊)要與自然、天、政治相配合。

(四)在(甲)自然物事中有季節、星座、星宿、方位、天干、五行、昆蟲、音、律、數、五味、祀祭、五藏、風位。這些項目其數之構成項目皆與五行 —— 水、木、火、金、土相配合，構成一個橫層面的相關互動性。

(五)在(乙)項政治活動中，主要以君主爲首，其起居、衣、食、住、行等行動舉止、政治措施要與時令配合。

(六)在(丙)項中，其中祭祀、禁戒要配合時令，不可破壞生態。

(七)在(丁)項中，勸告務必依乎天時而行動，不可違背，否則天人感應，則有不利之後果。

(八)在(戊)項中，官制、行政措施要與時令配合。

(九)在(庚)項中，已更換季節，其項目與當令者已更換。餘下，秋、冬之變化大略在項目分類，秩序排列，皆相類似，不贅論。

總言之，除了農事施政措施按照四時節氣的變化外。其他尚有規劃天子在祭祀、服飾、食物、水土、灶用的燃料、房事、樂器、兵器等等都要依照陰陽術士所定的節氣行事，不能違背，否則卽有災異。此者卽爲「勿奪時」與「因天時」之意義，其原則卽在「使勸農事」與「勿妨農功」、「春生、夏長、秋收、冬藏日省時考，歲終獻功，祀於明堂」(〈主術訓〉)。

所謂「盡地財」也者，卽是農業之種植畜牧，因地理之地貌、高山、丘陵、河谷、平原山川地形不同而有差異。依土壤貧瘠肥沃差異、水資源的情況而種植生產，以盡地力。因此要「務修田疇，滋植桑麻，肥墝高下，各因其宜，丘陵阪險，不生五穀者，以樹竹木」(〈主術訓〉)、「水處者漁，山處者木，谷處者牧，陸處者農，地宜其事，事宜其械，械宜其用，用宜其人。

澤皐織網，陸阪耕田，得以所有易所無，以所工易所拙，是故離叛者寡，而聽從者衆」（〈齊俗訓〉）。

除此之外，《淮南子》更注重分工與專業以增加生產與提高其品質。《淮南子》說：

「是以人不兼官，官不兼事，士、農、工、商，鄉別州異，是故農與農言力，士與士言行，工與工言巧，商與商言數。是以士無遺行，農無廢功，工無苦事，商無折貨，各安其性，不得相干。」（〈齊俗訓〉）

以此分工而後專精，尤以同業互「言」，交換經驗，彼此學習與教育研究、使得該行業之知識得有進步。此在〈脩務訓〉中言之再三。

尤有可貴者，《淮南子》亦注重生態環境之保護。對於動物不可濫殺，對於植物不可濫伐，以免破壞生態而使生產失去平衡。其言曰：

「先王之法，畋不掩羣，不取麛夭，不涸澤而漁，不焚林而獵，豺未祭獸，罝罦不得布於野；獺未祭魚，網罟不得入於水；鷹隼未摯，羅網不得張於谿谷；草木未落，斤斧不得入於山林，昆蟲未蟄，不得以火燒田。孕育不得殺，㝅卵不得探，魚不長尺不得取，彘不期年不得食。……先王之所以應時脩備，富國利民，實曠來遠者，其道備矣。」（〈主術訓〉）

再者，君主爲萬民之表率，爲了鼓勵萬民勤於耕織，因而「身自耕，妻親織，以爲天下先」（〈齊俗訓〉）。

以上所言人君親自從事於農作上，採取了積極與消極的兩面措施，以促進生產。

在積極方面：君主親耕勸勉以作表率，皆是採取積極性的鼓勵男耕女織。這種鼓勵的政策，不同於商、韓以高壓手段強迫耕戰，以達富國強兵的目的。而《淮南子》之奬勵耕織，是爲了利民、養民上著想，是恐怕百姓衣食不足而蒙受饑寒，而非爲剝削以利君主之享受。此者以漢文帝爲典範[27]。

在消極方面：即是勸君主：(一)生活簡樸、不能奢侈，以勸導百姓崇尚節儉。(二)薄賦稅，省傜役以減少百姓負擔。(三)禁末作以免妨害農功。(四)多蓄積以救貧窮。這是消極性的勿妨害之。換言之，即是無爲而治的施政政策。

《淮南子》認爲這些雕刻錦綉、簡樸生活的「文飾」之物，皆爲生活之奢靡，這些皆是傷農而至於亂。其言曰：「夫雕琢刻鏤，傷農事也。錦繡纂組，害女工者也。農事廢，女工傷，則饑之本而寒之原也。」（〈齊俗訓〉）因此人主若是好奢侈，縱欲無度，好吃喝玩樂之享受，則其享受之物必求之於民，而民不堪憔悴，則民不安其性。《淮南子》曰：

> 「衰世（君主）則不然，一日而有天下之富。處人主之勢，則竭百姓之力，以奉耳目之欲，志專在於宮室臺榭，陂池苑囿，猛獸熊羆，玩好珍怪，是故貧民糟糠不接於口，而

---

[27] 參見《漢書・文帝本紀》。

虎狼熊羆，厭芻豢。百姓短褐不完而宮室衣繡。人主急茲無用之功，百姓黎民，顦顇於天下。是故使天下不安其性。」（〈主術訓〉）

由於人主好奢侈，因而賦歛無度，而百官爲之收刮剝削於民，因此破壞經濟，使民窮乏而力竭貧困矣。《淮南子》曰：

「人主好鷙鳥猛獸，珍怪奇物，狡躁康荒，不愛民力，馳騁田獵，出入不時，如此，則百官務亂，事勤財匱，萬民愁苦，生業不脩矣，人主好高臺深池，雕琢刻鏤，黼黻文章，絺綌綺繡，寶玩珠玉，則賦斂無度，而萬民力竭矣。」（〈主術訓〉）

由此可見，人君欲望侈靡，則欲求奢侈品之享受，奢侈品則傷農工，傷農工則衣食不足，衣食不足則饑寒，饑寒則傷民性，傷民性則爲亂。是求其結論則在要求人君節用、節欲、反性。故曰：「寧（安）民之本，在於足用，足用之本，在於勿奪時，勿奪時之本，在於反性。反性之本，在於去載（高注：去浮華載於亡者也），去載則虛，虛則平。平者道之素也，虛者，道之舍也。」（〈詮言訓〉）其終結在於反性於虛與平而得道。卽是在勸誡人君從根本齋戒節欲，勿恣睢而後民始能得其所安寧而已。

古代農業社會的生產力或由於土地、氣候、耕作技術、品種、肥料、水利、制度等等問題，其收穫平均所得相當低，僅能溫飽，若遇天災，則不免於饑寒。《淮南子》說：

「夫民之為生也，一人跖耒而耕，不過十畝，中田之獲，卒歲之收，不過畝四石，妻子老弱，仰而食之，時有涔旱災害之患，無以給上之徵賦，車馬兵革之費，由此觀之，則人之生憫矣」。（〈主術訓〉）

由此可見，生產所穫者寡，而食之者衆，且需負擔徵賦，故人民甚爲貧窮。由之人君自己當節儉，「以示民知儉節」（〈本經訓〉）。

除節儉外，其要在多蓄積。民有蓄積，則可補救災害之窮。使「民莫窮困流亡也。……故有仁君明主，其取下有節，自養有度，則得承受於天地，而不離(罹)饑寒之患矣」（〈主術訓〉）。

再就薄賦稅而言，《淮南子》有鑑於秦暴政之苛捐重稅，民力不堪負荷，以至困窮，「或人葅子」（〈齊俗訓〉），因而引起百姓抗暴而至滅亡。是故《淮南子》要薄賦稅、衡量百姓之能力以徵之。其言曰：「人主租斂於民也，必先計歲收，量民積聚，知饑饉有餘不足之數，然後取車輿衣食，供養其欲。」（〈主術訓〉）而且賦稅要適合於時，否則「春貸秋賦，民皆欣，春賦秋貸，衆皆怨，得失同，喜怒爲別，其時異也」（〈說山訓〉）。

而在救濟貧窮方面，「天子命有司，發國倉，助貧窮，振乏絕」（〈時則訓〉），國家將救濟訂爲政策，按時實施，以救百姓之貧窮者。

五、評　論

《淮南子》的經濟思想既如上述，似乎平淡無奇，不過從其中可做一些評論。

首先我們可以從論述可以看出《淮南子》的經濟思想的內在架構是道家的無爲思想、儒家的仁義道德、法家的重農抑商富國、陰陽家的因天時節氣的思想等四大支柱。在受儒家思想影響上，則是表現在君主政治的經濟政策，其施政方針基本上是建立在仁義道德上，其政策的目標在於養民，其道德情操則是在「利民本身的目的上」。這在對先秦法家之經濟是在富國，富國爲強兵，強兵爲兼併，兼併政策爲君主專制之利，把富國當作工具性；這在管子尚有君民共富共利的想法，而在商、韓則把經濟富民政策當做工具性，不免對人民採強迫、壓榨、剝削的暴政上，反而傷農。因而不若儒家建立在利民、養民的觀念上，使生產者爲自利而更有鼓勵生產的作用上，來得開明而有效。

在道家方面，無爲並不是消極不作爲，而是更積極的自由放任的作爲。表現在政府權勢對於農業經濟不僅不干涉、不煩擾的自由放任政策上，且是有鼓勵勸導的作用。這表現在崇尚簡樸，君民節儉的政策有推導的作用。

在法家上，《淮南子》接受法家富國重農而抑制商業、工藝的發展。但對於法家爲重農而抑制知識，特別對於經書，《詩》、《書》，《禮》、《樂》、《春秋》的排斥[28]，而連帶也迫害知識分子，壓制學術思想自由，《淮南子》則是反對的。

在陰陽家方面：農業施政必須配合天文四時節氣與地理（地利——地形、土壤、水利等等）而施政。而且政府之政令、政策要與之配合而實施，而不能延誤或違背。這種農業政策在「因天

---

[28] 《史記・秦始皇本紀》。

時」、「勿奪時」的觀念上是合理的。當然，《淮南子》在〈時則訓〉裏的描述，人君的服飾、舉止、車器、行爲處處要隨節氣而行，這恐怕是過分拘泥於迷信，沒有合理的根據了。

此外，尚有生態學上，孟子就說「斧斤以時入山林，材木不可勝用」㉙。《淮南子》更有明確明令禁止殘害生命幼苗，不能濫墾濫伐，不能破壞生態，使生物能保持生生不息，互相依存共生。這對當代對於環境生態的破壞，仍有積極的啓導功能。

在比較消極方面：我們可用經濟學上的架構，生產、節流、消費、流通的相互關係聯繫而論之。

在生產上，這是開源，古人（先秦漢初諸子）大多鼓勵或強迫農民要積極提供勞力（勞務）投入生產，而較忽略，甚而排斥其與生產有關的相關因素的提供，例如與農業生產有關的水利、土壤、品種改良、肥料、生產工具的改革（甚至推銷、市場等等），這在現代農業增產上更具有決定性的因素。他們比較沒有體認其重要性，這也許與中國傳統知識分子比較不投入對農業經濟知識之研究有關，這在孔子輕鄙學生「請學爲農、請學爲圃」的例子就很明顯，遂使古代農業生產科技未有長足進步。因而政府在農業生產僅能消極從事提供勞力，其他方面則少有良策。

在節流方面：《淮南子》強調君民皆要節儉。尤其反對人君生活奢侈，認爲在人君生活若豪華奢侈，將是剝削於民而形成亂政。其實在經濟活動方面，開源更重於節流。節儉在缺乏而面臨饑寒的貧困社會中，是很重要的態度，在這時君臣皆節儉有其重要性，而蓄積在這時也是很好的政策。但是一個貧困的社會要脫

㉙ 《孟子・梁惠王上》。

離貧乏而變成富裕，則就不能僅靠消極的節儉，而是如何積極提高生產力，增加生產品才能由貧窮轉爲富裕。而提高生產力就需改良生產條件——包括生產工具、科技知識、投資、經營、管理，這是《淮南子》所未想到的。再者，《淮南子》提倡三年、六年、九年之蓄積，這尤指在農產品方面的蓄積，其目的在於防備天災，這本是無可厚非。但是農產品之蓄積之貯藏技術也不是簡單的事，譬如穀類貯藏太久變腐朽反而有毒。另外商品若高積不流通，則損失其使用效力。對這些問題，《淮南子》的經濟學理論尚未論及。在此提出這些問題，僅是說明，光是提倡「節儉簡樸」也僅是消極的作爲，而不如「開源」來得積極。

再就「消費」上說，提倡節儉，即是除了生活必需品——衣食——的消費外，自然而然就反對奢侈品的消費。這在貧困的農業社會生產力低的狀況下，縮小減低消費額，仍是重要的。但是《淮南子》連帶地也要求人君與平民同樣過著儉樸的而不豪華的生活，荀子就極力反對這種作法㉚，認爲這樣要求人君生活儉樸是不合理的。荀子的精闢論說當較爲中肯。當然，消費在工、商業社會，或農業以市場爲導向而非自用的農業，就是以消費做爲生產的誘因；換言之，消費刺激工商業，這在《淮南子》是未想及，當然亦不能苛評。

在流通上，經濟產品要流通，這便是「互易有無」。商業便是民間流通的轉運力。即使在農業生產方面，賑饑救困也要靠流通。甲地豐收過剩，乙地災荒饑困，便要靠流通。而流通便要靠商人去疏通，這種以利導而疏通是自然而便捷的。先秦儒法，《淮

㉚ 《荀子・富國篇》。

南子》一提到「商」總賦予「奸」字味，這點是不妥當的。

以上四點是從《淮南子》的經濟政策措施上而論的。

最後就以社會士、農、工、商四種行業以論重農抑商的政策。這種政策、商鞅是用強迫，禁制性抑制工商，甚至迫害研讀經書、論辯的知識分子，以爲這些無用妨農且亂法，因而當禁。《淮南子》也繼承法家之說，以爲這些雕刻、刺繡等工藝是奇技淫巧，認爲無用。認爲商人不生產而從中剝削，因而抑制工商。其實工、商、士對農並非只是妨礙而是有其互助性。但是就工藝方面說，其與工技是相連接的，由工藝也帶動工技，由工技之發達亦可改良生產工具，這對農業的改革進步是有直接的影響。例如《淮南子》所說，由貝殼，石頭耕種就不如用鐵耕、牛耕。在效率上，用鐵器打造農具，改良生產，這是顯然的。而就商業而言，前言是帶動工業、農業的流通而刺激生產，這是商業的積極貢獻。最後以士與農、工、商的關係上而言，先秦商、韓認爲唸詩書的知識分子，他們是與工藝者、商人、遊俠稱爲六蝨、五蠹㉛的害蟲。儒家認爲士的生活受農工商之支持，但他擔任社會教化與文化的責任，這在《孟子》之論㉜較爲中肯。《淮南子》堅決反對商、韓仇視知識分子。但也像儒家對知識分子僅爲教

㉛ 《韓非子·五蠹》。

㉜ 見《孟子·滕文公上》。孟子反對許行主張「賢者與民並耕而食，饔飧而治」，曰：「然則治天下獨可耕且爲與？有大人之事，有小人之事，且一人之身，而百工之所爲備，如必自爲而後用之，是率天下而路也。故曰：或勞心，或勞力。勞心者治人，勞力者治於人；治於人者食人，治人者食於人？天下之通義也。」顯然地，孟子主張士農工商各各分工然而雖分工卻合作。故士受農工商之供養。

化功能，而沒有體認到知識分子除了道德，文化的功能外，其實實業知識之在經濟上對生產力的提高也是很重要的因素，尤其是「實業的知識」，對農業更有關連。譬如，生產工具、品種的發明與改良，對水利、土壤等等也要做科學的探討，才能改進農業生產。這些是古人尚未積極地注意到的。總言之，在社會士農工商階級的結構上，四者雖偶有彼此妨礙，但基本上四者也是相互共存共生共榮而互依共利的。而尤其是知識分子，不僅是在文化道德教育擔任教化者，在其研究「實業知識」者經濟生產線上也是經濟的策劃者，改革者，推動者，要增加農業生產以富國，何以能像商、韓迫害知識分子，扼殺其智慧發展？先秦諸子與淮南子尚未深刻體會到「知識卽力量」，知識是富國強兵的火車頭。這是《淮南子》尚未深見之處。

總言之，《淮南子》的經濟政策在養民思想上，其在消極的貢獻的多，而積極的進步的少。

第五篇　《淮南子》勢論

本篇所論是繼承第四篇「淮南子政治思想」之延續。上篇論其政治思想著重在政道。本篇則在治道。治道的背後基礎所依恃的力即是勢，其治之方式則是術，其所依據之規範標準則是法。《淮南子》將其三者統合而論之者即在〈主術訓〉。筆者已論述法與術兩者(請參見序文)，本篇則專論其勢之思想。如此，法、術、勢三者共同構成一完整之治道體系。

《淮南子》所言的勢論有三：一者，君勢，爲君主所掌握之權力，所處之勢位。二者爲衆勢，即社會群衆所共同的力勢，這是潛在於人民大衆裏。三者爲兵勢，兵勢爲軍事之力勢，表現在武力之運作。三者相輔相成，合一則共成一體，牴悟則分離而互相殘害，而力勢則互相抵消或消長。

第一章　君勢論

一、勢之意義

勢的意義本作「力」。《說文新附攷》：「勢，盛力權也。」《集韻》：「勢，威力也。」《淮南子・脩務訓》：「各有其自然之勢。」（高注：勢，力也。）勢的概念本爲自然力之盛大狀，倒如排山倒海之勢的威力，這便是韓非子所謂的「自然之勢」❶。後來將勢的應用到軍事學上的地勢、形勢、兵勢，表現著軍力❷，之後又轉用到政治的權力，尤其是指國家的最高主權——君權，此爲人爲之勢。愼到首先指出政治最主要的動力即是「勢」，而不是

---

❶ 關於自然之勢與人爲之勢的分別，《韓非子・難勢》云：「夫勢者，名一而變無數者也，勢必於自然則無爲言勢矣。吾所爲言勢者，言人之所設也。夫聖舜生而在上位雖有十桀紂不能亂者，則勢治也；桀紂亦生而在上位雖有十堯舜而亦不能治者，則勢亂也。故曰，勢治者則不可亂而勢亂者，則不可治也，此自然之勢也。非人之所得設也。若吾所言謂人之所得勢也。」由此可見，所謂自然之勢，卽是外之情勢使之必然如是而不可抗拒者也；而所謂人爲之勢，卽是人之所設的政治權力，能够強迫使人遵從此運用權力者之意志者也，卽是權力也。

❷ Roger T. Ames, *The Art of Rulership,* University of Hawaii Press/Honolulu, 1983. Ch3. Shih (勢) pp.65～107.

「德」❸。而後管子❹，《呂氏春秋》❺，荀子❻，韓非子❼相

---

❸ 《愼子・威德》：「故賢而屈於不肖者，權輕也。不肖而服於賢者，位尊也。堯爲匹夫，不能使其鄰家，至南面而王，則令行禁止。由此觀之，賢不足以服不肖而勢位足以屈賢矣。」由此可見，愼子認爲政治的本質與推動力，即是在權勢，不在賢德。愼子這種論點對儒家以道德統攝政治是很大的反擊。

❹ 見《管子・形勢解》。《管子》曰：「蛟龍，水蟲之神者也，乘於水則神立，失於水則神廢。人主，天下之有威者也，得民則威立，失民則威廢。蛟龍待得水而後立其神，人主待得民而後成其威。」是故管子論勢，須得衆勢之擁護而後得形成而得其威。是故管子論政多言利民、富民、牧民、敎民而後主勢始得威大與鞏固。

❺ 《呂氏春秋・愼勢》：「失之乎勢，求之乎國，危。吞舟之魚，陸處則不勝螻蟻，權鈞則不能相使，勢等則不能相并。……王也者，勢也。王也者，勢無敵也。勢有敵則王者廢矣。」《呂覽》以王之所以爲王，在於有勢，且在於獨恃其勢而不可分予他人。

❻ 荀子認爲勢爲君主之所最利，然須以道以安之，否則反受其害。其言曰：「人主者，天下之利埶也，得道以持之則大安也、大榮也，積美之源也。不得道以持之則大危也，大累也，有之不如無之。及其綦也，索爲匹夫不可得也。齊湣宋獻是也。故人主，天下之利埶也，然而不能自安也。安之者，必將道也。」(<王霸篇>)是故荀子認爲君主之勢之安，必在得道，得道之要，在於得民之擁護。故曰：「君者、舟也，庶人者，水也。水則載舟、水則覆舟、此之謂也。故君人者欲安則莫若平政愛民矣。欲榮則莫若隆禮敬士矣。欲立功名則莫若尚賢使能矣。是君人之大節也。」(<王制篇>)此之所謂得道者也。

❼ 韓非子論勢，在於<難勢>裏，除了承認愼子所言勢爲政治之核心外，韓非子亦不贊成德治。但韓非子認爲用勢仍需有賢者（此賢者並非如儒家強調有德，而韓非子所謂賢者是在有能）能具有技術以持術，按法而治。故韓非子強調法、勢、術三者配合應用。詳見<難勢>，文長，不引。

纔提出勢的重要理論。

一般上，政治上的勢，尤其在「主勢」上是與「權」、「位」、「柄」、「威」相結合而構成君權。在勢位上，卽是指君主的名分、地位爲政府結構爵次中最高者。荀子說:「天子者，勢位至尊，無敵於天下。」❽韓非子說：「明君之所以立功者四，……四曰勢位。」❾說明勢位之重要，因此「易傳」說：「聖人之大寶曰位。」❿其次與權的關係構成權勢。《廣雅・釋器》：「錘謂之權。」權的名詞本是「稱錘」，權用於動詞，「權，所以平輕重。」⓫因政治上,則是有裁決之力量而以爲準之者。例如:《國語・齊語》:「式權以相應」，注:「權，平也，治政用民，使均平相應也。」而後與勢相結合爲「權勢」之詞，卽是有使他人服從之力也。這是君主最重要的力量。管子曰:「權勢者,人主之所獨守也。」⓬而後權又與「柄」相結合以成「權柄」，權柄的「柄」字，鄭玄云:「柄，所以秉執以起事者也。然則柄以器物爲喻，若用斧之執其柄也。」則權柄在政治上則爲操縱，控制之威權也。《淮南子・要略》中認爲君主必要「握其權柄，擅其政令也。」韓非子認爲「威勢者，人主之筋力也」⓭。

由此觀之，主勢之構成因素與意義是與勢位、權力、權勢、威勢的觀念合而爲一的。

---

❽ 《荀子・正論篇》。

❾ 《韓非子・功名》。

❿ 《易經・繫辭下・傳》。

⓫ 《荀子・不苟篇》:「秉權之、執計之」之注。

⓬ 《管子・七臣七主》。

⓭ 《韓非子・人主・五二》。

二、法家君勢論

先秦法家認爲君主之所以爲君主者，即是擁有主勢之謂也；反之，失勢則非君矣。《管子》曰:「凡人君之所以爲君者，勢也，故人君失勢則臣制之矣。勢在下則君制於臣矣，勢在上則臣制於君矣。故君臣之易位，勢在下也。」⑭《呂氏春秋》亦曰:「王也者，勢也。王也者，勢無敵也。勢有敵則王者廢矣。」⑮由此可見管、呂兩者皆以君勢卽爲君。若是無其勢，則王者廢矣。管子更認爲勢是控人臣的利器，誰掌握到權勢，誰就能控制誰，反之則受制於人，而使君臣易位。

愼到認爲勢卽是權力與主權，是政治的推動力。人們是服從於勢而非德。君主有勢才能服人，否則不爲君。曰:

> 「騰蛇遊霧、飛龍乘雲、雲罷霧霽，與蚯蚓同則失其所乘也。故賢而屈於不肖者，權輕也；不肖而服於賢者，位尊也。堯為匹夫，不能使其鄰家，至南面而王，則令行禁止。由此觀之，賢不足以服不肖，而勢位足以屈賢矣。」⑯

商鞅則以富國強兵爲君勢。其言曰:「湯武致彊而征諸侯，服其力也。」⑰而且商鞅亦認爲權勢爲君所獨制，失守則危。其

⑭ 《管子・法法・十六》。
⑮ 《呂氏春秋・愼勢》。
⑯ 《愼子・威德》。
⑰ 《商君書・算地》。

言曰:「國之所以治者三，一曰法，二曰信，三曰權。權者，君之所獨制也。人主失守，則危，……權制獨斷於君，則威。」⑱韓非子認爲君主能夠令行禁止、控制人，完全在於「位高」與「勢重」。故能「制天下」，匹夫「位卑」則堯不能正三家，故「短之臨高也以位。不肖之制賢也，以勢」⑲。因而若是以君主若「無威嚴之勢，賞罰之法，雖堯舜不能爲治。」⑳

所以勢，對君主而言，是最重要的。韓非子曰:「萬乘之主，千乘之君，所以制天下而征諸侯者，以其威勢也。威勢者，人主之筋力也。……勢重者，人主之爪牙也。君人而失其爪牙，……則人必制之矣。」㉑由此可見，「國者，君之車也。勢者，君之馬也」㉒。勢爲人主所處，「勢重者，人君之淵也。賞罰者，邦之利器也」㉓、「主之所以尊者，權也」㉔。權勢之對於人主是「威不貸錯，制不共門」㉕、「權勢不可以借人」。

至於對君臣之間而言，君主以權柄制臣，失其柄則反受制於人。其言曰:

「明主之所導制其臣者，二柄而已矣。二柄者，刑德也。何謂刑德？曰：殺戮之謂刑，慶賞之謂德。為人臣者，

⑱《商君書・修權》。
⑲《韓非子・功名》。
⑳《韓非子・姦刼弑臣》。
㉑《韓非子・人主》。
㉒《韓非子・外儲說右上》。
㉓《韓非子・喻老》。
㉔《韓非子・心度》。
㉕《韓非子・有度》。

畏誅罰而利慶賞，故人主自用其刑德，則羣臣畏其威而歸其利矣。……人主者，以刑德制臣者也。今君人者，釋其刑德，而使臣用之，則君反制於臣矣。」[26]

三、《淮南子》論君勢

《淮南子》亦接受先秦法家思想，認爲權勢對於君主有貼身的重要，人君處權勢之位，操持權柄之要，以及任人之權以駕御群臣。其言曰：

「權勢者，人主之車輿；爵祿者，人臣之轡銜也。人主處權勢之要，而持爵祿之柄，審緩急之度，而適取予之節，是以天下盡力而不倦。夫臣主之相與也，非有父子之厚、骨肉之親也，而竭力殊死，不辭其軀者，何也？勢有使之然也！」（〈主術訓〉）

「聖主之治也。其猶造父之御，齊輯之于轡銜之際，而急緩之于脣吻之和，……內得於心中，外合於馬志。是故能進退履繩，而旋曲中規，取道致遠，而氣力有餘，誠得其術也。是故權勢者，人主之車輿也；大臣者，人主之駟馬也。體離車輿之安，而手失駟馬之心，而能不危者，古今未有也。是故輿馬不調，王良不足以取道。君臣不和，唐虞不能以為治。執術而御之，則管晏之智盡矣。明分以示之，則蹠蹻之姦止矣。……」

---

[26] 《韓非子・二柄》。

「今夫御者，馬體調于車，御心和于馬，則歷險致遠，進退周游，莫不如志。雖有騏驥騄駬之良，臧獲御之，則馬反自恣，而人弗能制矣。」（〈主術訓〉）

從以上引用〈主術訓〉之文而觀之，《淮南子》的權勢之論甚受先秦法家之影響，言詞用典多有雷同，表面甚爲類似。其實其骨子裏卻有很大的差異。在先秦法家而言，《管子》與《呂氏春秋》中，權勢卽相當於君主之代換詞，卽是君主本身所具有而不可與離者，與君主爲一體，離則失其所以爲君主。權勢對君主而言則是絕對不可或缺的條件。而且要勢無敵，因而君主要獨持其勢。

商鞅亦認爲「權爲人主所獨制，人主失守則危……權制獨斷於君，則威」。韓非更認爲筋力爲人主本身所具有之筋力，筋力失則受制於人。勢重爲人主之爪牙，爪牙失則虎反變爲狗。因此勢重爲人君之淵，人君失淵則如魚失水而處陸，反爲螻蟻所制。而且，人君利用威勢、權柄以控制臣子，由於君臣之利異，君臣之勢相爭，君臣上下一日百戰，因而人主絕對要以威勢制臣，不可鬆懈，失守否則反爲所噬。《韓非子》日日夜夜以田成子，子罕之弒君篡位爲殷鑑而戰戰慄慄，深恐人君被篡弒而傷亡。

《淮南子》之君勢論則有異於是。而不同於管、呂者，認爲權勢對君主而言，並非相等於君主，不是絕對而唯一的不可或缺的條件，而只是相對的條件，權勢只是君主應用的工具，工具不等於使用工具者本身。工具可有可無，只是有之，則作爲者（君主）用人制事則「利便」，失之則失其利便而已。失去應用工具，仍保有應用者本身，只是「行使」不便而已。因此《淮南子》認爲君主不全等於權勢，權勢僅是指揮群臣的工具而已，只是君主所需的幾個相對條件而非絕對條件。桀紂臣民後來有君主之權勢,武王兵三千而已,然而得失易勢。其理者何?《淮南子》曰:「擒之牧野。豈周民死節,而殷民背叛哉?其主之德義厚而號令行也。」豫讓「以一人之心而事兩主,或背而去,或欲身徇之,豈其趨捨厚薄之勢異哉,人之恩澤使之然也」(〈主術訓〉),由此觀之,君之所以爲君,除了權勢外,尙要以恩澤固結臣子之心,以德義之厚而持守之。是以權勢並非爲君主之絕對條件。

對於愼到之論而言,孔子服於魯哀公,爲其勢也;堯無勢位,不能服三家。是以服人以勢不以德。《淮南子》亦同意此點,曰:「孔丘、墨翟脩先聖之術,通六藝之論,口道其言,身行其志,慕義從風,而爲之服役者,不過數十人。使居天子之位,則徧爲儒墨矣。」(〈主術訓〉)在這一句中,《淮南子》之「徧爲儒墨矣」固爲誇大其詞,過分誇大權勢之影響力,仍爲一偏之見。因爲之後孔子仁愛之說影響中國兩千年,受其陶冶爲億萬人,其勢至大無匹。而哀公何人哉?仍依托孔子而後有其名而已。是故哀公權勢乃一時颶風,經過之處,固然有排山倒海,摧折樹木之能,然而過後消逝無踪跡。不若眞理之勢,長遠遼濶,其所勢無匹,抵擋者摧折,是以有望風披靡之勢也。故曰:「天不生仲尼,萬古如長夜。」是以孔子之勢,秦皇、漢武,何足掛齒?再者,又據《淮南子》批判曰:「桓公立政,去食肉之獸、食粟之鳥,係置之網,三舉而百姓說。紂殺王子比干而骨肉怨,斮朝涉者之脛而萬民叛,再舉而天下失矣。故義者,非能徧利天下之民也,利一人而天下從風。暴者非盡害海內之衆也,害一人而天下離叛。故桓公三舉而九合諸侯,紂再舉而不得爲匹夫。故舉錯不可不審。」(〈主術訓〉)由此觀之。有其位,有其德,則天下遵從,其勢加大。有其位，無其德，恣睢爲暴，則天下離叛而失其勢，繼而亦喪其位。是以持勢不能獨擧，唯以有德義能持守之。其勢亦明矣。愼子之論，仍爲一偏之見耳。

其次評論商鞅以「力」爲勢。是以力爲征天下，服諸侯，兼併天下之資，是以商鞅言耕戰，言富國強兵以摶力，而以壹民、壹賞，以嚴刑峻法以去刑，以連坐告姦爲互相監視而控制，爲耕戰而拆家庭，爲愚民而禁止農民往來城鄉，爲行法而禁議論。其「摶力」之政策雖收吞滅六國兼併一統之效，然而其土崩瓦解亦不旋踵而滅，何則？其無仁義爲繼，而胡亥恣睢爲暴，而君勢適足助紂爲虐之資，而速取滅亡，是以《淮南子》抨之曰：

> 「二世皇帝，勢為天子，富有天下。人迹所至，舟檝所通，莫不為郡縣。然縱耳目之欲，窮侈靡之變，不顧百姓之飢寒窮匱也。興萬乘之駕，而作阿房之宮，發閭左之戍，收太半之賦，百姓之隨逮肆刑，挽輅首路死者，一旦不知千萬之數。天下敖然若焦熱，傾然若苦烈，上下不相寧，吏民不相憀（賴也）。戍卒陳勝，興於大澤，……一人唱，而天下應之者，積怨在於民也。」（〈兵略訓〉）

再評商鞅之「權制獨斷於君，則威」之論曰，凡用權、制事、決斷，必須以智慧與知識，而不可盲目愚笨以斷之，而用勢亦然。然而商鞅強調「獨斷」，然而《淮南子》認爲人君之深居宮中，見聞窄狹，「則人之知物也淺矣」（〈主術訓〉）。故其知識不廣博。其言曰：「人主深居隱處，以避燥濕，閨門重襲，以避姦賊，內不知閭里之情，外不知山澤之形，帷幕之外。目不能見十里之前，耳不能聞百步之外。」(〈主術訓〉)以此所知之淺陋而欲獨斷,故其斷也愚,如此「而徧照海內、存萬方,不因道理之數而專己之能,則其窮不達矣」(〈主術訓〉),以此用勢「則益其損。……故有野心者,不可借便勢,有愚質者,不可與利器」(〈主術訓〉)。因此《淮南子》認爲人主之明不在自用其智,而在於用衆人之智,人主之勢,不在自用其力,而能乘用衆人之力。故人主要講求「因物以識物,因人以知人」(〈主術訓〉)之方。是故

> 「人主者,以天下之目視,以天下之耳聽,以天下之智慮,以天下之力爭,是故號令能下究,而臣情得上聞。百官脩通,群臣輻湊。喜不以賞賜,怒不以罪誅,是故威厲立而不廢,聰明先而不蔽,法令察而不苛,耳目達而不闇。善否之情,日陳於前而無所逆,是故賢者盡其智,而不肖者竭其力。……所以然者何也?得用人之道,而不任己之才者也。故假輿馬者,足不勞而致千里;乘舟檝者,不能游而絶江海。」(〈主術訓〉)

因此《淮南子》反對人君獨制獨斷,自智自用,認爲「乘衆人之智,則天下之不足有也,專用其心,則獨身不能保也」(〈主術訓〉),因而「法者,所以禁君使勿擅斷也」,反對人主獨斷獨制。「乘衆人之智則無不任也。用衆人之力,則無不勝也。……乘衆人之勢者,則天下不足有也。」(〈主術訓〉)

在抨擊韓非子之勢論方面。韓非子認爲人情趨利避害,認爲君臣之間的關係又不是有父子之親,君臣之利害相衝突,君臣之利異,因而強調君臣之間的關係充滿了你死我活的鬥爭性。因而

韓非子認爲人君惟有緊緊地把捉著刑賞之權柄，以爲控制臣子的爪牙與利器，由之權勢之柄不可倒授與人。

《淮南子》與《韓非子》相同，亦認爲「臣主之相與也，非有父子之厚、骨肉之親也」（〈主術訓〉），但不認爲君臣之利異，而產生君臣之間的鬥爭、對抗而導至君臣之間一日百戰。相反的，好利之心，人皆有之。人君可以利用萬民之好利因而利之，「是故人主覆之以德，……而因萬人之所利。夫舉踵天下而得所利，故百姓載之上而弗重也。錯之前而弗害也，舉之而弗高也。推之而弗厭也」（〈主術訓〉），由此可見，因萬民之欲利而利之，則得萬民之擁護。

再者，君臣之間雖非有父子之親，而是相對與相報之關係。在這「相對」與「相報」之關係下，君臣之間之利可以有「相生之氣」，換言之，君臣之利可以共利，不必然是相衝突的。也不必然一定爲君臣一日百戰的鬥爭。再則由於相對相報之關係，因而君不利臣，臣亦不必利君。《淮南子》曰：

> 「夫疾風而波興，木茂而鳥集，相生之氣也。是故臣不得其所欲於君者，君亦不得其所求於臣也。君臣之施者，相報之勢也。是故臣盡力死節以與君，君計功垂爵以與臣。是故君不能賞無功之臣，臣亦不能死無德之君。君德不下流於民，而欲用之，如鞭蹏馬矣。」（〈主術訓〉）

由《淮南子》之論而觀之：「君若不因臣民之所欲利而利之，君德不下流於民，其主之德義不厚，不「抱德推誠，……則刑罰不足以移風，殺戮不足以禁姦。」（〈主術訓〉）倒逆之勢，無所用之，反受其害。是故其勢之行也，必以德義爲之。此《淮南子》之灼見也。

再者，《韓非子》之論曰：「國者，君之車也，勢者，君之馬也。」《淮南子》亦言：「權勢者，人主之車輿。大臣者，人主之駟馬也。」兩者之論似乎同調，皆認爲君主與權勢已不同等爲一，亦不等同爲一體，此者與管、呂以君爲權勢之論不同。但韓、淮之間雖類似，但亦有不同。韓非子則強調權勢在己之持，親自操縱，緊緊把捉，不可放鬆，失去權勢反爲臣所制，而臣不可信任，以爲輿馬常有逆己叛逆之勢，著重在對臣民之控制。《淮南子》則不然，認爲「勢」與「力」在車、馬本身上，要能乘其勢，用其力，不可離車而與馬競走。所以《淮南子》說：

> 「不正本而反自用，則人主逾勞，人臣逾逸，是猶代庖宰剝牲而為大匠斵也。與馬競走，筋絶而弗能及；上車執轡，則馬服於衡下。故伯樂相之，王良御之，明主乘之。無御相之勞而致千里者，乘於人資，以為羽翼也。是故君人者，無為而有守也。」（〈主術訓〉）

由此可見，《淮南子》雖有執轡操縱之權，亦不必親自駕駛，而只任王良御之，故御相之勞而可致千里。其所強調在於「乘」於人資爲羽翼，故君人可無爲而亦可守勢。由之淮南子特別強調「乘衆勢以爲車，御衆智以爲馬。雖幽野險塗，則無由惑矣」（〈主術訓〉），能用衆則有乘御之佚，不能用衆則反有徒役之勞，故「乘衆人之勢」，「乘衆人之智則無不任也，用衆人之力則無不勝也」（〈主術訓〉），用人則要「因其資而用之也」。

再者，《淮南子》雖強調在「乘衆勢以爲車、御衆智以爲馬」，但在「乘」當中，則必須與馬、車、御者爲一體，協和一致，否則車毀馬逆御叛，則傷亡可待也。故其乘御之間，亦要「內得於心中，外合於馬志」，強調輿馬、駕馭要調和，君臣要相和，否則不能用勢，亦不能爲治。這點則與韓非子強調君臣之間的鬥爭性不同。

再者，《淮南子》又言，君主雖然有權勢，但不能濫用其勢。「人莫得自恣，則道勝，道勝則理達矣。」必須依據道理而行勢。其言曰：

> 「禹决江疏河，以為天下興利而不能使水西流；稷辟土墾草，以為百姓力農，然不能使禾冬生，豈其人事不至哉，其勢不可也！夫推而不可為之勢，而不脩道理之數，雖聖人不能以成其功，而況當世之主乎！夫載重而馬羸，雖造父不能以致遠；車輕馬良，雖中工可使追速。是故聖人舉事也，豈能拂道理之數，詭自然之性，以曲為直，以屈為伸哉！未嘗不因其資而用之也。是以積力之所舉無不勝也，而衆智之所為，無不成也。」（〈主術訓〉）

由此可見，《淮南子》認爲人主雖有權勢，亦不能不依據道理而行，亦不能違背自然之性。

因此，《淮南子》認爲君主之權勢是有影響力，無權勢則難有影響力，這點舉例與先秦管、荀、韓相同，其言曰：「靈王好細腰，而民有殺食自飢也。越王好勇，而民皆處危爭死也。」（〈主術訓〉）權勢既然有其影響力，則君主可起帶頭作用，用之於改善風俗。「由此觀之，權勢之柄，其以移風易俗矣。堯爲匹夫，不能仁化一里，桀在上位，令行禁止。由此觀之，賢不足以爲治而俗可以易俗明矣。《書》曰:『一人有慶，萬民賴之』，此之謂也。」（同上）由此可見《淮南子》將權勢用之於道德之移風易俗，實不同於韓非子認爲君主之權勢作爲控制臣民與政治權力內鬥的工具。

最後，先秦法家總認爲君主之位爲大寶，不可失之。權勢是爲保護君主之位不被篡奪，主術是在明奸以知陰謀而能防備之。嚴刑峻法是在防備權臣之侵奪，於君主之位，戰戰慄慄，惟恐一朝失之，萬世不復。《淮南子》則舉堯之於爲君主也，是爲使百姓「明相愛之仁，以和輯之」的道德使命感而擔負人主之責，與百姓同樣過著困苦的生活，其「之有天下也，非貪萬民之富，而安人主之位也」（〈主術訓〉）。當其「年衰志憫」不能再爲「社稷」擔負領袖之責，「舉天下而傳之舜，猶卻行而脫蹝也」（同上）。而舜亦然，堯舜之禪讓，不以君位爲私，其視申、商、韓以君位爲私有，設權勢以殘暴臣民以防備侵奪，視天下爲己家之財物而殺功臣害賢良以防其偷襲，其於劉邦視天下爲自家產業之言行，有所撻伐。

四、評 論

綜而言之，勢卽是力，有權勢、勢位、權柄、威勢卽構成主勢。此四者爲君主所必備的必要條件，但非絕對條件。此爲君主統御臣民所必需者，無此勢力，則不成爲君，而反爲臣子所制。有此勢力，則可駕御衆勢而爲君所用。

在先秦法家，主勢所具之權勢，權柄是爲駕御，操縱，控制群臣之威力，以使臣民順服而壓制衆勢以防其反叛、簒奪。因此在先秦法家，主勢只是利用衆勢，有時相爲衝突。而在《淮南子》，因主張利民，君臣之利可共生，因而以主勢中之權勢、權柄，配合德治以導萬民之利，而得衆勢之支持。如此言之《淮南子》在勢論，雖承認權勢有其重要性，然而更強調道德仁義對於主勢有支柱的力量，對君位之穩固有浮托支持的作用，而對於主勢之權柄僅用公正之賞罰。總而言之，《淮南子》有鑑於秦胡亥之恣睢殘暴，濫用主勢（權勢、權柄、勢位），因而提出法籍禮義以禁君使勿擅斷，使莫得自恣而不能濫用權勢爲暴，是君勢論之主旨。其次，上文隱約指出君主之勢需與人民之衆勢要互相調和而與之和同，協和一體，如此主勢才能穩固與長遠，否則速亡，紂之滅亡也，殷鑑不遠。是以《淮南子》之勢論重視衆勢。

第二章　衆勢論

「天子發號、令行禁止，以衆爲勢也。」(〈主術訓〉)《淮南子》「以衆爲勢」的理論是對商鞅、韓非子的批判，而對《管子》、《呂覽》之承繼與轉化。這種反逆轉折之緣故仍是受歷史之變動、政治之更替影響所致。因此本文論其學術之沿革，理論結構，以及其運作。

一、衆勢論沿革

(一)《商君書》

商鞅曰:「人衆兵強，此帝王之大資也。」❶商鞅所謂勢卽是力，力是由國富兵強而來，而以農戰爲搏力的手段。商君之所以重視以「力」爲勢的原因，仍由歷史時勢所產生出來的。其論所處歷史時勢曰:「今世彊國事兼併，弱國務力守，上不及虞夏之時，而下不修湯武，湯武塞，故萬乘莫不戰，千乘莫不守。此道之塞久矣。」這種時代演變就像韓非子所說:「上古競於道德，中世逐於智謀，當今爭於氣力。」❷在戰國時代，各國所欲者，

---

❶《商君書・弱民》。
❷《韓非子・五蠹》。

「土地也」❸。因此大國務兼併，小國務力守，各國之間所以決定國家生存滅亡之最重要的因素即是「力」。力大則人朝，力小則朝於人，「國多力，多力者王」❹，因此，商鞅體會到力的重要性，而力求如何富國強兵，如何推行以法治國的政策而摶力。商鞅說：

「千乘能以守者，自存也；萬乘能以戰者，自完也，雖桀為主，不肯詘半辭以下其敵。外不能戰，內不能守，雖堯為主，不能以不臣諧，所謂不若之國。自此觀之，國之所以重，主之所以尊者，力也。耕戰二者，力本。」❺

由之商君認爲：

「治國能摶民力而壹民務者彊，能事本而禁末者富。夫聖人之治國也，能摶力，能殺力。制度察則民力摶，摶而不化則不行，行而無富則生亂。故治國者，其摶力也，以富國彊兵也。其殺力也，以事敵勸民也。」❻

商君所謂的「摶力」，即是「摶國力，國力摶者彊」，而摶國力之推行政策即在農戰。

---

❸ 同上。
❹ 《商君書·去彊》。
❺ 《商君書·愼法》。
❻ 《商君書·壹言》。

> 「國待農戰而安，主待農戰而尊。……故治國者欲民之農也。國不農，則與諸侯爭權不能自持也，則衆力不足也。故諸侯撓其弱，乘其衰，土地侵削而不振，則無及已。聖人知治國之要，故令民歸心於農，歸心於農，則民樸而可正也，紛紛則不易使也。信，可以守戰也。壹，則少詐而重居。壹，則可以賞罰進也。壹，則可以外用也。……凡治國者，患民之散而不可摶也，是以聖人作壹，摶之也。……是以明君修政作壹，去無用，止浮學事淫之民，壹之農，然後國家可富，而民力可摶也。」❼

爲了富國強兵，商鞅就以重刑輕賞的政策以推行之，而致摶力與殺力。其言曰：

> 「刑生力，力生彊，彊生威，威生惪，惪生於刑。故刑多則賞重，賞少則刑重。民之有欲有惡也：欲有六淫，惡有四難。從六淫，國弱；行四難，兵彊，故王者刑於九而賞出一止刑於九，則六淫❽；賞出一，則四難行；六淫止，則國無姦；四難行，則兵無敵。民之所欲萬，而利之所出一。民非一則無以致欲，故作一。作一則力摶，力摶則彊，彊而用。重彊，故能生力，能殺力。曰：『攻敵之國必强。』」❾

---

❼《商君書・農戰》。

❽《商君書・說民》。陳啓天，《商君書校釋》，人人文庫，特三二二，臺灣商務，頁43之❶，引朱說：「六淫，六欲也。《呂覽・貴生》：『六欲皆得其宜。』高誘注『六欲，生死耳目口鼻也。』蓋心淫於生死，耳淫於聲，目淫於色，口淫於味，鼻淫於臭。四難，謂嚴刑，峻法，力農，務戰。」

❾《商君書・說民》。

而商鞅的國富強兵，並不是在於富民而後國富，民彊而後兵強。商鞅反而認爲「民弱國彊，民彊國弱，故有道之國，務在弱民」⑩。然則，商鞅何以以弱民而制國彊，曰，其在於易制也。故商鞅曰:「昔之能制天下者，必先制其民者也；能勝彊敵者，必先勝其民者也。故勝民之本在制民，若冶於金、陶於土也。本不堅，則民如飛鳥走獸，其孰能制之。」⑪

總之，商鞅歸結其政策之總指針曰：「故凡明君之治也，任其力不任其德，是以不憂不勞而功可立也。」⑫由此，秦政不憫民之勞苦，苛捐雜役，賦稅繁重；不顧民之怨懟，嚴刑峻法、束縛桎梏；不管民之能力，兼併攻戰、殲滅六國，爲其搏力而壓榨民力者也。民不能堪受，終導至揭竿抗暴，覆滅秦庭，此商君邪說所蠱以致之也。

(二)《管子》

《管子》這本書，並非管仲本人所著，而是管子學派的論文集編而成的⑬。

管子在勢論方面，與商、韓相較之下，較注重整體性的各方面力量的發展。所謂整體性，在縱的方面、強調君主之勢，貫通於臣民。在橫的方面，認爲構成君主之勢除了位、權、威之外，

---

⑩ 《商君書・弱民》。

⑪ 《商君書・畫策》。

⑫ 《商君書・錯法》。

⑬ 《管子》這本書並非管仲本人所著，而是管子後學根據管子之史迹，以及管子死後之事（例如其中有論及墨子、縱橫家之事者）所編而成。這在《古史辨》裏論述很多，可參考之。

尙且有德。此者不同於商、韓。

管子論君在臣方面，強調君主之權柄威勢獨持，不可下移、亦不可與臣下分享，君臣各守其道。曰：

「人主者，擅生殺、處威勢、操令行禁止之柄，以御其羣臣，此主道也。人臣者，處卑賤、奉主令、守本任、治分職，此臣道也。故主行臣道則亂，臣行主道則危。故上下無分，君臣共道，亂之本也。」

「凡為主而不得行其令，廢法而恣羣臣，威嚴已廢，權勢已奪，令不得出，羣臣弗為用，百姓弗為使，竟內之衆不制，則國非其國，而民非其民，如此者，滅主之道也。故明法曰，令本不出謂之滅。」⑭

因此《管子》認爲君之所以爲君，在於有威勢權柄，以此控制臣下，不可喪失，亦不可分共。曰：

「人主之所以制臣下者，威勢也。故威勢在下，則主制於臣；威勢在上，則臣制於主。夫蔽主者，非塞其門，守其戶也。然而令不行，禁不止，所欲不得者，失其威勢也。故威勢獨在於主，則群臣畏敬；法政獨出於主，則天下服德。故威勢分於臣，則令不行；法政出於臣，則民不聽。故明主之治天下也，威勢獨在於主而不與臣共，法政獨制於主而不從臣出。故明法曰：威不兩錯，政不二門。」⑮

---

⑭《管子・明法解》。

⑮ 同上。

因此，君主要親自操縱六種權柄，緊緊把握，不可假借於人，亦要謹愼堅守職位，不可喪失。其言曰：

「故明主之所操者六：生之、殺之、富之、貧之、貴之、賤之，此六柄者，主之所操也。主之所處者四：一曰文、二曰武、三曰威、四曰德，此四位者，主之所處也。藉人以其所操，命曰奪柄；藉人以其所處，命曰失位。奪柄失位，而求令之行，不可得也。」⑯

由《管子》所言君主處位曰文武威德而言，《管子》亦深論以德爲勢，故言以禮義廉恥四維以牧民⑰。

(三)《韓非子》

《韓非子》之勢論是以歷史上君臣權力鬥爭的史實與對人性之看法，而以君臣之關係爲背景。其論勢與術說是以權勢爲君臣內鬥的攻守要點。

《韓非子》敍述君臣之間內鬥以爭權勢的歷史背景云：

「上古之傳言，春秋所記，犯法為逆以成大姦者，未嘗不從尊貴之臣也。然而法令之所以備，刑罰之所以誅，常於卑賤，是以其民絕望無所告愬。大臣比周，蔽上為一，陰相善而陽相惡，以示無私；相為耳目，以候主隙。人主掩蔽，無

---

⑯　《管子・任法》。
⑰　《管子・牧民》。

道得聞。有主名而無實，臣專法而行之，周天子是也。偏借其權勢，則上下易位矣。此言人臣之不可借權勢也。」⑱

《韓非子》所敍述的歷史上君臣權勢爭奪的內部鬥爭，誠如《淮南子》所說明的一般：

「亂國則不然，有衆咸譽者，無功而賞，守職者無罪而誅。主上闇而不明，群臣黨而不忠。說談者游於辯，脩行者競於往。主上出令，則非之以與⑲；法令所禁，則犯之以邪。為智者務於巧詐，為勇者務於鬥爭。大臣專權，下吏持勢。朋黨周比，以弄其上。國雖若存，古之人曰亡矣。」（〈主術訓〉）

由此歷史事可見，「人臣之侵其主也，如地形焉，即漸以往，使人主失端，東西易面而不自知」⑳。所以《韓非子》說：

「人主之所以身危國亡者，大臣太貴，左右太威也。所謂貴者，無法而擅行，操國柄而便私者也。所謂威者，擅權勢而輕重者也。此二者不可不察也。

夫馬之所以能任重引車致遠道者，以筋力也。萬乘之主，千乘之君，所以制天下而征諸侯者，以其威勢也。威勢者，人主之筋力也。今大臣得威，左右擅勢，是人主失

⑱ 《韓非子・備內》。

⑲ 高注：「往：自益也。與：黨與也，以黨與非謗上令，邪姦也。」

⑳ 《韓非子・有度》。

力；人主失力而能有國者，千無一人。虎豹之所以能勝人執百獸者，以其爪牙也；當使虎豹失其爪牙，則人必制之矣。今勢重者，人主之爪牙也；君人而失其爪牙，虎豹之類也。宋君失其爪牙於子罕，簡公失其爪牙於田常，而不早奪之，故身死國亡。」㉑

因此，人主必須時時刻刻防備臣下之侵奪叛離。

由於君臣之間權勢之爭奪，因此《韓非子》警告說：

「愛臣太親，必危其身。人臣太貴，必易主位。主妾無等，必危嫡子。兄弟不服，必危社稷。臣聞千乘之君無備，必有百乘之臣在其側，以徙其民而傾其國。萬乘之君無備，必有千乘之家在其側，以徙其威而傾其國。是以姦臣蕃息，主道衰亡。是故諸侯之博大，天子之害也；群臣之太富，君主之敗也。將相之後主而隆國家，此君人者所外也。萬物莫如身之至貴也，位之至尊也。主威之重，主勢之隆也。

昔者紂之亡，周之卑，皆從諸侯之博大也。晉之分也，齊之奪也，皆以羣臣之太富也。夫燕宋之所以弒其君者，皆以類也。故上比之殷周，中比之齊晉，下比之燕宋，莫不從此術也。」㉒

韓非子對於君臣不能互相信任並且時時刻刻都處於權力爭奪

㉑ 《韓非子・人主》。
㉒ 《韓非子・愛臣》。

的攻防的戰戰慄慄的緊張狀態，曰：

「猾民愈衆，姦邪滿側。故曰：毋富人而貸焉，毋貴人而逼焉，毋專信一人而失其都國焉。腓大於股，難以趣走。主失其神，虎隨其後。主上不知，虎將為狗。主不蚤止，狗益無已。虎成其羣，以弒其母。為主而無臣，奚國之有。主施其法，大虎將怯；主施其刑，大虎自寧。法刑狗信、虎化為人，復反其真。欲為其國，必伐其聚；不伐其聚，彼將聚衆。欲為其地，必適其賜；不適其賜，亂人求益。彼求我予，假仇人斧；假之不可，彼將用之以伐我。黃帝有言曰：上下一日百戰。」㉓

因此，韓非子認爲人主應該緊緊把握其權勢、善於使用權柄，以控制大臣毋使坐大與反叛。這種權柄，卽是刑賞二柄。韓非子說：

「明主之所導制其臣者，二柄而已矣。二柄者，刑德也。何謂刑德？曰：『殺戮之謂刑，慶賞之謂德。』為人臣者，畏誅罰而利慶賞，故人主自用其刑德，則群臣畏其威而歸其利矣。……人主者，以刑德制臣者也。今君人者釋其刑德而使臣用之，則君反制於臣矣。故田常上請爵祿而行之群臣，……此簡公失德而田常用之也，故簡公見弒。……子罕徒用刑而宋君刦。……故刦殺擁蔽之主，非失刑德而

㉓　《韓非子・楊權》。

使臣用之，而不危亡者，則未嘗有也。」㉔

總而言之，韓非子從「春秋戰國時代，二百四十二年，亡國五十二、弑君三十六」（〈主術訓〉）的歷史情勢與田常、子罕等等的弑君篡位奪權的史實當中，徵驗君臣之間的關係僅是存在著利害爭奪、奪權內鬥的關係，也設定人性僅有好利惡害的劣等性。因而推論出僅能用刑賞二柄以制臣，而權臣也偸偸侵奪其權，把捉刑賞的權柄反以制服其君。是故刑賞在此卽是刀柄，也是權柄的核心。韓非子的勢論便是以刑賞二柄之權柄爲君主權勢的核心點，所以韓非子是以刑賞權柄爲勢。

(四)《淮南子》

《淮南子》的「以衆爲勢」思想的形成是與他們所見的歷史背景有關的。《淮南子》有鑑於商鞅爲兼併而攻城野戰而推行富國強兵政策，以嚴刑峻法爲手段，而導致暴政。雖然收有統一天下之效，然而人民不堪其暴虐，奮而揭竿起義一舉推翻暴秦，而漢高祖亦由平民而爲天子。由此建史實所以《淮南子》認爲商鞅以富國強兵，以「力」爲勢而殘暴百姓的概念不穩固，不是根本而是末。批判韓非以刑德爲權勢而刻削，亦抨擊申不害以鬼術治人而不尙德亦非爲治之根本。其言曰：

「今若夫申、韓、商鞅之為治也，捽拔其根，蕪棄其本，而不窮究其所由生。何以至此也？鑿五刑，為刻削，乃背道德

㉔《韓非子・二柄》。

之本，而爭於錐刀之末，斬艾百姓，殫盡太半，而忻忻然常自以為治，是猶抱薪而救火，鑿竇而出水。」(〈覽冥訓〉)

而對於暴虐君主，殘害百姓，《淮南子》認爲百姓起來革命，推翻暴政，最爲有理。

「聖人之用兵也，若櫛髮耨苗，所去者少，而所利者多。殺無罪之民，而養無義之君，害莫大焉。殫天下之財，而贍一人之欲，禍莫深焉。使夏桀、殷紂有害於民，而立被其患，不至於為炮烙。晉厲、宋康行一不義，而身死國亡，不至於侵奪為暴。此四君者，皆有小過而莫之討也，故至於攘天下，害百姓，肆一人之邪，而長海內之禍，此大論之所不取也。所為立君者，以禁暴討亂也。今乘萬民之力而反為殘賊，是為虎傅翼，曷為弗除。」(〈兵略訓〉)

這段話可以轉移爲推翻暴秦、陳勝、吳廣揭竿起義、漢高祖平民革命爲正當的宣言，這也是承認民衆有推翻暴政的正當權利與人民大衆力勢之巨大。在這段話中，無疑地反對韓非子以刑賞爲勢的看法，尤其是反對君主濫用權勢而至殘暴禍民的論點更爲明白。

再者，《淮南子》的作者們所經歷的時代是文景之治與漢武帝的時代，天下一統，削諸侯、剷朋黨、制權臣。文景以無爲而治爲尙，轉至武帝欲大有爲。這種時代的情勢，亦影響到《淮南子》勢論的觀點。其言曰:

「逮至當今之時，天子在上位(高注：天子漢孝武帝)，持以道德，輔以仁義。近者獻其智，遠者懷其德。拱揖指麾，而四海賓服。春秋冬夏，皆獻其貢職。天下混而為一，子孫相代，此五帝之所以迎天德也。

夫聖人者，不能生時，時至而弗失也。輔佐有能，黜讒佞之端，息巧辯之説，除刻削之法，去煩苛之事，屏流言之迹，塞朋黨之門；消知能，修太常、隳肢體，絀聰明㉕，太通混冥，解意釋神，漠然若無魂魄，使萬物各復歸其根，則是所修伏犧氏之迹而反五帝之道也。」(〈覽冥訓〉)

換言之，在這「四海賓服、天下混而爲一」的局勢中，當然就不必如同商鞅所處的時代——「從横閒之，舉兵而相角、攻城濫殺，覆高危安。……以爲兼國有地」(〈覽冥訓〉)——那樣講求富國強兵，以力（國力）爲人君之勢。天下既然一統，子孫相代，皇帝傳承已經穩固，群臣僅能「獻其貢職」，難以篡奪。並且制度已建立，官制、職守的功能已設計爲相生相尅、互相輔助、互相制衡、互相監督之制度，群臣難以擅權坐大，故以韓非子所言田常，子罕君臣內鬥爭權之局面已不在。再者，於文景時代，天下太平，推行與民休息的無爲而治，自然要「除刻削之法，去煩苛之事」，而不用商韓、連坐、告姦、刑賞之術。而後經過反暴政，革命成功，自然而然就看出人民勢力之偉大，君主得人民擁護，卽君位安穩，權勢威強，而若與人民相背，人民一有背離、反叛、推翻之心，則君主覆滅，失其權勢。究其根本，君主的權勢是建

㉕ 高注：「去其小聰明，並大利欲也。」

立在人民之擁護與否，而非自身所本來具有的威權。得民者昌，失民者滅，君主之威勢奠立於民也。

二、以衆為勢

(一)乘御衆勢

《淮南子》曰:「天子發號，令行禁止，以衆爲勢也。」(〈主術訓〉）所謂天子以衆爲勢，即是天子「乘衆勢以爲車，御衆智以爲馬。……夫乘衆人之智，則無不任也，用衆人之力，則無不勝也。千鈞之重，烏獲不能舉也。衆人相一，則百人有餘力矣。是故任一人之力者，則烏獲不足恃，乘衆人之勢者，則天下不足有也」(〈主術訓〉)。

《淮南子》所謂的「勢」與「力」，其基本存在於人民、官吏等總體的大衆上，《淮南子》這點已不同於先秦法家認爲人君自身具有筋力之勢，亦必須要親身操持刑賞二柄。而是認爲衆人之智、衆人之勢、衆人之力是人君的「車」與「馬」，而官吏僅不過是一個代御者，而人君是搭乘車馬的主人，是具有權柄、權位、任人、用人的「搭乘者」，也是指揮者。這種以君主爲主人，官吏爲司機、衆勢爲車馬的譬喻如同孫中山先生所說的人民爲主人、官吏爲司機的形式相類似，而其本質卻恰相反。

總言之，這種衆勢，即是國家全體人民力量的總和，也是國家的總體國力，這種國力蘊藏在大衆當中。這種衆力，善用之，則得其擁護共戴；不善用之，敗覆車敗馬，敗滅喪亡。所以君主之名位得衆所仰則穩固，失衆所支持即淪喪爲虛名。能精通於用

衆，則其勢無敵。故《呂氏春秋》曰:

「凡君之所以立，出乎衆也。立已定而舍其衆，是得其末而失其本；得其末而失其本，不聞安居。故以衆勇，無畏乎孟賁矣；以衆力，無畏乎烏獲矣；以眾視，無畏乎離婁矣；以衆知，無畏乎堯舜矣。夫以衆者，此君人之大寶也。」(《呂氏春秋·用衆》)

由此觀之，人主首要之事，在得人心、有衆勢，否則失衆則不爲君矣。故《淮南子》論之曰:「所謂有天下者，非謂其履勢位，受傳籍，稱尊號也。言運天下之力，得天下之心。」(〈泰族訓〉)因此，人主之要務在於乘衆勢、得人心而已。

(二)衆勢之成素

然則衆勢之力如何構成？云:(一)人數、(二)素質、(三)事物。除此之外，尙需管理與應用(下文論之)。

所謂人數，卽是人數之衆。人爲政治之主體。凡爲政治，則是治人處事。國家政府之爲政在人。故管子曰:「夫覇王之所始也，以人爲本。本理則國固，本亂則國危。」[26]而人數，卽爲衆勢之本。所謂衆勢，卽是衆人所構成之勢所合而爲一之整體之力也。人數愈衆，則其勢愈大；人數愈少，則其勢愈小。其關鍵則在於「數」。人衆之多寡，卽決定其國勢之大小強弱，而一國之君主之尊卑亦因之而定矣。管子曰:

「凡大國之君尊，小國之君卑。大國之君所以尊者何也？

---

[26]《管子·覇言》。

曰：為之用者衆也。小國之君所以卑者何也？曰：為之用者寡也。……使民衆為己用，奈何？曰：法立令行，則民之用者衆矣。」㉗

由此觀之，能用衆者強，不能用衆者弱，政治能行卽能用衆。

然而人「衆」，未必爲勢大，人衆而不欲爲君之用，則其勢弱小，人衆不爲之用且有叛離之心，則倒授刀柄，爲敵所用，而亦因之而亡，桀紂是也。故《呂氏春秋》曰：

「古者多有天下而亡者矣，其民不為用也。……湯武非徒能用其民也，又能用非己之民；能用非己之民，國雖小、卒雖少，功名猶可立。古者多由布衣定一世者矣，皆能用非其有也。」㉘

由之，從歷史史實而言，秦皇帝胡亥雖有民衆，已不爲之用，民非其民，衆勢已叛，則民爲敵仇。劉邦爲布衣，無其民而能用非其有，則以衆勢成功者也，是最善能「以衆爲勢」者。故淮南王 — 劉安爲其子孫，有得於心，是以言之再三：「夫乘衆人之智，則無不任也。用衆人之力、則無不勝也。」（〈主術訓〉）其故在此。

然則如何用？亦何以能用？夫人有殊能、物類有異，是否能用不能用，其關鍵在於「質」。所謂「質」者何？曰：人之智慧、

㉗ 《管子・法法》。

㉘ 《呂氏春秋・用民》。

才幹、見識、智能（包括智慧，知識）、技能、勞力也。

夫物有異質、人有殊性，各有長短大小之不同。聖人用之，取採其長，捨棄其短，此管、呂之教諄諄矣。《管子》云：

「明主之官物也，任其所長，不任其所短，故事無不成，而功無不立。……夫慮事定物，辯明禮義，人之所長。……明主之擧事也，任聖人之慮，用衆人之力，而不自與焉，故事成而福生。亂主自智也，而不因聖人之慮；矜奮自功而不因衆人之力；專用己而不聽正諫，故事敗而禍生。故曰：伐矜好專，擧事之禍也。」㉙

《呂氏春秋》亦曰：

「物固莫不有長，莫不有短，人亦然。故善學者，假人之長以補其短。故假人者，遂有天下。無醜不能，無惡不知。醜不能，惡不知，病矣；不醜不能，不惡不知，尚矣。雖桀紂猶有可畏可取者，而況於賢者乎？」㉚

《淮南子》由此認爲物有異質，人有殊能，大小脩長，皆有所用，聖人兼而用之，使「人得其宜，物得其安」（〈主術訓〉），殊性殊能，能異用異。其言曰：

「夫華騮綠耳，一日而至千里。然其使之搏兎，不如豺狼，

㉙ 《管子・形勢解》

㉚ 《呂氏春秋・用衆》。

伎能殊也。鴟夜撮蚤蚊，察分秋毫，晝日顛越，不能見丘山，形性詭也。……故古之為車也，漆者不畫，鑿者不斲，工無二伎，士不兼官，各守其職，不得相姦。人得其宜，物得其安，是以器械不苦，而職事不嫚。」（〈主術訓〉）

由此，《淮南子》遂主張用人之才能與智力皆須「因其資而用之」，使「小大脩短，各得其宜」、「聖人兼而用之」。其言曰：

「聖人之舉事也。……未嘗不因其資而用之也。是以積力之所舉，無不勝也；而衆智之所為，無不成也。聾者可令嗺筋，而不可使有聞也；瘖者可使守圉，而不可使言也。形有所不周，而能有所不容也。是故有一形者，處一位；有一能者，服一事。力勝其任，則舉之者不重也；能稱其事，則為之者不難也。毋小大脩短，各得其宜，則天下一齊，無以相過也，聖人兼而用之，故無棄才。」（〈主術訓〉）

因此，君主的任務即是在：

「總海內之智，盡衆人之力。……得用人之道，而不任己之才者也。……故治者不貴其自是，而貴其不得為非也。……君人者，釋所守而與臣下爭，則有司以無為持位。守職者以從君取容，是以人臣藏智而弗用，反以事轉任其上矣。……君人者不任能而好自為之，則智日困而自負其責也。數窮於下，則不能伸理，行墮於國，則不能專制。智不足以為治，威不足以行誅，則無以與天下交也。……不正本而反自用，則人主逾勞，人臣逾逸，是猶代庖宰剝牲，而為大匠斲也。與馬競走，筋絕而弗能及。上車執轡，則馬服於衡下。故伯樂相之、王良御之，明主乘之。無御相之勞而致千里者，乘於人資以為羽翼也。是故君人者，無為而有守也。」(〈主術訓〉)

再就物質而言，凡物皆有可用之處，用之其適宜與不適宜而已。然而物有殊質，皆須因其自然之性而用之。《淮南子》曰:

「巧工之制木也。大者以為舟航柱梁，小者以為楫楔，脩者以為櫚榱，短者以為朱儒枅櫨。無大小脩短，各得其所宜。規矩方圓，各有所施。天下之物，莫凶於雞毒，然而良醫橐而藏之，有所用也。是故林莽之材，猶無可棄者。」(〈主術訓〉)

然而「人有其才，物有其形」，用人因其所能、用物唯其所利。「譬猶狸之不可使搏牛，虎之不可使搏鼠也。」是猶不可「以斧劗毛，以刀柢木也」(〈主術訓〉)。

然則物之於人也，其價值有本末之分，等級之差。衣食之物爲本，玩好之物爲末。民以衣食爲本，是故「人主租斂於民也，必先計歲而收，量民積聚，知饑饉有餘不足之數，然後取」(〈主術訓〉)。總之，《淮南子》認爲人主之用物也，當以民生爲念，自身當自節儉，倡導耕織以鼓勵生產，以爲利民、富民。其詳見上文[31]。

---

[31] 詳見本書上篇，<利民>、<養民>之節。

總之，《淮南子》肯定衆勢爲人君之勢的主要基礎。衆勢之構成要素爲人口數量，人口品質，與物質生產、分配、使用，三者結合而爲衆勢。然而衆勢需要經由凝聚與管理才能發揮效用。

三、合和與管理

(一)衆勢之合和

衆，是個人群集之稱，個人本是單獨與零散的，一群個人（或羣衆，或稱之爲市人），並不是一個群體的力量，必須要經過凝聚、統一、摶一、管理、驅策，合和而後構成一個團體、國家，而後才能發揮群體統一、一致的力量，這便是構成了總體力，這便是《淮南子》所言的「衆勢」。

所謂有其衆，並非指涉一群零散個別的人衆，而是指稱經過組織、管理、親和團結一致的團體。這種團體與土地，兵力合而爲一經由管理而構成國家。《管子》曰:「地大而不爲命曰土滿，人衆而不理命曰人滿，兵威而不止命曰武滿。三滿而不止，國非其國也。地大而不耕，非其地也。卿貴而不臣、非其卿也。人衆而不親、非其人也。」㉜《管子》的意思總歸爲土地、人民、官吏、兵力要經由管理、組織、團結而後構成國家而後才能發揮總體力量，衆勢。

若言組織、管理而構成總體力量，商鞅最是深透其中道理。他說:「凡治國者，患民之散而不可摶也，是以聖人作壹，摶之

㉜　《管子・覇言篇》。

也。」㉝商鞅的「摶力」是以賞罰爲手段，以賞鼓勵人民從事於兵、農；以罰禁止、排除與農戰無關或妨礙農戰者的行業，並以告姦、連坐將人民組織起來，以將「散力」、「作一，作一則力摶，力摶則彊、彊而用、重彊，故能生力，能殺力」㉞，如此致力於富國強兵而能兼併天下。但商鞅「摶力」的手段過於暴虐，嚴刑峻法，苛捐剝削，人民不堪其虐，群起叛離，不僅由摶力變成散力，而且終致成反作用力，導致秦王朝的崩潰。

荀子所提倡「群」，群要定分管理，否則則亂，人君卽是管理者之首領。荀子曰：「人之生不能無群，群而無分則爭，爭則亂，亂則窮矣。無分者，人之大害也，有分者，天下之本利也。而人君者、所以管分之樞要也。」㉟因此，荀子認爲君道卽是「君者，……能群也」(〈君道篇〉)，總言之，荀子認爲「群」並不相等於衆勢，群必須經由定分管理而「堅凝」之始能成爲「衆勢」㊱。

韓非子思想體系奠基於君臣之利異，君臣之間一日百戰的爭權篡奪的內鬥。君主如何以法、勢、術三者制臣，但以刑賞二柄爲治之利器。以爲善於利用二柄，卽能至國富兵強。韓非子曰：「明於治之數，則國雖小，富；賞罰敬信，民雖寡，強；賞罰無度，國雖大，兵弱者，地非其地，民非其民也。無地無民，堯舜不能以王。三代不能以強。」(《韓非子・飾邪》)所以韓非子以賞罰毆民使之群集而不爲德而無親。因而民雖集聚而無親則其分

㉝《商君書・農戰》。

㉞《商君書・說民》。

㉟《荀子・富國》。

㊱《荀子・議兵篇》。

子間無固凝之團結，風吹兵擊，易一哄而散。因此，此說以嚴刑毆民者爲《淮南子》所不取。曰:「使不肖臨賢、雖嚴刑罰，民弗從也，小不能制大，弱不能使強也。」(〈泰族訓〉)

(二)衆勢之管理

在衆勢的力量上，有同量的群衆(個人)，並非等於說有同等量的衆勢(群體力量)，其中的差異仍在其中構成分子人口素質的差異。等同量的人口，素質高者強，素質低者必弱。雖然，亦未必如此，有等量而素質高者與素質低者相較，仍取決於另一重要因素以影響其強弱，卽是組織、管理、君臣上下之親和力。《淮南子》有見於此，因而強調促成衆勝之力在於君臣民之「合和」，同心和力，以成衆勝。因此，《淮南子》特別注重「和」「同」之重要。其言曰:「同氣者帝，同義者王，同力者霸，無一焉者亡。」(〈泰族訓〉)要使衆勢和同，發揮群衆之力量，須由聖人以統理，否則等於無人。是以《淮南子》曰:「無人者，非無衆庶也。言無聖人以統理之也。」(〈泰族訓〉)

而統理之首要，在於「任用賢德」以化民，而使望風響應，同心一和。其言曰:

「英俊豪傑，各以小大之材，處其位，得其宜。由本流末，以重制輕，上唱而民和，上動而下隨。四海之內，一心同歸。背貪鄙而向義理，其於化民也，若風之搖草木，無之而不靡。」(〈泰族訓〉)

由此可見《淮南子》注重「上唱而民和、上動而下隨。四海之內，一心同歸」才能發揮衆勢之力，也才能安穩地「乘衆勢」，然則其歸結在「統理」。

如何「統理」？《淮南子》認爲以治、以德、以利、以教：

甲、治術

關於以統理而形成衆勢，且用之而霸王者，《管子》言之最詳。其言曰：

「夫霸王之所始也，以人為本，本理則國固，本亂則國危。故上明則下敬，政平則人安。士教和則兵勝敵。使能則百事理。親仁則上不危。任賢則諸侯服。霸王之形，德義勝之、智謀勝之、兵戰勝之、地形勝之、動作勝之，故王之。」㊲

而《淮南子》統理之方法首要在持守君道，任賢使能，仁智尚德。而後「乘衆勢以爲車，御衆智以爲馬」而已。

所謂持守君道也者，卽是主術也，也卽是以主道運轉臣道也。《淮南子》曰：「人主之術，處無爲之事，而行不言之教。淸靜而不動。一度而不搖。因循而任下，責成而不勞。」（〈主術訓〉）再者，《淮南子》以君持主道，臣守臣道以治理。曰：

「主道員者，運轉而無端，化育如神，虛無因循，常後而不先者也。臣道方者，運轉而無方，論是而處當。為事先倡，守職分明，以立成功者也。是故君臣異道則治，同道

㊲　《管子・霸言》。

則亂。各得其宜，處得其當，則上下有以相使也。」(〈主術訓〉)

除此之外，人主之要在於任人。任人當與不當，影響在治亂。《淮南子》曰:

「人主之一舉也，不可不愼也。所任者得其人，則國家治，上下和，群臣親，百姓附。所任非其人，則國家危，上下乖，群臣怨，百姓亂。故一舉而不當，終身傷。得失之道，權要在主。」（〈主術訓〉)

最後，「人主之於用法，無私好憎，故可以爲命」(〈主術訓〉)，用法要「任術而釋人心」，以持公正無私。並且，人君本身也要守法，不可恣睢，不可濫用權勢，「法籍禮義者，所以禁君使無擅斷也。人莫得自恣，則道勝，道勝而理達矣。故反於無爲」(〈主術訓〉)。

總而言之，君主以無爲而治而治之，以乘衆勢。

乙、道德

商鞅、韓非皆主張以法治（其實以刑治）而不以德治，以嚴刑峻法威嚇於民，以連坐告奸彼此監視，人民彼此猜疑不相信任，遂失親和，一有事焉，彼此奔散而不相聚合，遂失衆勢。

管子則認爲「凡衆者，愛之則親，利之則至」，「凡君所以有衆者，愛施之德也」㊳，若「人衆而不親，非其人也」㊴。是

㊳《管子·版法》。

㊴《管子·霸言》。

以明君「富之以道則民和，養之以德則民合，和合故能諧，諧故能輯，諧輯以悉，莫之能傷」㊵。

《淮南子》認爲紂兼天下而敗，武王甲卒三千而擒紂於牧野，並非「周民死節，而殷民背叛哉，其主之德義厚而號令行也」(〈主術訓〉)。由此可見「德義厚」可凝衆勢，而無德義則失衆勢而亡。「是故德之所施者博,則威之所行者遠。」(〈繆稱訓〉)是以堯以道德治民，消除「百姓力征，強凌弱，衆暴寡，……而明相愛之仁，以和輯之」(〈主術訓〉)。由此可見，以德治可和合衆勢，人君得其擁戴支持。並且，「國之所以存者，道德也」(〈氾論訓〉)，由此可見，有道德則能存衆勢，衆勢存在，則國家存，國家存在，則君主之勢位存、權勢存。是以君主之勢位奠基在道德。「由此觀之，存在得道，而不在於大也。亡在失道而不在小也。……故亂國之君，務廣其地而不務仁義，務高其位而不務道德,是釋其所以存，而就其所以亡也。」(〈氾論訓〉)

丙、共利

欲利而惡害，人人有之。民皆隨利而來，避害而去。《管子》曰:「民利之則來，害之則去，民之從利也。如水之走下,於四方無擇也。故欲來民者，先起其利，雖不召而民自至。設其所惡，雖召之而民不來也。」㊶因此，「人主之所以使下盡力而親上者，必爲天下致利除害也」(同上)，「是故與天下同利者，天下持之，擅天下之利者，天下謀之。天下所謀，雖立必隳。天下

㊵ 《管子・兵法》。

㊶ 《管子・形勢解》。

所持，雖高不危。故曰，安高在乎同利」㊷。

《淮南子》之利民，是出於內在道德義務感，認爲「先王之所以應時脩備，富國利民，實曠來遠者，其道備矣」，是出於「欲利之也，欲利之心，不忘於心」。而由於「利民之心」，「是故人主覆之以德，……而因萬人之所利。夫舉踵天下而得所利。故百姓載之上而弗重也」。由利民而得萬民所戴，故「天子發號，令行禁止，以衆爲勢也。夫防民之所害，開民之所利，威行也」（以上所引爲〈主術訓〉），「故明王之用兵也，爲天下除害，而與萬民共享其利。民之爲用，猶子之爲父，弟之爲兄。威之所加，若崩山決塘，敵孰敢當」（〈兵略訓〉）。換言之，君主出於眞心誠意以仁以義而利民，則民與之相親如父子，共成一威力無敵之勢。

《淮南子》認爲馬「其可駕御，教之所爲也。馬聾蟲也，而可以通氣志，猶待教而成，又況人乎」（〈脩務訓〉），換言之，人是可受教訓的理性動物，人之獲得各種技能、知識、本領、道德修養、語言能力，皆可通由教訓而成。由此，立天子、三公九卿、諸侯，「以教誨之」（〈脩務訓〉），而天子之「權勢之柄，其以移風易俗矣」（〈主術訓〉），即借天子之勢，以推行教化。

丁、教育

前文曾言，衆勢之形成不僅在於人數之衆，且在於人口之品質與管理。在先秦，商鞅爲推行耕戰，因而採用愚民、弱民政策，使民愚弱而專心於戰，因而反對知識，亦反對知識教育，僅僅容許「以法爲教，以吏爲師」的奴化教育。在商鞅、韓非的眼

㊷ 《管子・版法解》。

光中，人民有知識，卽有智巧，不僅不容易控制，且易爲反叛。因而認爲人民有知識卽有害於政府的控制，因而秦王乃推行焚書令，遂使民愚。由此可見商、韓不能體認到人口品質多樣性所構成的力勢，而僅以勞力與筋力爲力；而不能體認到技能、知識、智慧、甚而道德也是一種力，而且是比勞力、筋力更高級、更巨大的一種力。因而盲目地反智、反教，而愚昧地推行思想控制的愚民政策。

《管子》、《淮南子》當然也承認耕織與兵是一種基本的力。但也體會到道德也是一種無形的力勢，技能百工也是能構成物力。《淮南子》說：「蒼頡作書，容成造曆，胡曹爲衣，后稷耕稼，儀狄作酒，奚仲爲車。」（〈脩務訓〉）皆是構成衆勢的其中一些重要因素，而這些知識之流傳，也是由「教順施續，而知能流通」（〈脩務訓〉）通過教育而來。

固然，《淮南子》雖尙未標出「知識卽力量」的眞理，但至少也指出「教育可增長衆勢的力量」，這比商、韓的愚民政策高明得多，尤其在當代更爲明顯：卽知識與教育愈發達者則國家愈富強。反之，則國家愈貧弱。

總而言之，《淮南子》是以管理、以道德、以利民、以教育各種因素結合而促成衆勢而成爲國家的基礎力量。

四、君主與衆勢

君主本身所把握的主勢是權勢、勢位、權柄。衆勢卽是由臣民所構成的國力，主要存蓄於臣民。當然，君主之權勢是能支配、指揮、運用這種力量，但並不是絕對的權力，而是要受衆勢的支持擁護則君主的權勢才能有力，勢位才能保住，權柄才能操縱。換言之，受衆勢之支持，主勢才能發揮作用 。若是得不到衆勢之支持，且反而受衆勢之抵觸、反抗、叛變、離散，則君位翻覆，權勢失效，操縱不靈，甚而生命不保。這就是《淮南子》常引用紂王敗滅，武王興起，得衆勢者昌，失衆勢者亡的例子。《管子》說得透徹，曰：

「明主在上位，則竟內之衆盡力以奉其主，百官分職致治以安國家。亂主則不然，雖有勇力之士，大臣私之而非以奉其主也。雖有聖智之士，大臣私之非以治其國也。故屬數雖衆不得進也，百官雖具不得制也。如此者有人主之名而無其實。故明法曰：屬數雖衆，非以尊君也，百官雖具，非以任國也，此之謂國無人。」㊸

《淮南子》曰：「舟浮於水，……水能破舟。」（〈主術訓〉）此「水能載舟，亦能覆舟」之敎，當爲人君所警誡。民能擁立君主，亦能覆滅君主 。人君不可失衆，《呂氏春秋》曰：「凡君之所以立，出乎衆也。立已定而舍其衆，是得其末而失其本，得其末而失其本，不聞安居。……夫以衆者，此君人之大寶也。」㊹是以《淮南子》曰：「人主發號，令行禁止，以衆爲勢。」是言之眞切著明。是故能夠得衆，才能用衆，能夠用衆，才能有力。反之，與衆勢爲敵者，卽由其抗力而滅君主之力。

㊸ 《管子・明法解》。

㊹ 《呂氏春秋・用衆》。

在商鞅與韓非的理論系統裏，對於衆勢是既利用又對抗。商、韓利用衆勢以推行富國強兵達至尊君的目的，而又害怕衆勢之反叛，因而商鞅以嚴刑峻法加以壓制，而韓非以二柄爭奪搞內鬥。因而主勢與衆勢有時不能和合，反而有相互抵消而使國勢（國力）瓦解而覆亡。《管子》、《淮南子》深切體會到主勢與衆勢和合者強，背離者亡。故主張君臣民和合為一，重在於和。《管子》曰:「君臣親，上下和。萬民輯。故主有令，則民行之，上有禁則民不犯。君臣不親，上下不和，萬民不輯，故令則不行，禁則不止。故曰，上下不和，令乃不行。」㊺是以《淮南子》曰:「君臣不和，唐虞不能以為治也。」（〈主術訓〉）這點即是強調主勢與衆勢相合和之重要。

五、結論—以衆用衆

人主之於衆勢也，是以衆治衆，以衆御衆，而人主在於「乘」，譬如以車、馬、御者、主人，以工製車，車固而良，馬駿而壯，伯樂相之，趙良為御。人主無御相之勞而能致遠，在於其「乘」而已。是以《淮南子》曰:

「人主之聽治也，清明而不闇，虛心而弱志，是故群臣輻湊並進。無愚知賢不肖、莫不盡其能。於是乃始陳其禮，建以為基。是乘勢以為車，御衆智以為馬。雖幽野險塗，則無由惑矣。」（〈主術訓〉）

㊺ 《管子・形勢解》。

但是，天子何以能「乘」，仍是因其有主勢，即是有權勢，有任人之權，有指揮之權，有裁決予奪之權。人主雖具有任人之權，但任人之得當與否，關係治或亂甚鉅──「得失之道，權要在主」，是以任人不可不愼。再就「權勢之柄」其以移風易俗，君主之舉，萬民所仰望者也。桓公立政，「三舉而百姓說」，紂殺王子比干「再舉而失天下」（〈主術訓〉），桓公「利一人而天下從風，紂再舉不得爲匹夫，故舉錯不可不審」。是以人主之指揮，「譬如軍之持麾者，妄指則亂矣」（〈主術訓〉），而裁決最忌在用私智主見而有所偏執、予奪所誡在於以私愛而不公正，則萬民怨。總之，人主在應用權勢時要「執柄持術，得要以應衆，執約以治廣，運於璇樞，以一合萬，若合符者也」（〈主術訓〉）。

人主在應用權勢時，其於「聽治也，清明而不闇，虛心而弱意（或弱志）」。所謂「清明而不闇」也者，《管子》曰:「目貴明、耳貴聰、心貴智。以天下之目視則無不見也。以天下之耳聽則無不聞也。以天下之心慮則無不知也。輻湊並進則明不塞矣。」㊻《淮南子》言:

> 「人主深居隱處，……目不能見十里之前，耳不能聞百步之外，天下之物莫不通者（通，知也），其灌輸之者大，而斟酌之者衆也。是故不出戶而知天下，不窺牖而知天道。乘衆人之智，則天下之不足有也。」（〈主術訓〉）

是以「人主者，以天下之目視，以天下之耳聽，以天下之智慮，

㊻《管子・九守》。

以天下之力爭。是故號令能下究而臣情得上聞。百官脩通，群臣輻輳」。

所謂「虛心而弱意（志）」也者，即是「澹漠、寧靜、寬大、慈厚、平正」㊼之修養，而表現於行事上即是「人主之於用法，無私好憎」，「任術而釋人心」，「因道理之數，不專己之能」，「靜漠而不躁」，「貴正而尚忠」，「誠正以處下」，「不專用其心」，「不任己之才」，「不恃己之能」，「不私用其智」（以上皆引自〈主術訓〉）。依法、用術、恃勢以治之。是以《淮南子》總論以「清明而不闇，虛心而弱意」之效云：

> 「（人主者）喜不以賞賜，怒不以罪誅，是以威厲立而不廢，聰明先而不蔽。法令察而不苛，耳目達而不闇、善否之情，日陳於前而無所逆。是故賢者盡其智，而不肖者竭其力，德澤兼覆而不偏，群臣勸務而不怠，近者安其性，遠者懷其德。所以然者何也？得用人之道而不任己之才者也。故假輿馬者，足不勞而致千里。乘舟檝者，不能游而絶江海。」（〈主術訓〉）

然則人主如何「乘」衆人之勢，其方法如何，曰：以「因」，「因道理之數」，「因物以識物，因人以知人」。因能分職，使「工無二伎，士不兼官，各守其職，不得相姦，人得其宜，物得其安」，「因萬人之所利而得所利」，「未嘗不因其資而用也」，「毋

㊼ 〈主術訓〉原文：「非澹漠無以明德，非寧靜無以致遠，非寬大無以兼覆，非慈厚無以懷衆，非平正無以制斷。」

小大脩短，各得其宜。……聖人兼而用之」。此皆「乘於人資，以爲羽翼也」(以上引自〈主術訓〉)。

由此綜而觀之，人君以主勢用衆勢是以「乘」，即是採取「以衆治衆」、「以衆制衆」、「以衆用衆」、「以衆利衆」的因物治物之方，以得所乘。故曰:「人主發號，令行禁止，以衆爲勢也。」(〈主術訓〉)

第三章　兵勢論

一、兵勢之緣起

兵勢也者，爲衆勢之武力爆發而爲主勢所運作者也，〈兵略訓〉即是論述由君主命令將領指揮兵力投入戰爭而如何取勝。兵勢即是整體力量所發作的顯現， 整體力量（衆勢與君勢之合）強，則兵勢強；整體力量衆勢弱，則兵勢弱。所以兵勢爲衆勢與君勢合一以武力的共同展現，其力量之大小存在於衆勢之數量之大小，品質之差異，彼此之凝散，與主勢運作之關係。而且此種主勢與衆勢間之運作關係是在於以政、以德、以權勢，而在展現上則由將之指揮，以兵力直接戰鬥以決勝負。

動用兵勢之目的如何？仍然決於主勢者之意圖，或爲侵略、或以防守、或爲解決政治之紛爭，或爲平亂等等不一。換言之，戰爭之爆發原因並非有固定之典型。然其根源則起於「凡有血氣生命者天生就是好鬥」。反言之，無血氣生命者之物，如兩塊石頭間、兩棵植物間並不發動戰爭，而是有血氣生命者才會發動戰爭。《淮南子》曰：

「凡有血氣之蟲，含牙戴角，前爪後距，有角者觸，有齒者噬。有毒者螫，有蹏者趹，喜而相戲，怒而相害，天之性也。

人有衣食之情，而物弗能足也。故群居雜處，分不均、求不贍則爭，爭則强脅弱而勇侵怯。人無筋骨之强，爪牙之利。故割革而為甲，爍鐵而為刃，貪昧饕餮之人，殘賊天下。萬人搔動，莫寧其所。有聖人勃然而起，乃討强暴，平亂世，夷險除穢，以濁為清，以危為寧，故不得不中絕❶，兵之所由來者遠矣。」（〈兵略訓〉）

其實，《淮南子》在〈兵略訓〉所例舉的，動物與人皆好鬥而戰爭，但兩者仍有差別：動物個別間彼此僅是角鬥而非戰爭。戰爭不是個人與個人之間的互毆，而是人類群體與群體之間，使用物質、器械，運用群體組織力量，彼此戰與爭。人類的戰爭在形式上分有形與無形的戰爭。廣義的戰爭永遠在持續中，有形戰鬥之停止僅是暫時性的。戰爭的目的不在戰爭本身，而在戰爭之外，即是主持戰爭者 — 政治。政治卽是以主勢帶動衆勢所決定的欲求之政策爲目的。所以說，兵勢是兩群間爲了解決政治問題的決戰力量，而戰爭卽是其爆發之狀態。

《淮南子》認爲發動戰爭的正當理由該是「非利土壤之廣，而貪金玉之略，將以存亡繼絕，平天下之亂而除萬民之害也」（〈兵略訓〉）。

由此可見《淮南子》反對商鞅用兵「欲以侵地廣壤」，「以兵制諸侯的侵略戰」，而「兵者，所以禁暴討亂也」。這種「禁暴除害」，不僅「兵之所加者，必無道之國也」的對外，而且對

❶ 高注：「中絕爲若殷王中相絕滅。」

內不義的叛亂要討強暴，「平亂世，夷險除穢」，除此之外，《淮南子》更提倡對於在上的暴君虐主，例如夏桀、殷紂、晉厲、宋康之「有害於民」、「侵奪爲暴」之「反爲殘賊」的暴主，在「唯民是保」，「將以存亡也」，「以廢不義，而復有德」的原則下，亦可以對「爲虎傅翼，曷爲弗除」的暴主以「禁暴討亂」。簡言之，《淮南子》主張平民對於暴政者有以武力革命的權利。所以說，《淮南子》主張用兵的原則，一是以民爲主，二是根據道德，而反對爲君主、爲富國強兵打侵略戰做爲用兵的目的。

用兵之目的若在「因民之欲，爲民之利」上，則能得衆勢之助，則其勢無敵而能成功。《淮南子》曰：

「得道之兵。……因民之欲，乘民之力而為之去殘除賊也。故同利相死，同情相成，同欲相助，順道而動，天下為之嚮，因民而慮，天下為鬥。獵者逐禽，車馳人趨，各盡其力，無刑罰之威而相為斥闉要遮者，同所利也。同舟而濟於江，卒遇風波，百族之子，捷捽招杼船，若左右手，不以相德，其憂同也。

故明王之用兵也，為天下除害，而與萬民共享其利，民之為用，猶子之為父，弟之為兄，威之所加，若崩山決塘，敵孰敢當。

故善用兵者，用其自為用也。不能用兵者，用其為己用也。用其自為用，則天下莫不可用也。用其為己用，所得者且矣。」（〈兵略訓〉）

由此觀之，君主之用兵若爲自利之威勢，而以侵地廣壤，則民不爲之用。若爲民之利，爲保民而戰，則得衆勢之助而強，反之，若殘賊害民，則得衆勢叛離而亡。《淮南子》曰：「舉事以爲人者，衆助之，舉事以自爲者，衆去之。衆之所助，雖弱必強，衆之所去，雖大必亡。」（〈兵略訓〉）是以「兵之所以強者，民也」，故用兵之道，必須「因資而成功」。所以將兵者必須「以民爲體。……民誠從其令，雖少無畏，民不從令，雖衆爲寡。故下不親上，其心不用，卒不畏將，其形不戰。守有必固，攻有必勝，不待交兵接刃，而存亡之機，固以形矣」（〈兵略訓〉）。總言之，用兵者，必要得衆勢之支持，欲得衆勢之支持者，則需衆勢之擁護，欲得衆勢之擁護者，必須有德與善於牧民與用衆。是故用兵之道，在善於「以衆爲勢也」。

二、兵勢與衆勢

兵勢之道，在於以衆爲勢。衆勢則需民附，使民附則在管理，管理則在政治。是以兵者以政爲本。《淮南子》曰：「兵之勝敗，本在於政，政勝其民，下附其上，則兵強矣。民勝其政，下畔其上，則兵弱矣。」（〈兵略訓〉）政則表現在道德、事業、選賢、謀略四項。其言曰：「德義足以懷天下之民，事業足以當天下之急。選舉足以得賢士之心。謀慮足以知強弱之勢。此必勝之本也。……爲存政者，雖小必存，爲亡政者，雖大必亡。」（同上）以此觀之，道德是在團結衆勢，使其同心同德，凝而爲一；事業爲生之本、爲軍需與攻防戰備之具；選賢以得英雄豪傑之士以領導；謀慮爲知己、知彼、策畫、謀略之事，四者爲用兵之本。是故「政修則民親其上，樂其君而輕爲之死」。是以政修則民勇，民勇則兵強，兵強則先立於不敗之勢而後勝。是故用兵之本在於「修政於境內，而遠方慕其德，制勝於未戰，而諸侯服其威，內政治也」（〈兵略訓〉）。

荀子以道德爲攻戰之本而議兵❷，以爲道德是團結君臣上下、將軍、士兵、百姓爲一體。道德是使人民歸附最重要的因素，而攻戰最首要在於團結。其言曰：

「凡用兵攻戰之本在乎壹民，弓矢不調則羿不能以中微，六馬不和則造父不能以致遠，士民不親附則湯武不能以必勝也。故善附民者，是乃善用兵者也。……

故仁人上下，百將一心，三軍同力。臣之於君也，下之於上也。若子之事父，弟之事兄，若手臂之扞頭目而覆胸腹也。」❸

《淮南子》以道德爲團結全國君臣民上下一心，共成一體最重要因素。是以道德爲結合主勢與衆勢爲一體的膠漆，使其發揮兵勢最大威力，其論與荀子同調。曰：

「兵之所以強者，民也。民之所以必死者，義也。義之所

❷ 見《荀子·議兵篇》。荀子認爲「君賢者，其國治。君不能者，其國亂。隆禮貴義者，其國治。簡禮賤義者，其國亂。治者強，亂者弱，是強弱之本也。……禮者，治辨之極也，強國之本也，威行之道也，功名之摠也。……以德兼人者王。」故荀子強調以德兼人，以禮治兵，則兵強國治。

❸ 同上。

以能行者，威也。……

是故上視下如子，則下視上如父。上視下如弟，則下視上如兄。上視下如子，則必王四海。下視上如父，則必正天下。上親下如弟，則不難為之死。下事上如兄，則不難為之亡。是故父子兄弟之寇，不可與鬥者。積恩先施也。

故四馬不調，造父不能以致遠。弓矢不調，羿不能以必中。君臣乖心，則孫子不能以應敵。是故內脩其政，以積其德。外塞其醜，以服其威。……故戰日有期，視死若歸。……故良將之用兵也，常以積德擊積怨，以積愛擊積憎。何故而不勝。」(〈兵略訓〉)

《淮南子》常以桀紂暴虐失民國滅身亡爲無德而亡之例。亦舉楚國山河險固，卒民勇敢，攻防器利，「然懷王……背社稷之守而委身強秦，兵挫地削，身死不還」(〈兵略訓〉)，無德故也。

「二世皇帝，勢為天子，富有天下。……然縱耳目之欲，窮侈靡之變，不顧百姓之飢寒窮匱也。……上下不相寧，吏民不相慘。戍卒陳勝，興於大澤。……天下響應。……積怨在於民也。武王伐紂，……白刃不畢拔而天下得矣。是故……明於禁舍開塞之道，乘時勢，因民欲而取天下。」(〈兵略訓〉)

是以《淮南子》總論道德與用兵之關係云:

「故善為政者積其德，善用兵者畜其怒。德積而民可用，怒畜而威可立也。故文之所加者淺，則勢之所勝者小。德之所施者博，則威之所制者廣。威之所制者廣，則我强而敵弱矣。……湯之地，方七十里而王者，修德也。智伯有千里之地而亡者，窮武也。」(〈兵略訓〉)

是以衆勢之凝以德，衆勢凝而後兵強。故曰兵之本在於德也。

三、兵勢之形式

《淮南子》在用兵上分爲三層次，其言曰:

「兵有三詆（高注：要事也）：治國家、理境內、行仁義、布德惠、立正法、塞邪隧、群臣親附，百姓和輯，上下一心，君臣同力，諸侯服其威而四方懷其德。脩政廟堂之上，而折衝千里之外。拱揖指撝而天下響應，此用兵之上也。

地廣民衆，主賢將忠，國富兵强，約束信，號令明，兩軍相當，鼓錞相望。未至兵交接刃而敵人奔亡，此用兵之次也。

知土地之宜，習險隘之利，明奇正之變，察行陳解續之數，維枹綰而鼓之。白刃合，流矢接，涉血屬腸，輿死扶傷，流血千里，暴骸盈場，乃以決勝，此用兵之下也。」

(〈兵略訓〉)

在這段文字裏,《淮南子》將用兵分爲「上」、「次」、「下」三層,其實這種分發在軍事分類上應是分爲大戰略、戰術、戰鬥。其範疇可分爲「政」、「道」、「力」。而其所負責的人事層次是「君」、「將」、「兵」。例表如下:

(一)上 大戰略——政——君主——總體戰

(二)次 戰 術——道——將帥——軍團戰

(三)下 戰 鬥——力——士兵——肉搏戰

在大戰略的最高層次裏,其實即是全國實行總體戰,所謂總體,即是全國皆動員,君、臣、兵、民皆包括在裏,而在項目上,政治的、經濟的、外交的、文化的、社會的、法律的、制度的、道德的、軍事的……所有與政治、軍事有關的皆被納入支援作戰,而以政治掛帥加以統籌帷幄運作,而由君主爲最高總指揮。在這一層面上是以政治爲核心,「兵之勝敗,本在於政」,是以人君主持「廟戰」與「神化」,「所謂廟戰者,法天道也。神化者,法四時也。脩政於境內,而遠方慕其德,制勝於未戰。而諸侯服其威,內政治也」(〈兵略訓〉)。以政勝則是「不戰而屈人之兵」,戰之上上者也。在這層面裏,政治尚要以道德爲最高原則,人君始能凝聚衆勢而爲壹。換言之,以「德」摶力於壹,則兵強而威。

其次是兩軍對決,以軍團作戰,由將帥指揮,其中行軍佈陣,攻擊防禦,用間使詐,奇正相生,變化無窮,「兵法之要,存乎一心」,不可爲典要。是以《淮南子》提出爲將作戰之方是爲「道」,以「道」爲戰術的最高原則。取法乎道之性徵,恍兮惚兮，惚兮恍兮，無狀無形，變化多端，幽明不定，陰陽莫測，剛柔並濟，方圓雜陳。爲敵之所不可知、不可聞、不可見、不可得，因而立我於不敗之地。是以《淮南子》曰：

「兵失道而弱，得道而强。將失道而拙，得道而工。國得道而存，失道而亡。

所謂道者，體圓而法方，背陰而抱陽。左柔而右剛，履幽而戴明，變化無常，得一之原，以應無方，是謂神明。夫圓者天也，方者地也。天圓而無端，故不可得而觀。地方而無垠，故莫能窺其門。天化育而無形象，地生長而無計量。渾渾沈沈，孰知其藏。凡物有朕，唯道無朕。所以無朕者，以其無常形勢也。……制刑而無刑（形），故功可成。物物而不物，故勝而不屈。刑兵之極也，至於無刑，可謂極之矣。」（〈兵略訓〉）

簡言之，將帥以「道」之智慧，領軍作戰，神出鬼沒，淪於不測，始能出奇制勝者也。

最下爲兵刃相接，弓矢如雨的肉搏戰，此以士卒之戰技、勇敢、士氣、編伍、搏殺爲之。此以兵器、戰具、補給、後勤相輔爲之，「甲堅兵利，車固馬良，畜積給足，士卒殷軫，此軍之大資也」（〈兵略訓〉）。《淮南子》於兵略所描述甚詳，而古代戰鬥之形式，與近代有異，不多述。然爲傷殘纍纍，死亡無數，雖勝不武，故以喪禮處之，爲兵之下下者也。

四、作戰

雖然，兵之勝負在於政。然而兵勢之爆發則在於戰爭，決其勝敗在於作戰之運作，作戰之變化多端，是故《淮南子》於戰術以「道」爲最高的指導原則。戰爭雖千變萬化，但是仍然要依據道理，而道理之應用不能僵化而是靈活的使用。雖然是「應用之妙，存乎一心」，但仍要把握基本原理。卽是：(一)結構：選將、虛實、器械。(二)情勢：權變、形勢。(三)運作：無形、動靜、摶一、奇正。

(一)結構

甲、選將

將領爲一軍之心，心爲體之主，體由心使。將領爲一軍之指揮者，是一軍的靈魂人物。《淮南子》說：

> 「故將以民為體，而民以將為心。心誠則支體親切，心疑則支體撓北。心不專一，則體不節動。將不誠，則卒不勇敢。」(〈兵略訓〉)

> 「故良將之用卒也。同其心，一其力。勇者不得獨進，怯者不得獨退。」(〈兵略訓〉)

既然將爲一軍之心，則必須是要有智慧者也。「良將之所以必勝者，恆有不原之智、不道之道，難以衆同也。」(〈兵略訓〉)是以爲將者必要有獨特之智慧。《淮南子》說：「夫將者必獨見獨知，獨見者，見人所不見也。獨知者，知人所不知也。見人所不

見，謂之明。知人所不知，謂之神。神明者，先勝者也。」(〈兵略訓〉)

是以人君選將，必須戒愼恐懼，愼重其事，以得良將。所謂良將，卽是才德兼備，勇智過人，故良將必要有特殊之素養。《淮南子》曰:

「將者，必有三隧、四義、五行、十守：所謂三隧者，上知天道，下習地形、中察人情；所謂四義者，便國不負兵，為主不顧身，見難不畏死，決疑不辟罪；所謂五行者，柔而不可卷也，剛而不可折也，仁而不可犯也，信而不可欺也，勇而不可凌；所謂十守者，神清而不可濁也，謀遠而不可慕也。操固而不可遷也，知明而不可蔽也。不貪於貨、不淫於物、不嚂於辯、不推於方、不可喜也、不可怒也。」(〈兵略訓〉)

由此可見，良將之人格素養必須在學識上，具有三隧：天道、地理、人情；在操守上必須具有四義；在品德上必須具有五行：剛、柔、仁、信、勇。而在行爲上也要堅守十條守則。具有如此之人格不多見，故良將難求。

乙、虛實

在內部士氣上要注重實而避免於虛。「上下有隙，將吏不相得，所持不直，卒心積不服，所謂虛也。主明將良，上下同心，氣意俱起，所謂實也。」換言之，所謂虛實，卽是內部君將士卒，團結一心，士氣高昂旺盛卽是實。君、將、官、兵內部不團結，有怨懟離散之心，因而士氣低落，卽是虛。虛實之氣是勝敗的重要因素。《淮南子》曰:「善戰者不在少，善守者不在小。勝在得威，敗在失氣。夫實則鬥，虛則走。盛則強，衰則北。」(〈兵略訓〉)吳王夫差，前先南戰越，北戰齊晉而勝，「此用民氣之實也」。其後驕溢縱欲，大臣、百姓怨懟不附，後敗於越，「因制其虛也」。

故曰:「氣之有虛實也。若明之必晦也。故勝兵者，非常實也。敗兵者，非常虛也。善者能實其民氣，以待人之虛也。不能者，虛其民氣，以待人之實也。故虛實之氣，兵之貴者也。」(〈兵略訓〉)

丙、補給

再者，爲兵器用具糧草等等之補給裝備。「甲堅兵利，車固馬良，畜積給足，士卒殷軫(多車也)，此軍之大資也，而勝亡焉。」(〈兵略訓〉)換言之,《淮南子》認爲這些裝備是輔助軍隊「佐勝」的條件，但非可以必勝的條件。這些「佐勝」的條件要與「主」要條件各種複雜的因素，交互應用與互動才是構成勝敗的因素。

(二)形勢

軍隊之作戰與外在形勢條件息息相關，這些外在條件，《淮南子》稱之爲「兵有三勢，有二權。有氣勢、有地勢、有因勢」(〈兵略訓〉)。孫子說「勢者，因利而制其權也。」❹換言之，勢是可加利用的有利條件。《淮南子》所說的氣勢，即是軍隊的士氣與威勢。地勢，爲有利於作戰攻防之地形、地貌、地物。因

❹ 《孫子·始計》。

勢，是因敵之軍情變化而制權。二權是知權與事權：知權是間諜戰、宣傳戰、攻心戰等心理作戰；事權是軍隊內部人員素質、訓練、軍紀、軍制等。這些都是「佐勝」的條件。

（三）運作

甲、無形

兵勢最具體有形的動作，即是作戰。作戰即是運用兵力與敵直接交鋒接觸，作戰是力（軍力）的運作。凡是作戰，必是人的作戰，卽是必須動用「人力」，用人力加上勢卽形成作戰。《淮南子》說：「夫以巨斧擊桐薪，不待利時良日而後破之。加巨斧於桐薪之上，而無人力之奉，……而弗能破者，以其無勢也。」（〈兵略訓〉）是故無「人力之奉」（無人力之投入），卽無勢，無勢卽不成作戰。所以作戰卽是人力之運用，也卽是敵我雙方人力加上機械力等勢之角鬥。但在運作「力」方面，亦要把握幾個原則，卽是無形、動靜、專一、奇正。

所謂無形，卽幽隱而不顯現。道爲無形，兵法道之無形，故幽隱惚恍而不可偵測，神出鬼入，不可見知。《淮南子》曰：

> 「所貴道者，貴其無形也。無形則不可制迫也，不可度量也，不可巧詐也，不可規慮也。智見者，人為之謀；形見者，人為之功；衆見者，人為之伏；器見者，人為之備。動作周還，倨句詘伸，可巧詐者，皆非善者也。善者之動也，神出而鬼行，星燿而玄逐。進退詘伸，不見朕埑（埑，古垠字，形狀也。朕，兆也）。」（〈兵略訓〉）

所謂無形，有時是無形無狀、不可得而視、不可得而聞。有時是事物之隱密而不顯現，使人不可得而知。而兵法道，「兵貴謀之不測也，形之隱匿也。出於不意，不可以設備也。謀見則窮，形見則制。故善用兵者，上隱之天，下隱之地，中隱之人❺。無不制也」(〈兵略訓〉)。是以：

> 「無形而制有形，無為而應變。雖未能得勝於敵，敵不可得勝之道也。敵先我動，則是見其形也，彼躁我靜，則是罷其力也。形見則勝可制也，力罷則威可立也。視其所為，因與之化。觀其邪正，以制其命。……唯無形者，無可奈也。是故聖人藏於無原，故其情不可得而觀，運於無形，故其陳不可得而經，無法無儀，來而為之宜。無名無狀，變而為之象。」(〈兵略訓〉)

故曰：「諸有形者，莫不可應也。是以聖人藏形於無，而遊心於虛。」(〈兵略訓〉)

乙、動靜

有形者卽易爲人所制，而動者，「則是見其形也。彼躁我靜，則是罷其力也。形見則勝可制也，力罷則威可立也。……物未有不以動而制者也。是故聖人貴靜，靜則能應躁，後則能應

---

❺ 〈兵略訓〉：「何謂隱之天？大寒甚暑，疾風暴雨，大霧冥晦，因此而爲變者也。何謂隱之地？山陵丘阜，林叢險阻，可以伏匿而不見形者也。何謂隱之人？蔽之於前，望之於後，出奇行陳之間，發如雷霆，疾如風雨。擲巨旗，止鳴鼓，而出入無形，莫知其端緒者也。」

先」(〈兵略訓〉)。

《淮南子》在此之「靜」，有兩個層面：一者靜與動對，不運動謂之靜。此者以明兵者不能妄動，妄動則有形見而易受制。再者，妄動則力罷則力衰。故兵不可妄動，是以貴靜。其次，靜與「躁」對，即是《淮南子》在修養論中❻心靈、精神之寧靜、澹泊，而不煩躁，此種寧靜才能深透明見，慮遠而謀，爲將者才能指揮若定，是故爲將者貴靜而不躁，不躁則不亂，不亂則不易受制。故曰：「靜則固」。

《淮南子》受老、莊之敎而主靜，然而動者爲兵力之運動、攻擊、防禦、撤退皆須動。偏執主靜而不動，非用兵之常也，該動則動，當靜則靜，惟在動靜得其所宜，非不動不靜者也。動中有靜，靜中有動，動靜無常，惟在合於權機而已。

丙、搏一

作戰，即是在於展現使用力的方式。其方式有其多樣性，或是單一，或是齊發，或大或小，或集中或分散，或連續或片斷。《淮南子》認爲用兵貴在齊一與集中，團結而不分散，這樣才能發揮到兵力最大的效果。《淮南子》說：

「夫五指之更彈，不若捲手之一握。萬人之更進，不如百人之俱至也。今夫虎豹便捷，熊羆多力，然而人食其肉而席其革者，不能通其知而壹其力也。夫水勢勝火，章華之

❻ 見李增，《淮南子思想之研究論文集》，華世出版社，七十四年，臺北。二篇，<淮南子修養論>，頁44～48。《淮南子》認爲澹漠、寧靜之修養境界，爲爲將者之基本修養，否則於危險多變的戰場中，心若爲之慌亂恐懼而不能鎭靜，則不能指揮若定者也。

臺燒，以升勺沃而救之，雖涸井而竭池，無奈之何也，舉壺榼盆盎而以灌之，其滅可立而待也。

今人之與人，非有水火之勝也，而欲以少耦衆，不能成其功亦明矣。……此言所將，非言所戰也。或將衆而用寡者，勢不齊也。將寡而用衆者，用力諧也。若乃人盡其才，悉用其力，以少勝衆者，自古及今，未嘗聞也。」（〈兵略訓〉）

在此文中，《淮南子》清楚地指出，多而微弱的散力，倘若零星地使用，不若合力而同時齊一一擊來得有效。個別體雖有強力，然而若不能結合齊一，團結一致地使用，其力作用小，攻擊性弱，且易爲人各個擊破。所以攻擊一目標，必須衆力同時合一，而且要互相配合，一起傾力齊發才有效果，否則無效。

再者，《淮南子》舉出一原則：「以衆勝寡，以大勝小」，將領用於作戰中必須根據這原則。只是如何發揮所有衆力的潛力，那就是根據爲將者之智慧之妙用了。有些有衆多之軍隊，卻不懂得應用，因而只使用了零星而少量的力量，這便是「將衆而用寡者，勢不齊也」，沒有發揮全體的力量。有的將領雖然軍隊數量少，但能靈活應用，且能應用合力而齊一，且能以一力（能力）數用，發揮了「力能」的最高效用，這便是「將寡而用衆者，用力諧也」，這便是發揮兵勢最大的力。

最後再述，力的使用方法，湯武應用的最爲靈活。湯武之伐桀紂，不僅在其「用卒也，同其心，一其力」的合力而團結，「三千一心」的效果，而且能應用「非其有也」之力，利用背叛桀紂的力以攻敵，而且變爲己之助力，而得其成功。而且在桀紂的例子裏，群「衆」雖多，其力不僅不齊，而且力的性質也不同。在其中尚有忠於桀紂的向心力，有已背叛而未形的離心力，此兩力是相互抵觸的，一旦發動，力量互相抵消而失其力。或者有背離者，一逃了之，卽是離散力。而湯武卽是能善於利用敵方之力化爲己力以攻敵方者。桀紂之失敗，卽是其衆雖多，其力已渙散，擁護其主者不多，故成爲「獨夫紂」。這便是形式雖衆，而其勢已寡的最佳例子。

然則桀紂雖有衆億萬，「卻有億萬之心」，而使其力冰釋瓦解，此仍是因其暴虐無道以失之也，且反因其叛而受其害。是故《淮南子》再三諄諄而言，「力」必須要凝集，必須要團結，才可致用。而如何團結摶力，曰：以政、以德也。此者前文已敍述，不贅。

丁、奇正

老子曰：「以正治國，以奇用兵。」❼ 在「政」方面，政者，正也。爲政以正、以德、以法，皆言其正也，有其理可尋也。《淮南子》曰：「以異爲奇」(〈兵略訓〉)。兵不厭詐，是以權謀、陰謀、用間，欺敵不以正而以奇。故曰：「以奇用兵」。

《淮南子》所言的「奇」有兩種方式：

一者，不循常理，不依常態，出其不意，莫測高深，而能以致勝者也。此者卽《淮南子》所說用兵在於「一龍一蛇，動無常體，莫見其所中，莫知其所窮。攻則不可守，守則不可攻」(〈兵略訓〉)，故「兵貴謀之不測也，形之隱慝也。出其不意，不可以設備也」(〈兵略訓〉)，此以善用兵者以奇。

其次，卽是《淮南子》所說的「以異爲奇」。「異」是一種與之相反對的力量，也是一種相尅相制的敵對力。《淮南子》認

---

❼ 《老子》五七章。

爲欲「尅」必須以「異」，不能以同，同則不能相制。是以《淮南子》曰：

「以火救火，以水應水，何所能制？……同，莫足以相治也，故以異為奇。兩爵相與鬥，未有死者也。鸇鷹至，則為之解，以其異類也。故靜為躁奇，治為亂奇，飽為饑奇。佚為勞奇，奇正之相應，若水火金木之代為雌雄也。善用兵者，持五殺以應（高注：五殺，五行也），故能全其勝。」(〈兵略訓〉)

由此可見，奇之方式不在循其正理，而在變化莫測，奇之功能在於「尅」，以克敵致勝爲首務。故變化莫測與尅敵爲奇之顯用，是以《淮南子》曰：

「用兵之道：示之以柔，而迎之以剛。示之以弱，而乘之以強。為之以歙，而應之以張。將欲西，而示之以東。先忤而後合，前冥而後明。若鬼之無迹，若水之無創。故所鄉非所之也，所見非所謀也。舉措動靜，莫能識也。若雷之擊，不可為備，所用不復，故勝可百全。與玄明通，莫知其門，是謂至神。」(〈兵略訓〉)

此用「奇」之最佳描述也。

(四)總體性

綜而觀之，兵勢者，是高度複雜的「殺力」之顯現。所謂的

「複雜性」，是說兵勢的結構包括了君主、官吏、將軍、士兵、百姓的總體，所有全國的人力與物力都被牽涉包括在裏頭，是總體總動員的殺力之爆發。除此之外，兵勢所涉及的範圍包括了天、地、時、人事的層面上。《淮南子》說：

「神莫貴於天，勢莫便於地，動莫急於時，用莫利於人。凡此四者，兵之幹植也。然必待道，而後兵可一用也。」（〈兵略訓〉）

「兵之所隱議者，天道也。所圖畫者，地形也。所明言者，人事也。所以決勝者，鈐勢也。故上將之用兵也。上得天道，下得地利，中得人心，乃行之以機。發之以勢。是以無破車敗兵。」（〈兵略訓〉）

由此兵之範圍所涉及者包括天、地、人。為將者，亦必須「上知天道，下習地形，中察人情」（〈兵略訓〉），並且要知「道」之運用，其運用之妙，存乎一心，是不可道之「道」也，是以自古良將難尋。

五、結　論

綜合本節所述，作一扼要評論：

《淮南子》之兵勢論是主勢（君主之勢）與衆勢（民衆之力勢）結合而成的力勢。

主勢與衆勢之間之關係並不必然是「利異」，而是可以「利合」，因而主勢與衆勢不必然會產生「內鬥」，而亦可以「合和」。

若主勢與衆勢間內鬥，則其所形成之兵勢者弱。反之，若主勢與衆勢間合和，兵勢則強。若主勢以暴虐苛政壓制衆勢，則兵勢爲之離散，甚而變爲兩者（主勢、衆）之衝突力、矛盾力，其力量可能互相抵消，或衆勢勝主勢(如桀紂是也)。若主勢，以道德、政治結合衆勢而團結一致，同心同德，則兵勢強。

《淮南子》論兵以政爲本，而政則以利民爲本，兵則以保民爲本。換言之，軍事之勝敗奠立在政治的基礎上，政治之成敗，決定在於人民之擁護與否（衆勢之支持與否）。是以兵之本在於民。

《淮南子》論兵之目的在於禁暴討亂，排除了商鞅、韓非以兵爲富國強兵的展現，爲尊君而打侵略戰的工具，甚而作爲壓制民衆抗暴的利器，《淮南子》反是，主張兵爲行義而發動義兵抗暴，推翻暴政的力量。換言之，《淮南子》主張君主與政府若是暴虐無道，殘賊人民，則人民的革命是正當的。

《淮南子》論兵的形式爲大戰略、戰術、戰鬥，其主持者分別爲君主、將領、士兵，其應用之術分別爲政治、道術、戰鬥力。然而三者共同結合爲兵勢之整體，不可分割。但三者之根本則在於「政」。

《淮南子》論作戰之指揮者爲將，良將要具有天、地，人等學識，又要有高等的智慧，與良好的品德人格，而且要善於運用道術，而善於利用作戰原理原則、無形、虛實、專一，奇正等等。

總而言之，用兵（或兵法）是高難度的學問，因爲它所涉及的範圍太廣，且如何善於靈活的運用，更非易事。此所以論兵之難也。

後 記

這本書之所以能夠出版奉獻給讀者的緣起，首先要感謝東大圖書公司給我的鼓勵與我約定要寫一本《淮南子》。

記得這件事是三年前的事，當時我滿口答應，以爲一年半載就可交差，沒想到中間出國到史丹福大學與西北大學研究一年，學期中又忙碌於敎課，因而遲延動筆，這是外在的原因。但其中最使我困窘則是內在的因素，這個原因則是在民國七十四年已寫成一本《淮南子的思想研究論文集》，由華世書局出版。內容有淮南子道論、修養論、知識論、無爲思想、法之思想（以下簡稱前書）。我本在寫本書之初時，想要以前書做底子，再重新修修補補，增增減減而後翻版爲另一本書。後來深思再三，覺得這樣做有點愧對讀者，尤其是對已經讀過前書的讀者，更覺得於心不安。遲延猶豫，重覆思慮，最後決定就前書所未曾寫過的題目再繼續研究，以成本書。

但是當要重新研究時，發現寫作比前書更加困苦，因爲前書所寫的較偏重在哲學的論題，對我而言則比較熟悉。而現在所寫的則涉及到政治思想、勢論、社會進化、道德論、人論，這些對我而言則是新的領域，所以需要更大的努力。但是本書所論的題目與前書的篇章互相配合，就構成對《淮南子》思想的整體研究（但尙未臻於盡善盡美），因而在整體性上而言，前書應定爲上册，本書爲下册。並且；如果有機會的話（其機會甚爲渺茫），兩書若能合爲一册，或兩書同時修訂再版，則其篇章之次序最好能重新調整爲：自序，緒論，第一篇〈淮南子道論〉（前書）；第二篇，〈淮南子人論〉（本書）；第三篇，〈淮南子知識論〉（前書）；第四篇，〈淮南子道德論〉（本書）；第五篇，〈淮南子修養論〉（前書）；第六篇，〈淮南子社會進化論〉（本書）；第七篇，〈淮南子之政治思想〉（本書）；第八篇，〈淮南子論法〉原名爲〈淮南子對先秦法家之法之批判〉，（前書）；第九篇，〈淮南子論術〉，原名爲〈淮南子的無爲思想〉（前書）；第十篇，〈淮南子論勢〉（本書）；而後後記等。

抱歉的是，本來在本書完稿時，再讀〈天文訓〉、〈墬形訓〉、〈時則訓〉，這三篇是陰陽家重要的論著，也應該寫出來，以便使本書更爲完整。但遺憾的是一者，催稿甚急；二者，字數限定；三者，因開學，授課忙碌；四者，寫作本書，日以繼夜，沉思默想，也覺心疲，遂作罷。願他日高明者提出卓見，使《淮南子》之研究更爲完滿。

筆者之於從事寫作《淮南子》，說來是個偶然的緣分。民國七十二年，在政治大學哲學系教授兩漢哲學時，要採集教材，讀了許多中國哲學史中論淮南子這一章節，總覺得過分簡略，尤其是看到馮友蘭的《中國哲學史》中的《淮南子》，只抄錄原典幾段，踢了《淮南子》一脚說他七拼八湊。日人渡邊秀芳的《中國哲學史》也給《淮南子》一拳說他不成體統。這些見地使我納悶，逐研讀《淮南子》原典，首先覺得《淮南子》中的「無爲」的意義變化很大，與老莊的無爲觀念有很大的別異，因而認眞整理，寫了〈淮南子的無爲思想〉，投稿於《國立政治大學學報》，承蒙不棄，刊於四十八期（七十二年）。其後呈獻給我的老師——趙雅博教授，恭請他指導。我的老師讀後命我繼續研究下去，我遵從師訓遂完成前書。後來我把書呈予我的指導教授——周紹賢教授，他說：「《淮南子》很難研究，你寫出來很難得。」我聽了之後心想：「周老師眞是內行的」。

我也將書送給我的一些朋友，有的說《淮南子》在中國哲學史中是不起眼的，爲何要耗那麼大的心血去研究他。我說，其實研究《淮南子》不是在研究《淮南子》，而是在研究先秦諸子，儒、道、法、陰陽、兵家、墨，他們在理論上多有衝突對抗，是學術上的春秋戰國，而到了漢代，政治上的大一統，在學術上也要將他們統合爲一貫的思想體系。因此《淮南子》擺設了一個擂臺，讓先秦諸子在臺上扭打比劃，而《淮南子》觀其武藝而選兵擇將，將他們集召爲一軍，成爲他掛帥的思想體系。所以要研究《淮南子》，若對先秦諸子百家不懂得一二，則根本無所下手，所以我說周教授是內行的，知道其中之艱苦。

研究《淮南子》的學者也不少，他們大略可分兩大對壘辯爭一個問題，即是《淮南子》在〈漢志〉歸屬於雜家，到底《淮南子》的雜是七拼八湊的文抄公，還是將先秦諸子消化吸收而後成爲他的一家之言。我讀過不少這類爭論的文章，有一個感想，大凡在哲學史中挿花式的點綴提到《淮南子》，如馮友蘭、胡適、渡邊秀芳，都說《淮南子》是雜拼盤，垃圾車，無中心思想的負面評價。另一方面，若是有專門研究者，如徐復觀、安樂哲、陳麗桂則說其有一貫的獨特的思想體系，成一家之言。我則較贊同梁啓超的看法，認爲《淮南子》與《呂氏春秋》之雜不同。《淮南子》之書雖由衆賓客的參與，但劉安是才子，則將此書貫通爲一，成一家之言。這種看法，陳麗桂博士在其博士論文中論述甚詳。不贅。

末了，我要說些感謝的話。首先，我向一些研究《淮南子》學的學者致敬，像徐復觀、戴君仁、于大成等前輩，由於他們的耕耘才使淮南學生長。再來我很感謝安樂哲教授 (Roger T. Ames)，承蒙他慷慨於一九八三年送我 *The Art of Rulership* (《主術訓研究》)乙書手稿的影印本，我拜讀再三，使我在《淮南子》的政治思想及淮南子論勢受到不少啓發，而能成文。其次是陳麗桂博士的博士論文，其對淮南王劉安的生平經歷，著作篇章，在考證與論述都很詳細，對於駁斥《淮南子》被誤認爲垃圾的見解非常精闢，而肯定《淮南子》不是拾人牙訢的文抄公。這在其序文與緒論及第二章論述詳備，甚有卓見。這使我免除探討這些問題的繁難，因而本書不再重複。再有吳順令、麥文郁等碩士論文研究《淮南子》也很深刻，我也認眞閱讀，得益不少。

在我的朋友中，我要感謝國立中興大學王慶光教授對我的勉勵很大，在寫前書中兩篇論文中，我請他指正，他寫了兩首詩鼓勵我。其一，讀對法家法之批判曰:

法家秦政鏡顯形，淮南時賢又已評。
稱引博聞成系統，分析微妙令折心。
隱括仁義境斯拓，制衡民意途更新。
一篇在手勝數卷，學問趣味礪且明。

其二，讀修養論:

沖達恬靜精氣神，道家真髓久彌新。

綿綿內力養愈出，耗虛用盡昧本真。

機械巧智者欲祛，天機豁顯活潑心。

帝王與我但入聖，修養身心妙傳薪。

這兩首詩雖是寫前書中的兩篇，不過，得到王教授的鼓勵我才有勇氣接下東大圖書公司賦予我寫這本書，也完成了這本書。這是我特別感謝的。

順便地，我也必須報告一些我寫這本書的態度方式及過程。在態度方面，我將《淮南子》這本書當作不是劉安一個人所著，而是劉安和他的賓客的創作。其中各篇章由誰主筆，那是難以考證的。而《淮南子》書中的文辭多帶有方言、怪詞、錯簡，這些訓詁考證已有多人研究，例如于大成先生對這方面有深刻的研究。並且文學的發揮，非我所能。因此我以哲學爲主而貫穿整個研究，著重在思想的分析與批判。深透其內在的結構，與觀察其與先秦諸子之同異與如何將其消化融合。在對《淮南子》之書的態度上，我將其當作淮南一派之集體創作而非一人的作品，但卻能構成系統。在寫作的引用原典上，因論題性質不同且有所需要，因而常有重複，這是不得已的事。

在研究過程中，要閱讀先秦諸子的原典以及精讀《淮南子》，並且要收集研究資料，分類、歸納，更重要的，是要深思熟慮，要想出《淮南子》爲什麼那樣想，要摸透其作品中的內在骨架，這些必須要焦思苦慮才能有獨見之明。我則採納《莊子》的外物、外天下、坐忘、心齋，朝徹而後見獨的方法。我日以繼夜地想，忘了其他。有一次，我想得昏了腦袋，我問我的小女兒：「你老爸到那裏去了？」我的女兒瞠目結舌，困惑地不知所答。我再問第二次「你老爸到那兒去了？」第二次，我猛回醒，我怎麼問這問題。直到如今，我的小女兒抗議三次，爲什麼暑假不帶他們去玩。想來，有點愧疚。

李　增
國立政治大學哲學系
民國八十一年六月

淮南王劉安年表❶

高祖八年、壬寅、（西元前 199）（以下簡稱前某年）

淮南厲王長，高帝劉邦少子也，淮南王安之父也。

高祖自將擊韓王信，過趙，趙王張敖獻美人得幸而懷妊。

高祖九年（前 198）

趙相貫高欲謀害高祖未成，事發，繫趙王，牽連於趙美人，劉長出生，趙美人恚恨自殺。

高祖十一年（前 196）

劉長封爲淮南王，時年兩歲。

文帝卽位（前 179）

劉長十九歲，劉安於此年生。

孝文三年（前 176）

怨辟陽侯不爲其母申怨，「卽自褏（袖）金椎椎之，命從

---

❶ 本年表所根據之資料主要爲《漢書・四四・淮南衡山濟北王傳第十四》。年表中「　」內之引文卽爲《漢書》本傳原文。

其次，本表參考徐復觀，《兩漢思想史》卷二，臺灣學生書局，<淮南子與劉安的時代>，頁177～184。

第三、參考劉汝霖，《漢晉學術編年》(上)，長安出版社，臺北。

第四、陳麗桂博士論文，《淮南鴻烈思想研究》，國立臺灣師範大學國文研究所博士論文，七十二年三月，手抄本，一章、緒論，介紹劉安之生平與著作甚爲詳細，頁 1～51。

者刑之。」

孝文六年（前 174）

誣劉長謀反，廢徙蜀，於道中絕食而死，時年約二十五歲。

孝文八年（前 172）

文帝憐「淮南王，王有子四人，年皆七、八歲，仍封子安爲阜陵王。」

孝文十六年（前 164）

「上憐淮南王廢法不軌，致使失國早夭，乃徙淮南王喜復王故城陽，而立厲王（劉長）三子王淮南故地，三分之，阜陵侯安爲淮南王。」

孝景三年（前 154）

「吳楚七國反，吳使者至淮南，（淮南）王欲發兵應之，其相曰：『王必欲應吳，臣願爲將。』王乃屬之，相已將兵、因城守，不聽王而爲漢。漢亦使曲城侯將兵救淮南，淮南以故得完。」

孝景四年（前 153）

「吳楚已破。……上以爲貞信，乃勞苦之。」安時年二十七歲。

「淮南王安爲人好書，鼓琴，不喜弋獵狗馬馳騁，亦欲以行陰德拊循百姓，流名譽。招致賓客方術之士數千人。（於是遂與蘇飛、李尚、左吳、田由、雷被、毛被、伍被、晉昌等八人及諸儒大山、小山之徒，共講論道德，總統仁義❷。）作爲內書二十一篇，外書甚衆，又有中篇八卷，

---

❷ 高誘，《淮南鴻烈解・敍》。

言神仙黃白之術，亦二十餘萬言。」其內篇今尚存，卽爲本書研究所據之書，其它或殘缺不存❸。

武帝建元二年（前 139）

劉安時年四十一。

「時武帝方好藝文，以安屬爲諸父，辯博善爲文辭，甚尊重之。每爲報書及賜，常召司馬相如等視草乃遣。初，安入朝，獻所作內篇，新出，上愛秘之。使爲離騷傳，旦受詔，日食時上。又獻頌德及長安都國頌。每宴見，談說得失及方技賦頌，皆暮然後罷。」

「安初入朝，……武安侯與語曰：『方今上無太子，王親高皇帝孫，行仁義，天下莫不聞。宮車一日晏駕，非王尚誰立者。』淮南王大喜，厚遺武安侯寶賂。其羣臣賓客，江淮間多輕薄，以厲王遷死感激安。」

武帝建元六年（前 135）

「慧星見，淮南王心怪之。……王心以爲上無太子，天下有變，諸侯並爭，愈益治攻戰具，積金錢賂遺郡國。遊士妄作妖言阿諛王，王喜，多賜予之。」

武帝元朔五年（前 124）

劉安之太子劉遷，與雷被比劍有隙。「被遂亡之長安，上書自明，事上廷尉，河南。……罰以削地。」

武帝元朔六年（前 123）

嚴正上書言淮南王孫建爲太子劉遷所迫害，舉發淮南王反謀曰：「今建在，可徵問，具知淮南王陰事。」「書旣聞，

---

❸ 同❶，第四。詳見第一章緒論、第二節、劉安之著作，頁31～51。其言內篇二十一篇尚存，其它殘缺或佚失，甚詳，本文不贅。

上以其事下廷尉，河南治。是歲元朔六年也（淮南王安時年五十八），故辟陽侯孫審卿善丞相公孫弘，怨淮南厲王殺其大父，陰求淮南事而搆之於公（孫弘）。弘乃疑淮南有畔逆計，深探其獄，河南治建，辭引太子及黨羽。」

武帝元狩元年（前 122）

「趙王彭祖、列侯讓等四十三人皆曰：『淮南王安大逆無道，謀反明白，當伏誅。』……丞相弘、廷尉湯等以聞，上使宗正以符節治王。未至，安自刑殺。后、太子諸所與謀皆收夷，國除爲九江郡。」

《漢書・五行志》下則言，「坐死者數萬人。」

參考書目

一、古典

1.《淮南鴻烈解》，劉安撰、高誘注，河洛圖書出版社，六十五年景印初版，臺北。

2.《老子》，王弼注，四部備要，臺灣中華書局印行。

3.《莊子》，郭象注，四部備要，臺灣中華書局印行。

4.《帛書老子》，河洛圖書出版社，六十四年，臺北。

5.《四書集注》，朱熹。

6.《荀子》，唐、楊倞注，四部備要，臺灣中華書局印行。

7.《管子》，唐、房玄齡注，四部備要，臺灣中華書局。

8.《慎子》，周、慎到撰，四部備要，臺灣中華書局。

9.《韓非子》，四部備要，臺灣中華書局。

10.《商君書》，四部備要，臺灣中華書局。

11.《商君書校釋》，陳啓天著，人人文庫特三二一，臺灣商務印書館。

12.《呂氏春秋》，高誘注，四部備要，臺灣中華書局。

13.《鬼谷子》，四部備要，臺灣中華書局。

14.《春秋繁露》，董仲舒著，四部備要，臺灣中華書局。

15.《史記》，司馬遷著，廣文書局，臺北。

16.《易經》，王弼注，四部備要，臺灣中華書局。

17.《大戴禮記》，四部備要，臺灣中華書局。

18.《論衡》，王充著，四部備要，臺灣中華書局。

19.《抱朴子》，葛洪著，四部備要，臺灣中華書局。

二、有關於淮南子專論者

1.徐復觀，《兩漢思想史》（卷二），臺灣學生書局，臺北。

2.陳新雄、于大成博士主編，《淮南子論文集》，西南書局，臺北。

3.安樂哲。Roger T. Ames, *The Art of Rulership.*《中國古代政治藝術之一環——主術》。University of Hawaii Press/Honolulu, 1983.

4.陳麗桂博士，《淮南鴻烈思想研究》，國立臺灣師範大學國文研究所博士論文，七十二年三月。（手抄本博士論文）

5.吳順令，《淮南子之政治思想》，國立臺灣師範大學研究所，七十三年。（碩士論文）

6.麥文郁，《淮南子引用先秦諸子考》，臺灣大學國文研究所，四十九年，碩士論文。

7.李增，《淮南子思想之研究論文集》，華世出版社，七十四年，臺北。此書與本書共同構成一完整論著。

三、本書論述之參考書

1.蕭公權，《中國政治思想史》(一)，中華大典編印會印行。

2.李約瑟著，陳立夫譯，《中國之科學與文明》(二)，臺灣商務印書館，六十四年，臺北。

3.唐君毅，《中國文化之精神價值》，正中書局，六十四年，臺北。

4.蒙培元，《中國心性論》，臺灣學生書局，七十九年，臺北。

5.賀凌虛，《 西漢政治思想論集 》，五南圖書出版公司，七十七年，臺北。

6.J. F. Donceel, S. J. *Philosophical Anthropology*，中譯本：《哲學人類學》，劉貴傑譯，國立編譯館主譯，巨流圖書公司印行。

7.Ernst Cassirer, *An Essay on Man, An Introduction to a Philosophy of Human Culture*, Yale University Press, New Haven, 1949. 中譯本：卡西爾，《人論》，結構群審譯，七十八年，臺北。

8.G. Marian Kinget 著，陳迺臣譯，成文出版社，六十七年，臺北。

備註：其他參考書目、論文，見：

李增，《淮南子思想之研究論文集》，華世出版社，七十四年，臺北。

索　引

㈠ 人名索引（依時代秩序）

㈡ 名詞索引（依筆劃秩序）

世界哲學家叢書(六)

書名	作者	出版狀況
懷德黑	陳奎德	撰稿中
玻爾	戈革	排印中
卡納普	林正弘	撰稿中
卡爾巴柏	莊文瑞	撰稿中
柯靈烏	陳明福	撰稿中
穆爾	楊樹同	撰稿中
維根斯坦	范光棣	撰稿中
奧斯丁	劉福增	排印中
史陶生	謝仲明	撰稿中
赫爾	馮耀明	撰稿中
帕爾費特	戴華	撰稿中
魯一士	黃秀璣	撰稿中
珀爾斯	朱建民	撰稿中
散塔雅納	黃秀璣	撰稿中
詹姆斯	朱建民	撰稿中
杜威	李常井	撰稿中
史賓格勒	商戈令	已出版
奎英	成中英	撰稿中
洛爾斯	石元康	已出版
諾錫克	石元康	撰稿中
希克	劉若韶	撰稿中
尼布爾	卓新平	排印中
馬丁·布伯	張賢勇	撰稿中
蒂里希	何光滬	撰稿中
德日進	陳澤民	撰稿中

世界哲學家叢書(五)

書名	作者	出版狀況
康德	關子尹	撰稿中
費希特	洪漢鼎	撰稿中
黑格爾	徐文瑞	撰稿中
叔本華	劉東	撰稿中
尼采	胡其鼎	撰稿中
祁克果	陳俊輝	已出版
約翰彌爾	張明貴	已出版
馬克弗森	許國賢	撰稿中
狄爾泰	張旺山	已出版
韋伯	陳忠信	撰稿中
卡西勒	江日新	撰稿中
雅斯培	黃藿	已出版
胡塞爾	蔡美麗	已出版
馬克斯·謝勒	江日新	已出版
海德格	項退結	已出版
高達美	張思明	撰稿中
漢娜鄂蘭	蔡英文	撰稿中
盧卡契	謝勝義	撰稿中
哈伯馬斯	李英明	已出版
馬利丹	楊世雄	撰稿中
馬賽爾	陸達誠	排印中
梅露·彭廸	岑溢成	撰稿中
德希達	張正平	撰稿中
呂格爾	沈清松	撰稿中
克羅齊	劉綱紀	撰稿中

世界哲學家叢書㈣

書名	作者	出版狀況
山崎闇齋	岡田武彥	已出版
三宅尚齋	海老田輝已	撰稿中
中江藤樹	木村光德	撰稿中
貝原益軒	岡田武彥	已出版
荻生徂徠	劉梅琴	撰稿中
安藤昌益	王守華	撰稿中
富永仲基	陶德民	撰稿中
楠本端山	岡田武彥	已出版
吉田松陰	山口宗之	已出版
福澤諭吉	卞崇道	撰稿中
西田幾多郎	廖仁義	撰稿中
柏拉圖	傅佩榮	撰稿中
亞里斯多德	曾仰如	已出版
聖奥古斯丁	黄維潤	撰稿中
伊本・赫勒敦	馬小鶴	排印中
聖多瑪斯	黄美貞	撰稿中
笛卡兒	孫振青	已出版
斯賓諾莎	洪漢鼎	已出版
萊布尼茲	陳修齋	撰稿中
培根	余麗嫦	撰稿中
霍布斯	余麗嫦	撰稿中
洛克	謝啓武	撰稿中
巴克萊	蔡信安	排印中
休謨	李瑞全	撰稿中
盧梭	江金太	撰稿中

世界哲學家叢書(三)

書名	作者	出版狀況
智旭	熊琬	撰稿中
章太炎	姜義華	已出版
熊十力	景海峰	已出版
梁漱溟	王宗昱	已出版
金岳霖	胡軍	排印中
張東蓀	胡偉希	撰稿中
馮友蘭	殷鼎	已出版
唐君毅	劉國强	撰稿中
賀麟	張學智	排印中
龍樹	萬金川	撰稿中
無著	林鎮國	撰稿中
世親	釋依昱	撰稿中
商羯羅	黃心川	撰稿中
泰戈爾	宮靜	排印中
甘地	馬小鶴	撰稿中
奥羅賓多・高士	朱明忠	撰稿中
拉達克里希南	宮靜	撰稿中
元曉	李箕永	撰稿中
休靜	金煐泰	撰稿中
知訥	韓基斗	撰稿中
李栗谷	宋錫球	排印中
李退溪	尹絲淳	撰稿中
道元	傅偉勳	撰稿中
伊藤仁齋	田原剛	撰稿中
山鹿素行	劉梅琴	已出版

世界哲學家叢書(二)

書名	作者	出版狀況
朱舜水	李甦平	撰稿中
王船山	張立文	撰稿中
眞德秀	朱榮貴	撰稿中
劉蕺山	張永儁	撰稿中
黃宗羲	盧建榮	撰稿中
顧炎武	葛榮晉	撰稿中
顏元	楊慧傑	撰稿中
戴震	張立文	已出版
竺道生	陳沛然	已出版
眞諦	孫富支	撰稿中
慧遠	區結成	已出版
僧肇	李潤生	已出版
智顗	霍韜晦	撰稿中
吉藏	楊惠南	已出版
玄奘	馬少雄	撰稿中
法藏	方立天	已出版
惠能	楊惠南	撰稿中
澄觀	方立天	撰稿中
宗密	冉雲華	已出版
永明延壽	冉雲華	撰稿中
湛然	賴永海	排印中
知禮	釋慧嶽	撰稿中
大慧宗杲	林義正	撰稿中
袾宏	于君方	撰稿中
憨山德清	江燦騰	撰稿中

世界哲學家叢書(一)

書名	作者	出版狀況
孟子	黃俊傑	排印中
老子	劉笑敢	撰稿中
莊子	吳光明	已出版
墨子	王讚源	撰稿中
淮南子	李增	已出版
賈誼	沈秋雄	撰稿中
董仲舒	韋政通	已出版
揚雄	陳福濱	撰稿中
王充	林麗雪	已出版
王弼	林麗眞	已出版
嵇康	莊萬壽	撰稿中
劉勰	劉綱紀	已出版
周敦頤	陳郁夫	已出版
邵雍	趙玲玲	撰稿中
張載	黃秀璣	已出版
李覯	謝善元	已出版
王安石	王明蓀	撰稿中
程顥、程頤	李日章	已出版
朱熹	陳榮捷	已出版
陸象山	曾春海	已出版
陳白沙	姜允明	撰稿中
王廷相	葛榮晉	已出版
王陽明	秦家懿	已出版
李卓吾	劉季倫	撰稿中
方以智	劉君燦	已出版